2018年世界就业和社会展望：
绿色就业

国际劳工组织　编著

中国财经出版传媒集团
中国财政经济出版社

本书英文版由国际劳工局（日内瓦）出版，书名为：World Employment and Social Outlook 2018: Greening with jobs

© 2018 International Labour Organization

本书中文版由中国财政经济出版社获得授权翻译并出版，书名为《2018年世界就业和社会展望：绿色就业》

© 2018年，中国财政经济出版社

国际劳工局出版物使用的名称符合联合国惯例，其内容不代表国际劳工局对任何国家的法律地位、区域或领土及其当局或边界划定发表意见。

署名文章、研究报告和其他文稿，文责由作者自负，出版发行并不构成国际劳工局认可其观点。

提及的企业和商业产品和生产的名称不意味其得到国际劳工局的认可，而未提及的企业和商业产品和生产也并非意味着不认可。

国际劳工局对中文翻译的准确性和完整性，以及翻译的不准确、错误和删减及由此造成的后果不承担任何责任。

图书在版编目（CIP）数据

2018年世界就业和社会展望.绿色就业/国际劳工组织编著.—北京：中国财政经济出版社，2019.1

书名原文：World Employment and Social Outlook 2018: Greening with jobs

ISBN 978-7-5095-8818-5

Ⅰ.①2… Ⅱ.①国… Ⅲ.①劳动就业-研究-世界-2018 Ⅳ.①F249.1

中国版本图书馆CIP数据核字（2019）第027430号

责任编辑：吴　敏　　　　责任校对：张　凡

中国财政经济出版社 出版

URL：http://www.cfeph.cn

E-mail：cfeph@cfeph.cn

（版权所有　翻印必究）

社址：北京市海淀区阜成路甲28号　邮政编码：100142

营销中心电话：010-88191537

北京时捷印刷有限公司印刷　各地新华书店经销

880×1230毫米　16开　12.25印张　212 000字

2019年1月第1版　2019年1月北京第1次印刷

定价：60.00元

ISBN 978-7-5095-8818-5

图字：01-2018-5215

（图书出现印装问题，本社负责调换）

本社质量投诉电话：010-88190744

打击盗版举报热线：010-88191661　QQ：2242791300

致 谢

《2018 年世界就业和社会展望：绿色就业》是由国际劳工组织研究局工作、收入和平等组在 Catherine Saget 的领导下编撰完成，代理主任 Moazam Mahmood、Sangheon Lee 和主任 Damian Grimshaw 给予了协调并提供技术指导。

国际劳工组织政策副总干事 Deborah Greenfield 和总干事高级顾问 James Howard 提供了可靠的政策建议，国际劳工组织研究局对此给予高度赞赏并表示感谢。对于国际劳工组织绿色就业方案的同事（Kamal Gueye 和 Marek Harsdorff）以及职业技能和就业能力处的同事（Srinivas B. Reddy 和 Olga Strietska–Ilina）的密切合作，以及所提供的支持、投入和贡献，我们在此谨表示感谢。

各章的作者分别为：第 1 章——Guillermo Montt，并获得 Nicolas Maitre 的支持；第 2 章——Guillermo Montt，并获得 Jeronim Capaldo、Michela Esposito、Marek Harsdorff、Nicolas Maitre 和 Daniel Samaan 的支持；第 3 章——Tahmina Karimova 和 Elizabeth Echeverría Manrique；第 4 章——Nicolas Maitre，并获得 Christina Behrendt、James Canonge、Luis Cotinguiba、Fabio Duran、Valérie Schmitt 和 Stefan Urban（国际劳工组织社会保障局）、Jeronim Capaldo 和 Guillermo Montt 的支持；第 5 章——Takaaki Kizu、Tahmina Mahmud 和 Catherine Saget，并获得 Olga Strietska–Ilina 的支持。Silas Amo–Agyei、Susanna Biancacci、Solveig Boyer、Karin Isaksson、Dorit Kemter、Trang Luu 和 Elsa Tapsoba 也提供了宝贵的支持。

在第 1 章中，Tord Kjellstrom 开发了热应激对工作时间的影响的算法并进行了计算。在第 2 章中，挪威科技大学（NTNU）的 Kirsten Wiebe、Richard Wood 和 Moana Simas 开发了就业情境的算法并进行了计算。第 5 章所使用的国别研究报告是国际劳工组织与欧洲职业培训发展中心（Cedefop）的合作成果。对国别研究做出贡献的包括欧洲职业培训发展中心（丹麦、爱沙尼亚、法国、德国、西班牙和英国），以及来自以下国家的专家和研究机构：澳大利亚（Huon Curtis、Nigel Douglas、Peter Fairbrother、Kate Grosse、Val Propokiv、Michael Rafferty 和 Philip Toner）、孟加拉国（Abdul Hye Mondal），巴巴多斯（西印度大学资源管理和环境研究中心以及经济系），巴西（Carlos Eduardo Frickmann Young、Maria Gabrielle Correa、Lucas de Almeida Nogueira da Costa 和 Marcos Pires Mendes），中国（中国社会科学院城市发展与环境研究所张莹（音译）），哥斯达黎加（INCAE 商学院），埃及（Ghada Amin），圭亚那（Rawle Andrew Small 和 Maria Witz），印度（国家科技与发展研究所（NISTADS）的 Vipan Kumar、Arpit Choudhary、Naresh Kumar 和 Kasturi Mandal），印度尼西亚（可持续发展工商理事会（IBCSD）），韩国（Misug Jin），吉尔吉斯斯坦（Kylychbek Djakupov、Anar Beishembaeva、Muktar Djumaliev、Elmira Ibraeva 和 Cholpon Kalmyrzaeva），马里（Mali–Folkecenter Nyetaa），毛里求斯（Riad Sultan），黑山共和国（Dragan Djuric），菲律宾（Mary Ann Fernández–Mendoza 和 Lucita S. Lazo），南非（OneWorld 可持续投资），塔吉克斯坦（Lutfullo Saidmurodov 和 Tahmina Mahmud），泰国（Ruttiya Bhula–or），乌干达（Countryside Innovations Network Ltd 的 John David Kabasa、Sengooba Asuman、Bukirwa Jana 和 Hana Kisakye）以及美国（马萨诸塞大学政治经济研究所（PERI）的 Heidi Garrett–Peltier）。

我们要感谢国际劳工组织区域和国家办事处的主任和副主任们在国别研究领域

给予的意见和合作，尤其感谢 Fabio Bertranou、Claudia Coenjaerts、Xiaochu Dai、Olga Koulaeva、Peter Poschen、José Manuel Salazar–Xirinachs、Peter Van Rooij 和 Dagmar Walter。

国际劳工组织研究审查小组成员 Iain Begg 教授、Gary Fields、Jayati Ghosh 教授、Nouri Mzid 教授和 Robert Skidelsky 勋爵出席了 2016 年 12 月 1 日和 2017 年 11 月 13 日的会议，并给予了宝贵意见。我们在此谨对他们表示感谢。我们还要感谢国际公会联盟、国际雇主组织、拉丁美洲和加勒比经济委员会（ECLAC）、Michael Renner（国际可再生能源机构）、Jean Château、Rob Dellink、Andres Fuentes、Jaco Tavernier 和 Glenda Quintini（经合组织）、Steven Stone（联合国环境规划署）、David Waskow 和 Juan Carlos Altamirano（世界资源研究所）和两位匿名审查员，以及 Ralf Krueger（国际劳工组织/都灵培训中心）。

国际劳工组织研究局感谢国际劳工组织各部门以及区域和国家办事处的各位同事提供的宝贵意见，他们是：Andrés Acuña Ulate、Cheickh Badiane、Pavan Baichoo、Gabriel Bordado、Laura Brewer、Meredith Byrne、Jae–Hee Chang、Jealous Chirove、Paul Comyn、Sukti Dasgupta、Yacouba Diallo、Mauricio Dierckxsens、Rishabh Dhir、Anne Drouin、Sara Elder、Simel Esim、Kamran Fannizadeh、Colin Fenwick、Mariangels Fortuny、Youcef Ghellab、Eric Gravel、Tendy Gunawan、Christine Hofmann、Akira Isawa、Kavunga Kambale、Steven Kapsos、Claire La Hovary、Josée–Anne La Rue、Michelle Leighton、Erica Martin、Cristina Martínez、Franklin Muchiri、Hassan Ndahi、Walter Nebuloni、Martin Oelz、Lene Olsen、Bolotbek Orokov、Moussa Oumarou、Gwyneth Anne Palmos、Konstantinos Papadakis、Georginia Pascual、Anne Posthuma、Aishwarya Pothula、Mikhail Pouchkin、Álvaro Ramírez Bogantes、Ana Rasovic、Akiko Sakamoto、Ken Chamuva Shawa、Kishore Kumar Singh、Valentina Stoevska、Charalampos Stylogiannis、Kanae Tada、Manuela Tomei、Mito Tsukamoto、Fernando Vargas、Vic van Vuuren 和 Maria Ilca Lima Webster。

此外，我们要对国际劳工组织研究局为我们提供了帮助、宝贵意见和技术建议的现有同事和前同事表示感谢，他们是：Antonia Asenjo、Marva Corley–Coulibaly、Guillaume Delautre、Ekkehard Ernst、Verónica Escudero、Andre Gama、Carla Henry、Jeff Johnson、Stefan Kuhn、Elva Lopez Mourelo、Rossana Merola、Santo Milasi、Clemente Pignatti、Ira Postolachi、Uma Rani、Pelin Sekerler Richiardi、Pamphile Sossa、Steven Tobin、Ngoc–han Tran、Christian Viegelahn、Zheng Wang 和 Sheena Yoon。

目 录

执行摘要 … 1

第 1 章　环境可持续性和体面的工作 … 5
引言 … 6
第 1 节　经济增长、体面的工作和环境退化 … 6
第 2 节　促进实现环境可持续性与发展体面工作之间的关系 … 12
第 3 节　就业和环境之间的紧密联系 … 14
结束语 … 27

第 2 章　绿色经济中的就业以及工作者和雇主的职责 … 33
引言 … 34
第 1 节　在向绿色经济转型中的就业创造和就业破坏 … 34
第 2 节　绿色就业 … 49
第 3 节　绿色企业：转型中的关键角色 … 52
结束语 … 58

第 3 章　监管框架：一体化、伙伴关系与对话 … 65
引言 … 66
第 1 节　国际层面的环境保护和劳工问题的一体化 … 66
第 2 节　体面工作在国家法律和政策中的主流化 … 79
第 3 节　通过社会对话实现工作场所的绿色化 … 85
结束语 … 92

第 4 章　保护工作者和环境 … 97
引言 … 98
第 1 节　贫困、社会保障、收入保障和环境之间的联系 … 99
第 2 节　气候变化背景下的失业保障与结构转型 … 100
第 3 节　现金转移支付计划 … 101
第 4 节　公共就业计划 … 104
第 5 节　生态系统服务付费 … 108
第 6 节　模拟 … 112
结束语 … 116

第 5 章　绿色转型所需的技能 … 121
引言 … 122
第 1 节　技能发展方面的法规和政策 … 123
第 2 节　有关经济绿色化的技能发展计划及措施 … 131
第 3 节　规划技能政策和计划的制度结构 … 139
结束语 … 142

附录		149
	附录1	149
	附录2	155
	附录3	171
	附录4	174

术语表		181

专栏

专栏1.1	消费排放、生产排放以及资源使用：贸易的角色	8
专栏1.2	生态系统服务对贫困人口及原住民和部落民族至关重要，他们也是环境保护工作的关键角色	18
专栏1.3	过度捕捞可能导致8570万人失业	20
专栏2.1	利用Exiobase来评估绿色经济就业情景	35
专栏2.2	环境可持续性方面的投资	36
专栏2.3	在1.5℃目标下的就业和体面工作	37
专栏2.4	保护性农业能最大限度地减少土壤破坏并提高产量	42
专栏2.5	有机农业依赖生态过程、生物多样性和自然周期	43
专栏2.6	环境产品和服务部门的工作	50
专栏2.7	乌拉圭和菲律宾实现公正转型的实施指南	51
专栏3.1	工作环境与一般环境的关系	70
专栏3.2	1993年《预防重大工业事故公约》（第174号）的执行情况：公约和建议书实施专家委员会的最新评论	72
专栏3.3	环境及劳工综合监管：《香港国际安全与无害环境拆船公约》（2009年）	77
专栏3.4	撒哈拉以南非洲的绿色就业	80
专栏3.5	工作中的环境权利：法国《劳动法》	82
专栏3.6	国际框架协议	89
专栏4.1	以环境为导向的公共就业计划产生的高影响力机会	105
专栏4.2	生态系统服务付费（PES）计划的特点	109
专栏5.1	菲律宾《2016年绿色就业法案》	124
专栏5.2	印度可再生能源就业的全国调查	125
专栏5.3	乌干达改良厨灶使用培训	136
专栏5.4	废物管理和回收领域的绿色转型技能：体面工作的潜力？	137

图

图1.1	1995—2014年或可获得数据的最近一年的GDP和温室气体排放增长情况	9
图1.2	2000—2014年或可获得数据的最近一年的温室气体总排放、物质和资源开采及土地使用情况	10
图1.3	1995—2015年全球GDP和温室气体排放	11
图1.4	1995—2013年生产排放和消费排放的脱钩	12
图1.5	1995—2014年挂钩和脱钩国家劳动力市场表现的变化	13
图1.6	2000—2014年或可获得数据的最近一年，就业的碳和资源密集度	16

图1.7	2014年各行业的就业、温室气体排放和物质开采情况	16
图1.8	2000—2015年因灾害损失的工作寿命年	22
图1.9	在温度上升1.5℃的情况下,1995—2030年的热应激反应造成的工作时间损失	25
图1.10	不可持续的经济活动中的工作破坏了机会均等	27
图2.1	2030年的能源可持续性和就业	39
图2.2	2030年农业和就业的可持续性	45
图2.3	2030年循环经济和就业	48
图2.4	识别气候变化带来的至少一个机会或风险的公司,2010—2015年(单位:%)	54
图2.5	2010—2015年,将温室气体排放与销售增长脱钩的企业	55
图2.6	2010—2015年,挂钩和不挂钩企业的销售额、绿色气体排放和就业变化	55
图2.7	减少温室气体排放举措的投资回收期	56
图3.1	从环保角度看国际劳工标准的结构	69
图3.2	国际劳工组织成员国批准包含职业安全与健康条款的多边环境协定、1981年《职业安全与健康公约》(第155号)及其他国际劳工标准的对比	78
图3.3	一般气候变化政策中劳工维度细目	83
图3.4	与绿色转型相关的职业安全与健康立法问题(对按部门和重点领域划分的40个国家的分析)	85
图4.1	社会、经济和环境挑战的复杂联系	100
图4.2	按地区划分的受失业保障计划保障的工作者百分比,最近一年的统计数字	102
图4.3	公共就业计划组成部分	107
图4.4	按区域划分的公共就业计划组成成分	107
图4.5	生态系统服务付费(PES)计划中的亲贫成分	111
图4.6	绿色经济的社会保障政策	113
图4.7	所选国家的GDP增长率(基准情境与绿色情境)	114
图4.8	就业率(绿色情境和基准情境的差异)	116
图5.1	印度尼西亚:2012—2016年间获得能源管理者和能源审计师资格的毕业生人数	129
图A2.1	环境投入产出框架中与技术扩散有关的变化	161

表

表1.1	劳动力市场表现和温室气体排放	14
表1.2	2014年依靠生态系统服务的工作岗位(千个)	19
表2.1	能源行业中受可持续性转型影响最大的行业	40
表2.2	保护性农业和有机农业的环境影响以及与工作相关的影响	44
表2.3	受可持续农业转型影响最大的行业	46
表2.4	受循环经济转型影响最大的行业	49
表2.5	环境退化的商业影响	53
表3.1	与气候适应和减缓政策相关的国际劳工标准	67
表3.2	国际劳工标准对可持续发展规范性框架的贡献	73
表3.3	多边环境协定的劳工问题	76

表3.4	国家绿色增长立法中的劳工问题实例	81
表3.5	包含劳工问题的绿色政策示例	83
表3.6	按国家收入组别划分的能源法规中的劳工事项（40个国家的分析数据）	85
表3.7	国家背景下的绿色条款：加拿大集体谈判实践示例	88
表3.8	国际框架协议中的主要绿色承诺列表	91
表3.9	创新的但较不常见的绿色承诺列表	91
表5.1	印度：2017—2018年太阳能和风能部门所需的额外劳动力估算	125
表5.2	受绿色经济转型影响的优先部门和职业	128
表5.3	预测技能需求和调整培训规定的体制机制（27国）	141
表A1.1	就业表现与温室气体排放的关系	150
表A2.1	报告中使用的Exiobase行业汇总	156
表A2.2	有机农业与传统农业投入和产量比的比较	163
表A2.3	保护性农业与传统农业投入和产量比的比较	164
表A2.4	专家间温室气体排放目标差异	166
表A2.5	FactSet中具有2010年和2015年碳排放信息披露项目数据的公司的规模（单位:%）	169
表A2.6	FactSet中具有2010年和2015年碳排放信息披露项目数据的公司的行业分布（单位:%）	170
表A2.7	FactSet中具有2010年和2015年碳排放信息披露项目数据的公司的区域分布（单位:%）	170

执行摘要

采取行动将全球气温变暖控制在 2℃之内，这将创造就业机会

2015 年《巴黎协定》的长期目标是将全球平均气温上升控制在前工业化时期水平之上 2℃之内。该协定旨在帮助各国实现这一目标，并加强社会应对气候变化这一广泛影响的能力。本报告中的就业估计显示，该协定对就业岗位数量的净影响将是积极的。由于碳和资源密集型行业的规模缩减，向绿色经济的转型将不可避免地导致某些行业的就业岗位损失，但新的就业机会将会超过损失的就业岗位数量。例如，在能源生产和使用方面采取的措施将导致大约 600 万人失去工作，但同时可以创造约 2400 万个工作岗位。采用可持续性措施将在全球范围内实现大约 1800 万个工作岗位的净增加，此类做法包括能源结构的改变、电动汽车使用量的预期增长，以及现有和未来建筑物能源效率的提高。为了确保公正转型，在努力促进绿色经济的同时，还必须制定可促进工作者重新分配、推动体面工作、提供本地解决方案和支持失业者的政策。

向农业可持续性和循环经济的转型将带来更多且往往更好的就业机会

采取更可持续的农业政策可以在大中型有机农场创造有薪就业机会，并使小农场主通过向保护性农业过渡来实现其收入来源的多样化。有了补充性政策为工作者提供支持，采用保护性农业措施可以帮助发展中国家持续完成结构性转型。与此同时，接纳循环经济，重视商品的再利用、回收、再制造和维修，用此类举措取代传统的"开采、制造、使用和处置"将在世界各地创造大约 600 万个新的就业机会。

鉴于目前经济活动对环境造成的不可持续的压力，转型迫在眉睫

2000—2015 年，全球经济和促进体面工作，特别是减少工作性贫困和童工等方面的工作取得了重大进展。但工资增长停滞不前，而且在很大程度上不平等进一步加剧。此外，令人震惊的是，在资源稀缺和吸收废弃物能力有限的情况下，目前的经济增长模式仍然在很大程度上依赖于资源的开采、制造、消费和废物产生。例如，2013 年人类消耗的资源和产生的废物是生物圈能够再生和吸收的 1.7 倍。事实上，人类活动已经在全球范围内造成了不可逆转的环境变化。

就业在很大程度上依赖于健康稳定的环境及其提供的服务……

从就业的角度来看，环境的可持续性至关重要。事实上，与人类活动有关的自然灾害的发生频率和强度日益增加，已经导致生产率下降。2000—2015 年，由人类引起或加剧的自然灾害所导致的工作寿命年损失相当于全球一年工作量的0.8%。在未来，预计气温上升将使热应激更加普遍，到2030年，全球总工作时数将下降2.0%，并将首先影响农业部门和发展中国家的工作者。因此，与未减缓的气候变化相关的损害将降低生产率、破坏GDP增长和工作环境。当地的空气、水和土壤污染以及其他形式的环境退化会对工作者的健康、收入、食品和燃料安全以及其生产率产生消极影响。通过采取具体的政策措施可以减少这种消极影响，如职业安全与健康措施、社会保障政策以及旨在适应环境变化的其他举措。

……这突出了就业向环境可持续性过渡的重要性

当前，12亿个工作岗位直接依赖于健康环境的有效管理和可持续性，特别是农业、渔业和林业中那些依靠空气和水资源净化、土壤更新和施肥、授粉、害虫控制、极端温度的调节，以及抵御风暴、洪水和强风的工作岗位。环境退化威胁着这些生态系统服务以及依赖于此类服务的工作。环境恶化对最弱势的工作者的就业影响尤为严重。来自低收入国家和小岛屿发展中国家的工作者、农村工作者、贫困人口、原住民和部落民族以及其他处于不利地位的群体受气候变化影响最大。向绿色经济过渡不仅是为了地球的利益，而且也与体面工作的改善相适应。本报告的一个重要发现是，一些国家在成功改善劳动力市场表现的同时，也实现了增长与碳排放的脱钩。

补充性政策可以促进就业并减轻气候变化的影响

尽管气候变化减缓措施可能引起短期就业损失，但通过制定适当的政策可以减少其对GDP增长、就业和不平等的负面影响。由于与2℃情境相关的就业机会创造可能会发生在目前由男性主导型的行业（可再生能源、制造和建筑业）中，所以如果不采取措施减少职业隔离，减缓气候变化的措施可能会导致女性在就业总人数中所占比例小幅下降。社会伙伴之间的协调可以减少不平等并促进效率的提高，而国际层面的协调则是实现大幅减排所必需的。某些减缓政策（如通过推进可再生能源使用来限制气温上升）可作为推动企业开发和应用更为高效的技术的激励措施，从而促进关键职业的就业并提高生产率。适应政策（如实现向适应气候变化的农业实践转型）也可以在地方层面上创造就业机会。

法律框架也可以为实现经济的绿色环保提供激励，同时确保体面工作

在向环境可持续性转型期间和转型之后，法律标准可以促进体面工作方面的发展。国际劳工标准在工作者、工作场所和各个行业中具有普适性并被广泛采用，为绿色经济提供了社会支柱，并有助于确保新兴部门提供体面的工作环境。此外，国际劳工组织关于职业安全和健康的标准有助于保护环境。1989年的《原住民和部落民族公约》（第169号）要求对可能影响相关人口的开发活动展开环境影响评估，该公约连同1993年的《预防重大工业事故公约》（第174号）以及2017年的《关于面向和平与复原力的就业与体面劳动建议书》（第205号）直接针对环境问题。

多边环境协定（MEA）是国家之间处理环境事务的具有约束力的协定，该协定越来越多地将劳工方面的内容涵盖进来，如工作中环境权利的重要性、就业保障和就业推动。此类协定特别强调职业安全和健康标准。在国家层面上，有关环境的立法和政策越来越多地将劳工问题考虑在内。在本报告所评估的26个国家的法律框架中，有19个国家的气候变化政策包含劳工方面的考虑，如补充性技能政策和就业创

造。针对具体部门的环境立法也往往涵盖就业和体面工作问题。在撒哈拉以南非洲地区的可再生能源和废弃物管理部门，环境管制和劳工问题之间的密切联系也日益显著。

社会对话有助于确保绿色转型的公正性

社会对话促进了涵盖劳工问题和环境问题的框架、法律和政策的建立，从而有助于使环境治理更加有利于劳工。这表明了《联合国可持续发展议程》所确立的优先事项以及国际劳工标准中所包含的原则（如协商和集体谈判）的重要性。在国际层面，国际框架协议（IFA）是跨国企业和全球工会联盟之间自愿达成的协议。在本报告所评估的 104 个国际框架协议中，有 61 个包含有关将尊重环境作为企业责任以及废弃物管理措施的环境条款，特别是在制造业、能源、采矿和汽车行业。在国家和企业层面，虽然包含绿色条款的集体协议的数量依然有限，但雇主和工作者已经在利用此类协议协调社会和经济目标与环境问题。新涌现的示例表明，工作者和雇主通过社会对话业已发现在某些领域可以减轻环境影响，而不削弱就业或影响工作环境。从长期看，国家政策和立法也可以加强对工作环境权利的保障。

社会保障和环境政策之间的协同作用可以为工作者的收入和绿色转型提供支持

社会保障体系是抵御各种风险对收入造成的负面影响的第一道防线，这些风险包括气候变化以及地方环境退化造成的影响。社会保障体系通过稳定家庭收入来对经济提供支持。四个政策领域在社会保障和环境可持续性之间提供特别的协同效应：失业保障、现金转移支付计划、公共就业计划（PEP）以及生态系统服务付费（PES）。

失业保障计划和现金转移支付计划在为面临失业的工作者提供支持方面发挥关键作用，这些工作者面临失业或与环境可持续性转型有关，或与自然灾害有关。上述计划能够促进向新工作的过渡，特别是在配合技能培养和就业安置或搬迁措施时效果更佳。此外，获得安全的正规的劳工迁移机会可以促进经济多元化，并通过汇款和技能转移提高适应能力。现金转移支付计划有利于预防贫困并降低家庭和社区的脆弱性。

公共就业计划也可以成为解决气候变化对工作者及其收入影响的有力工具，同时还可以强化减缓措施。在所调查的 62 个国家的 86 个公共就业计划中，有一半涵盖环境因素。它们通常提供医疗、教育和其他福利。与此类似，生态系统服务付费虽然在最初构想时所制定的是环境目标，但在特定情况下也可以为家庭收入提供有效支持。

包括现金转移支付、更强有力的社会保险和限制化石燃料使用的政策组合可能会促进实现更快的经济增长、更强劲的就业创造和更公平的收入分配，并减少温室气体排放。

虽然面向企业和工作者的技能培养计划有助于向绿色经济转型，但其尚未成为政策讨论的主流

技能培养计划对于实现公正转型至关重要。在我们所调查的 27 个国家中，约有 2/3 的国家业已建立了预测技能需求和提供一般技能的平台，但并非所有平台都讨论绿色转型对技能的影响。社会伙伴的积极参与有助于发现技能差距，执行培训规定，强调更高的技能可转化为更高的薪酬，并认可工作中所获得的技能。然而，社会伙伴并不总是参与相关讨论；尤其是工作者。有社会伙伴参与的特定机构已经通过讨论绿色转型所需技能给直接参与转型的部门（如可再生能源和废弃物管理）的培训带来了积极的变化，但它们对整个经济实现绿色转型的影响相对较小。

国家环境立法越来越多地涉及技能培养，但是规定往往仅限于具体的技能政策领域（如发现技能需求）、目标群体（如青年）、行业（尤其是能源）或区域。许多国家尚未就绿色转型所需技能的定义达成一致意见，而且缺乏有关数据以便妥善确定所需技能的能力。因此，面向绿色转型的技能培养政策往往采取短期和分散的方法。必须提高对环境问题的认识，并将环境问题纳入技能政策讨论的主流，以确保确定技能需求，同时所执行的培训计划能够响应劳动力市场需要。

体制、决策和有效实施是公正转型的关键

社会对话、消除就业和职业歧视以及良好治理是有效的公正转型的基础。例如，中央和地方政府、社会伙伴以及非政府组织参与国家层面的气候变化辩论，促进了经济、社会和环境目标的整合。税制改革可以支持向绿色经济转型，同时促进创造就业机会。

低收入和一些中等收入国家需要获得支持，以发展数据采集、发现和采纳最佳实践、加强执行以及为减缓和适应性战略提供资金，以便全面实现向环境可持续性经济和社会的公正转型。公正的转型需要确定和实施政策解决方案，以应对未来工作中一些最紧迫的挑战，这些挑战还会影响气候变化，如农村经济中的就业和工作环境、人口统计学变化和全球化。

公正的转型将劳工和环境问题结合起来，为创造体面的就业机会提供了更大的潜力

国际劳工组织的这份报告对在向绿色经济转型过程中的工作损失和就业创造进行了量化，其依据是按照在2030年前将全球温升控制在2℃之内的已确定的政策目标进行的预测。更广泛地说，本报告发现，实现经济的绿色环保可以对增长和就业产生积极的总体影响。在《巴黎协定》所倡导的1.5℃情境下，积极的就业成果也很可能是适用的。

报告显示，涵盖环境问题在内的环境方面的法规、条例和政策是将体面工作议程和环境目标相结合的有力手段。社会保障计划、技能培养计划、宏观经济政策和法律框架都是如此。尽管在所有这些领域均观察到一定程度的整合，但整合还是不系统的，也不具有普遍性。例如，尽管环境法律框架可以有效地将体面工作议程的某些元素与环境目标相结合，但是相应的条款通常侧重于特定的工作者群体（如为本地社区提供额外的支持，在对转型至关重要的区域开展培训，以及对特定行业的工作者提供保障）。然而，转型会影响所有的工作者；因此，权利和保障的普遍性依然十分重要，以确保转型带来包容性增长和体面工作。

第1章 环境可持续性和体面的工作

重要发现

1999—2015年，全球GDP增长了近80%，实际工资提高了42%，童工数量减少，女性劳动力参与率提高。按照一定标准划分，工作性贫困也有所减少。然而，即使取得了诸多进步，不平等的现象还是增多了。

2000—2012年，引起气候变化的温室气体（GHG）排放在世界范围内增加了33%。2000—2013年，物质开采活动增加了62%。这一资源密集、碳密集的经济活动模式给环境带来了巨大压力，导致今天的经济活动不可持续。

约有23个国家通过使用可再生能源以及实施碳定价、绿色产品补贴和绿色就业等政策，实现了其经济增长与温室气体排放的脱钩。这意味着体面的工作和环境的可持续性可以同时实现。

约有12亿个工作岗位（占全球就业总量的40%）直接依赖于生态系统服务，其中大多数位于非洲、亚太地区，无论何地的工作岗位都依赖稳定的环境。由人类引起或加剧的自然灾害平均每年造成2300万工作寿命年的损失，相当于一年工作量的0.8%。即使在气候变化有效减缓的情况下，到2030年，由于气候变化引起温度上升，热应激反应仍将导致相当于7200万个全职岗位的损失。发展中国家和最弱势群体所受冲击最大。

全球与局部环境退化威胁着就业，破坏了工作环境，对发展中国家、女性和世界最弱势群体（包括流动人口、贫困人口以及原住民和部落民族）影响尤甚，这使得环境可持续性成为一个有关社会公正的问题。

由于许多产业对生态系统服务产生负面溢出效应，我们有必要考虑，具有负外部性并对其他工作者造成不良影响的工作是否能称为体面的工作。

引 言

近几十年来，人类给环境造成的压力越来越大。到20世纪70年代，世界使用的资源已经超出了自然再生的能力范围，产生的废物和排放的温室气体（GHG）也超出了生态系统可吸收的范围（Global Footprint Network，2017）。这一趋势愈演愈烈。由于人口增长和经济活动的碳密集、资源密集性，目前的发展模式和经济活动已经把人类领向了环境不可持续性的道路。人类正在使用明天的资源来满足今天的生产和消费需求（UNEP，2011）。

本章描述了环境退化（如温室气体排放及其导致的气候变化、自然资源短缺、空气和水资源污染、土壤退化、生物多样性减少、生物化学流动的变化和其他环境挑战）对就业的直接负面影响。总体来说，本报告论证了实现环境可持续性的紧迫性，并表明通往可持续性的道路与发展体面工作是可兼容的，正如未来就业的其他驱动因素，如新技术、替代性的商业模式和全球化（ILO，2017a）等。本章进一步从就业的角度阐述了实现环境可持续性是有关社会正义的问题，女性和世界最弱势群体——流动人口、青少年、残障人士、贫困人口、原住民和部落民族以及其他弱势人群，因地区和国家而异——尤其暴露在环境退化相关的风险和伤害之下，即使他们是对此责任最小的一部分人。本章提出了这样的疑问：破坏环境并损害其他工作者权利和生产率的工作是否能被称为体面的工作？

经济活动和就业离不开环境资源、稳定的环境和生态系统服务（如水资源净化、气候调节和植物授粉等）。因此，气候变化和其他形式的环境退化是经济活动和就业面临的潜在威胁，同时也是充分实现多产的、体面的就业所面临的直接障碍。重要的是，追求体面的工作和实现环境可持续性是不矛盾的。

本章将概括当前经济增长和排放以及资源使用之间的联系，并指出一些国家已经能够实现"脱钩"，即在发展的过程中不给环境造成额外的压力，并且促进实现体面工作不会限制环境可持续性的发展。本章第三节将论述就业如何依赖于稳定和可持续的环境，使环境可持续性成为实现体面工作的基础。总的来说，本章从就业的角度强调了向环境可持续性转型的紧迫性。本章是后文进行进一步探讨的基础，后文探讨了向环境可持续的经济转型将对经济和就业造成怎样的影响（第2章），并回顾了推动公正转型的相关政策，同样的政策也能推动社会融合和体面的工作的发展（第3、4、5章）。术语表见第5章。

第1节 经济增长、体面的工作和环境退化

经济增长和体面工作的发展齐头并进

在正确的政策和制度背景下，经济增长能成为实现体面工作的主要驱动因素。体面的工作是指富有生产力，能提供可观的收入、安全的工作环境，能为家庭提供社会保护，有利于个人发展和社会融合，允许人们自由表达关切、自由组织和参与影响其生活的决策，并确保所有的男性和女性拥有平等的机会和待遇的工作。

过去几十年来，体面工作方面已经取得了一定的进步。1999—2015年，全球GDP（以购买力平价（PPP）和2011年定值美元计）增长了近80%（World Bank，

2017a)①，全球平均月工资增长了 42%（ILO，2016a）。在低收入国家，处于极度贫困（低于每天 1.9PPP 美元）中的就业人口比例从超过 64% 降至 38%。在下中等收入国家，这一比例从 41% 降至 15%，上中等收入国家的该比例从 24% 降至 3.7%（ILO，2015b）。尽管童工现象在某些地区仍然普遍，但 2000—2012 年全球童工比例从 16% 降至 11%（ILO，2013）。尽管女性在劳动力、就业和体面工作方面的人数不足，但发展中国家和发达国家某些方面的性别差距已经缩小，尤其是在劳动力参与方面（ILO，2018b）。但是，不足依然存在，在过去的几年中，随着工资增长停滞不前，总体不平等程度加剧，在体面工作方面取得的进展并没有跟上经济增长的步伐（ILO，2016a，2018a）。

经济增长给环境造成的压力使其达到了不可持续的程度

随着国家的发展和人口的增长，人们往往需要更多的资源，因为要发展就要开采资源、制造、消费和产生废物（Global Footprint Network，2017；Steinberger et al.，2012）。在资源有限和稀缺的背景下，这一进程在 20 世纪 50 年代之后急剧加速（Steffen，Broadgate et al.，2015）。以开采自然资源和产生废物为基础的经济增长是有限制的（Meadows et al.，1972），但正如本章所示，经济增长和人类的发展有可能实现与排放和资源使用的脱钩。

在可获得数据的最近一年，即 2013 年，人类使用的资源和产生废物的数量是生物圈能够再生和吸收的 1.7 倍。现在地球需要 18 个月的时间来恢复人类一年的消耗（Global Footprint Network，2017）。从另一个角度来看，九大地球承载能力界限（planetary boundaries）定义了地球系统保持稳定的能力。② 最近，至少有三个界限被打破，这将在全球范围产生不可逆转的环境突变：水陆系统氮磷增加，生物多样性丧失和温室气体排放（Rockström et al.，2009；Steffen，Richardson et al.，2015）。

经济活动和发展仍然与排放和资源使用挂钩

经济活动、经济增长、消费和发展或多或少地依赖于有限的自然资源和能源服务，而后者往往受温室气体排放③和其他形式的环境退化影响（Dorling，2017；IPCC，2013 and 2014a；Ocampo et al.，2009；Steffen，Broadgate et al.，2015；Steffen，Richardson et al.，2015）。各地区的面积大小和其经济生产对温室气体排放的依赖程度（经济体的碳强度）不同，因此地区间的温室气体排放分布不均匀。2012 年的大部分排放来自中国、美国、欧盟、印度、巴西和俄罗斯，共占全球温室气体排放的近 60%（PBL，2016）。仅二十国集团（G20）国家就占全球碳排放的 70% 以上（World Bank，2017a）。1/4 的温室气体是由电力和热能产生的，另外 1/4 可以追溯

---

① 同期，人均国内生产总值增长 48%，人口增长 22%。
② 九个地球界限是（排名不分先后）：(1) 生物圈完整性（生物多样性丧失和灭绝）；(2) 气候变化；(3) 化学污染和新型制品的释放（如合成有机污染物、重金属化合物和放射性物质的释放）；(4) 平流层臭氧损耗；(5) 大气气溶胶负荷（大气污染）；(6) 海洋酸化；(7) 生物地球化学循环（氮、磷流向生物圈和海洋）；(8) 淡水资源使用；(9) 土地系统变化（Rockström et al.，2009；Steffen，Broadgate et al.，2015）。
③ 二氧化碳是温室气体的最大贡献者，温室气体反过来又造成了气候变化。其他温室气体包括甲烷、氮氧化物和含氟气体（氢氟碳化物、全氟碳化物和六氟化硫）。为了简单起见，将非二氧化碳的温室气体基于其全球变暖潜能值（GWP）转换为二氧化碳当量。例如，在农业和工业活动中排放的一氧化二氮的 GWP 是二氧化碳的 298 倍。含氟气体通常在各种工业过程中用作制冷剂或灭火剂，其 GWP 范围从某些特定的氢氟碳化物的 124 到六氟化硫的 22800 不等。本报告使用了广义的碳基经济和碳强度来描述经济活动对温室气体排放的依赖。

> **专栏 1.1**
>
> **消费排放、生产排放以及资源使用：贸易的角色**
>
> 一个国家的排放和资源使用可以用两种不同的方式来描述：一方面是本土排放和资源或物质使用（基于生产的），另一方面是碳、资源或物质足迹（基于消费的）。本土排放或使用的资源是在经济体内生产商品和服务所必需的。相比之下，碳足迹包括消费中包含的所有排放和资源，包括与进口商品和服务相关的排放和资源以及在该国生产和消费的商品和服务，但不包括出口的商品和服务。
>
> 在封闭的经济体中，本土的排放、资源使用和足迹是相同的。然而，在一个开放的经济体中，因为碳密集、资源密集型和危险的生产被转移出了商品消费的地方，因此它们是不同的。例如，从足迹的角度看，一些欧洲国家的温室气体排放有所增加，但由于碳密集型生产被转移到了亚太地区，它们的生产排放则有所下降（或增长放缓）。对于化石燃料出口国来说，生产排放低估了发展对不可持续的化石燃料的依赖程度（Peters, Davis and Andrew, 2012; Steinberger et al., 2012; Tukker et al., 2014; Wiebe and Yamano, 2016）。
>
> 消费中使用的物质、水和土地资源与商品和服务生产中使用的物质、水和土地资源之间也存在类似情况：发展中国家和新兴国家通常是这些资源的净出口国，而发达国家是净进口国（Tukker et al., 2014; Wiedmann et al., 2015）。在生物多样性和危险的生产工艺方面也是如此。全球生物多样性所面临的威胁至少有1/3是由贸易造成的，欧洲、日本和美国的消费推动了人为的森林砍伐、过度狩猎和气候变化，尤其威胁着非洲、拉丁美洲和东南亚的生物多样性（Moran and Kanemoto, 2017）。

到农业、林业和其他土地使用，其中森林改造造成的影响很大。经济和人口增长是目前温室气体增加的最主要动因，过去几十年经济增长贡献的比例不断增加（IPCC, 2014a）。

由于贸易，商品不一定在生产的地方被消费（见专栏1.1），因此消费排放和生产排放以及资源使用各不相同。本节重点讨论本土（基于生产的）排放和资源使用，因其反映某特定国家的经济活动，并且和某特定经济体的就业有关的。国际协议，如《巴黎协定》（Paris Agreement）以及碳排放交易计划（cap-and-trade Scheme），如《欧洲排放交易计划》，也基于本土排放。

图1.1比较了1995—2014年各区域温室气体排放量的增长与经济增长情况。在可获得数据的180个国家中，有165个国家的人均GDP在1995—2014年有所增长。在这些国家中，近3/4（72%）的国家的温室气体排放量随着人均GDP的上升而上升（右上象限的国家）。在大多数区域，特别是在非洲、亚太地区以及美洲的大多数国家，经济增长仍然伴随着温室气体排放的增长（在物质开采、水和土地使用方面也是如此，尽管没有显示）。

图 1.1

1995—2014 年或可获得数据的最近一年的 GDP 和温室气体排放增长情况

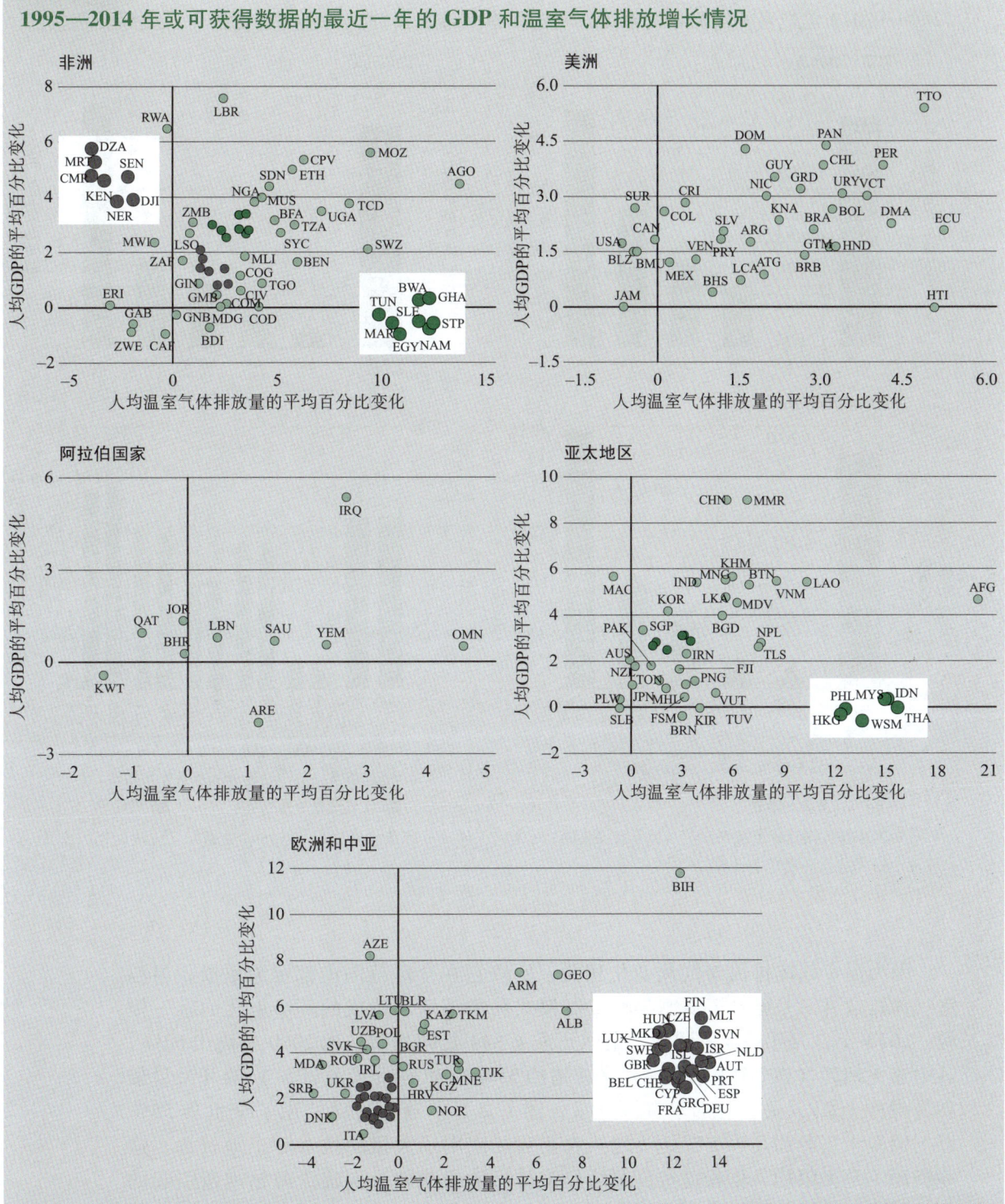

注：此为 51 个非洲国家、34 个美洲国家、10 个阿拉伯国家、35 个亚太地区国家和 50 个欧洲和中亚国家的数据。计算中使用了中非共和国的数据，但由于其情况例外而未显示（年人均温室气体排放量增长 55%，年人均 GDP 增长 19%）。在图中，一个国家的位置越靠右下方，其 GDP 每增长 1 百分点所涉及的排放量就越高（也就是说，增长对碳的依赖程度越高）。纵坐标因面板而异。

资料来源：国际劳工组织基于《世界发展指标》的计算。

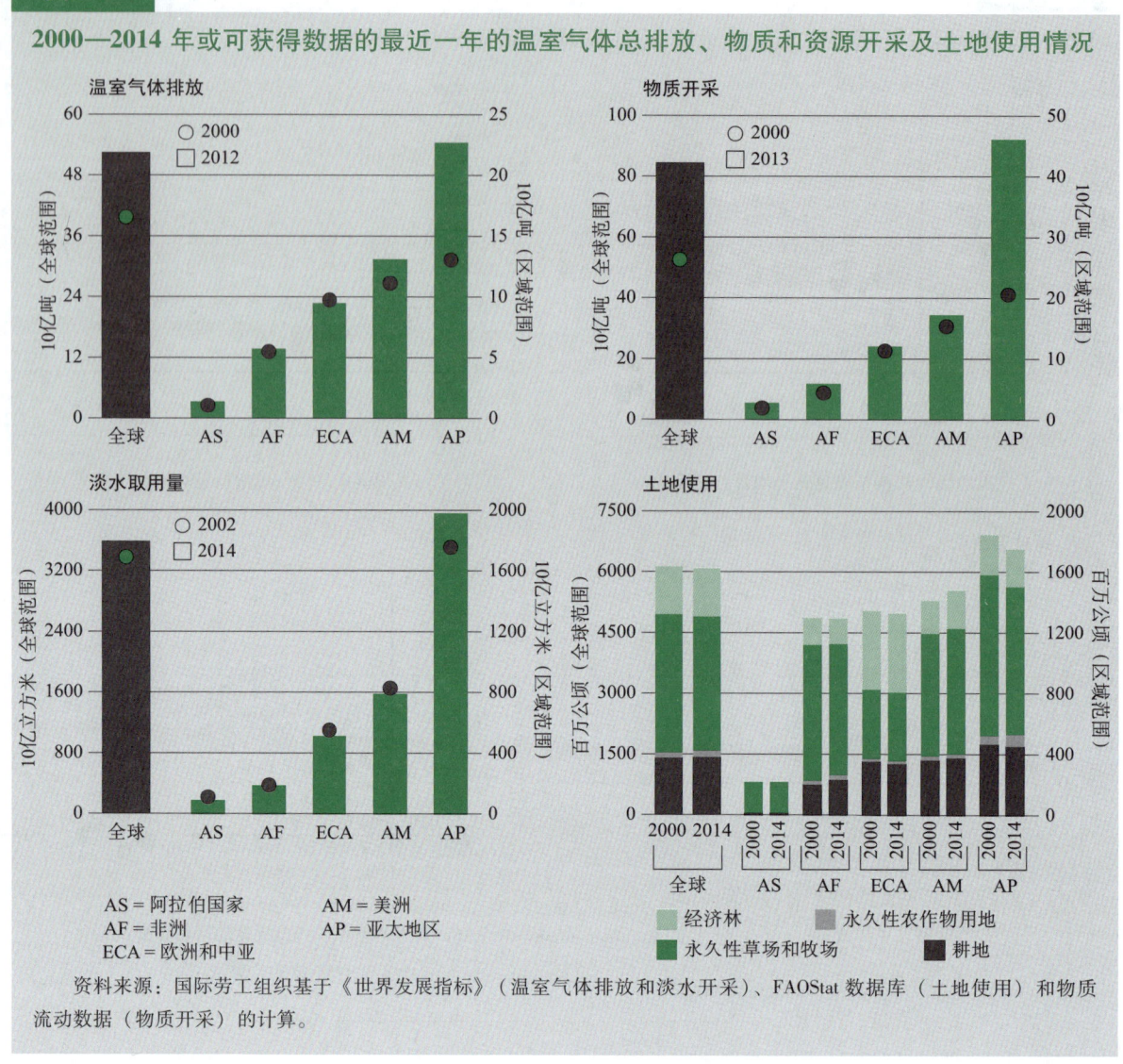

图 1.2

2000—2014 年或可获得数据的最近一年的温室气体总排放、物质和资源开采及土地使用情况

AS = 阿拉伯国家　　AM = 美洲
AF = 非洲　　　　　AP = 亚太地区
ECA = 欧洲和中亚

资料来源：国际劳工组织基于《世界发展指标》（温室气体排放和淡水开采）、FAOStat 数据库（土地使用）和物质流动数据（物质开采）的计算。

因为温室气体排放与气候变化相关，所以它在全球范围内都至关重要，但温室气体排放并不是碳和资源密集型发展模式和经济活动造成的环境退化的唯一根源。2013 年，为开展经济活动，全球开采了 844 亿吨物质，比 2000 年高出 62%，其中亚太地区（占 2013 年全球开采总量的 55%）和美洲（占 20%）的开采量最高（见图 1.2）。关于总的水资源开采，图 1.2 显示亚太地区使用了全世界 55% 以上的淡水资源和几乎 1/3 的土地。农业领域使用了大量的淡水和土地资源。这些资源不是无限的，依赖这些资源的经济体可能很快就会面临资源枯竭所引起的增长限制。

将增长与排放和资源使用脱钩的可能性是存在的

温室气体排放和资源使用一般不需要与经济增长挂钩。换句话说，经济增长可以与排放、物质和资源使用脱钩。国家/地区可以在两个层次上脱钩：绝对脱钩和相对脱钩。相对脱钩指的是经济增长快于排放或物质/资源使用，而绝对脱钩指的是经济增长而不增加环境压力，甚至是减少环境压力。一个环境可持续的经济体在全球

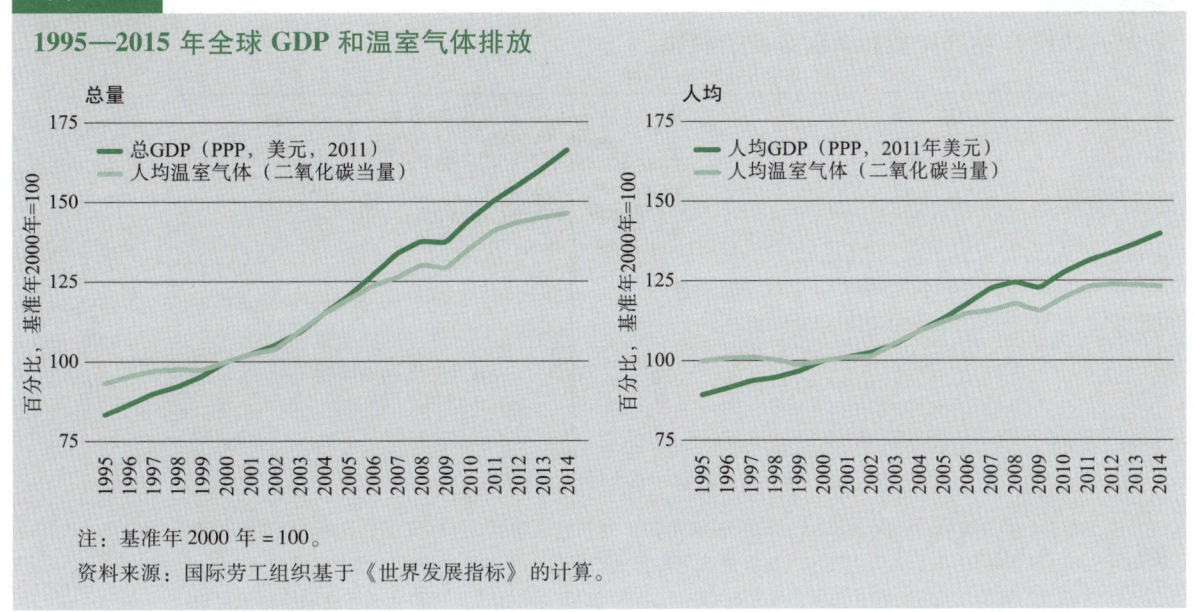

图 1.3

1995—2015 年全球 GDP 和温室气体排放

注：基准年 2000 年 =100。
资料来源：国际劳工组织基于《世界发展指标》的计算。

层面上是绝对脱钩的。国家层面的相对脱钩或绝对脱钩并不能保证全球脱钩，因为它们可以通过转移生产来实现，如专栏 1.1 所述（Ward et al., 2016）。[①]

有证据表明，全球范围内仅实现了相对脱钩（见图 1.3）。1995—2015 年，世界每单位 GDP 的产生对排放和资源使用的依赖程度有所降低（即世界产出的碳强度有所下降，但总排放量继续增长）。这是服务业增长以及能源和资源效率提高的结果。

国家层面的脱钩也有相应的证据。图 1.4 显示的是图 1.1 中在 1995—2014 年期间人均 GDP 增长且区域内人均温室气体排放量减少的国家。然而，并不是所有本土排放量减少的国家都能算是已脱钩，例如，将碳密集型生产转移到其他国家的就不算脱钩。在 GDP 增长和生产排放减少的 41 个国家中，有 23 个国家（标记为绿色）是通过减少碳足迹来实现这一目标的。这些国家实现了生产排放和消费排放的绝对减少。[②] 因此，可以说这些国家的排放已经与 GDP 脱钩。[③]

丹麦就是一个明显的脱钩的例子。1995—2013 年，丹麦的年均 GDP 增长为 0.94%，年均温室气体排放和碳足迹分别降低了 3.0% 和 2.8%。这在很大程度上归功于其能源组合中可再生能源的增多。到 2015 年，可再生能源占其国内电力供应的 56%（DEA, 2017）。德国也显示出脱钩的迹象，在同一时期内，德国 GDP 年均增长 1.3%，温室气体排放和碳足迹的年均降幅分别为 0.9% 和 0.7%。德国的脱钩是由环境产品和服务（即绿色就业）的大幅增长（OECD, 2012）和可再生能源（尤其是风能）的使用推动的（WindEurope, 2017）。

---

① Ward 等人（2016）指出将 GDP 增长与环境影响脱钩是很困难的，并质疑 GDP 增长本身是否应该成为一个社会目标，因为它不能很好地代表社会福祉。因此，目标不应是使 GDP 增长与物质、资源使用和排放脱钩，而应是使社会福祉与之脱钩。使社会福祉与之脱钩是一个更恰当且可行的目标，参见排放和平均寿命之间的关系（Steinberger et al., 2012），或者不平等和排放之间的关系（Dorling, 2017；Piketty and Chancel, 2015）。

② 阿塞拜疆、保加利亚、塞浦路斯、丹麦、芬兰、法国、德国、匈牙利、爱尔兰、意大利、马耳他、摩尔多瓦、波兰、罗马尼亚、塞尔维亚、西班牙、苏里南、瑞典、瑞士、乌克兰、英国、美国和乌兹别克斯坦等国将经济增长与生产和消费排放脱钩。

③ 该分析只关注温室气体排放与经济增长脱钩。考虑了温室气体排放和相应的碳足迹，但不一定包括其他环境退化的来源（如不可持续的淡水开采、土地使用变化或资源开采）。

第 1 章　环境可持续性和体面的工作

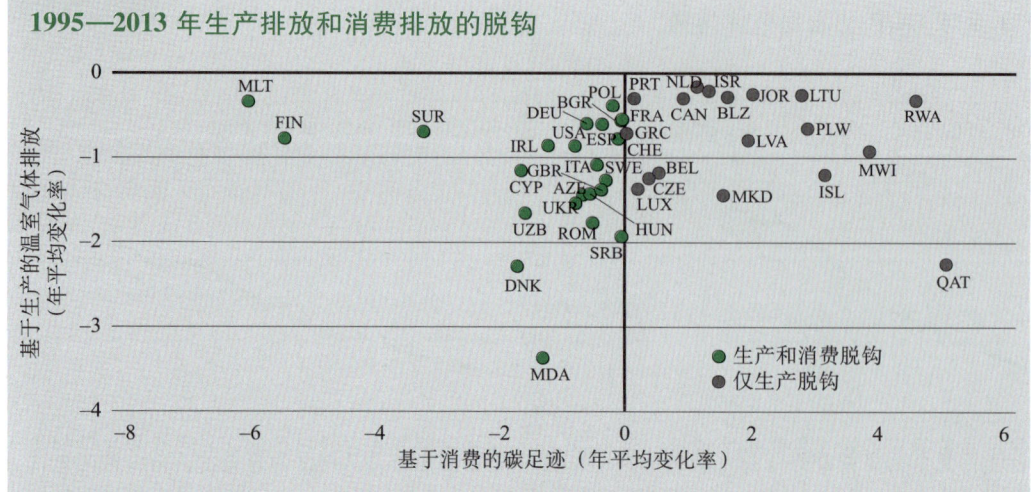

图 1.4

1995—2013 年生产排放和消费排放的脱钩

注：图 1.1 中只有 41 个国家在 1995—2013 年期间 GDP 增长且人均温室气体排放量下降。绿色标记国家同时实现了人均 GDP 增长、人均温室气体排放量下降和人均碳足迹下降。详细的方法论请见附录 1.1。

资料来源：国际劳工组织基于《世界发展指标》（GDP、温室气体排放量）和全球足迹网络国家足迹账户（碳足迹）的计算。

在行业层面，各经济体可以选择进行绝对脱钩。例如，在以煤炭或天然气为能源来源的国家，电力生产是碳密集型的，而在以可再生能源或非化石燃料为能源来源的国家，电力生产的碳强度较低。阿尔及利亚、孟加拉国、以色列、南非、阿联酋和许多其他国家 95% 以上的电力生产依靠化石燃料。印度正在迅速增加可再生能源所占的比例，但其 80% 的电力仍依赖于煤炭、石油和天然气以及相关的碳排放。2013 年，有 80 多个国家超过 50% 的电力依赖于化石燃料。由于阿尔巴尼亚、埃塞俄比亚和巴拉圭的水力发电能力，以及冰岛的地热活动，这几个国家发电依赖的碳排放不到 1%（IEA，2016）。

第 2 节　促进实现环境可持续性与发展体面工作之间的关系

尽管出现了一些脱钩的迹象，但大多数国家的经济增长仍与物质资源开采、水资源使用和温室气体排放挂钩。然而，对人类发展和社会福祉而言，情况未必如此。例如，平均寿命的提高只在一定范围内与更高的排放量相关（在 GDP 为大约 12000 美元以内），之后就脱钩了（Steinberger et al.，2012）。正如本节所述，体面工作的推进也并非如此。环境的可持续性与体面工作是兼容的，尤其是，有时为促进体面工作而使用的体制和政策工具也可以作为发展可持续性、低碳和资源节约型经济的补充措施。

某些国家已经能够改善劳动力市场的表现，同时将增长与排放脱钩。通过对比那些增长和温室气体挂钩与那些实现了脱钩的国家，数据表明，1995—2014 年这两类国家的某些劳动力市场表现都得到了相似比例的改善（见图 1.5）。例如，脱钩增

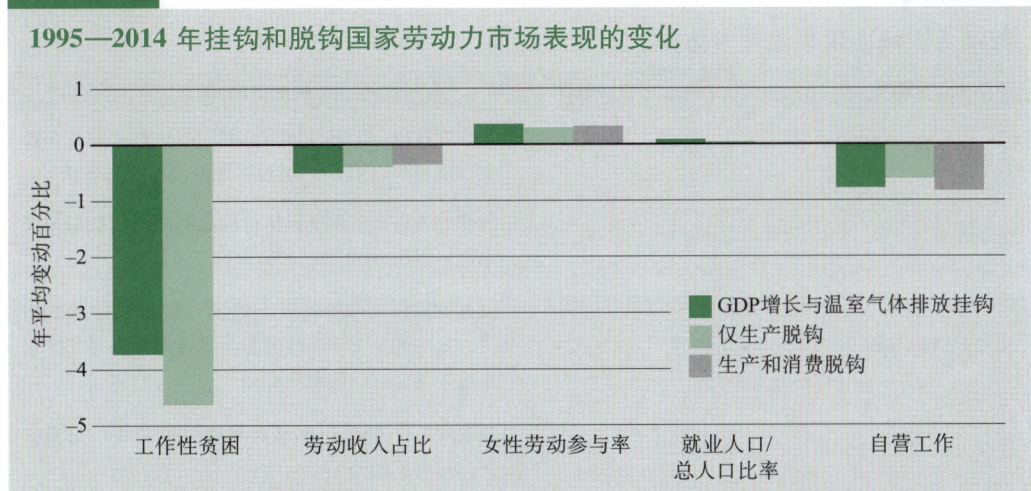

图 1.5

1995—2014 年挂钩和脱钩国家劳动力市场表现的变化

注：计算只包括在 1995—2014 年 GDP 增长的国家（182 个国家中有 157 个国家可获得数据）和有以下指标数据的国家（工作性贫困：109 个；劳动收入占比：117 个；女性劳动参与率：157 个；就业人口/总人口比率：157 个；自营工作：157 个）。生产和消费排放脱钩的国家中只有 6 个国家有工作性贫困数据，因此没有显示其工作性贫困变化结果。

资料来源：国际劳工组织基于《世界发展指标》、全球足迹网络 2017 年国家足迹账户、佩恩表和 ILOStat 数据库的计算。

长的国家在 1995—2014 年平均每年减少 4.6% 的工作性贫困[①]，而增长与温室气体排放增加挂钩的国家平均每年减少 3.7% 的工作性贫困。同样，这些国家都出现了女性劳动参与率提高和自营工作减少的现象，不论其经济增长与温室气体排放的挂钩程度如何。所有国家的劳动收入占比都出现了下降，这反映出一个全球趋势，但是在那些既减少了生产排放，又减少了消费排放的国家，这一比例下降得更为缓慢。表 1.1 中的回归模型估算了温室气体排放和劳动力市场表现受经济增长驱动的程度，并评估了这些关系的统计显著性。

表 1.1 总结了回归模型的结论。该回归模型分析了温室气体排放与这些劳动力市场表现之间的关系。由于从图 1.5 中无法看出劳动力市场表现是否由 GDP 增长所驱动，该模型控制了 GDP 增长、能源密集度和城市化等变量，专门解释温室气体排放和劳动力市场表现的变化。该模型首先评估了劳动力市场表现与温室气体排放之间的直接关系（边际模型），其次评估了在加入 GDP、能源密集度等相关指标（条件模型）后的两者的关系。

工作性贫困的改善与更高的温室气体排放相关（边际模型），但这主要是由于 GDP 增长有助于减少工作性贫困且通常独立地与温室气体排放挂钩（条件模型）。换句话说，改善工作性贫困与更高的温室气体排放量只是弱相关。自营工作也是如此。在控制了 GDP、人口增长和能源密集度之后，自营工作的减少与更高的温室气体排放无关。1995—2014 年，那些女性劳动参与率提高、劳动比例增加的国家的温室气体排放量往往是减少的。在控制了 GDP 增长、能源密集度和城市人口等变量之后，情况依然如此，但这不太可能是直接产生的影响，而是因为女性劳动参与率和劳动比例的增长往往与排放量低或生产效率低的部门（如某些服务子行业）有关。

---

① 工作性贫困衡量的是生活在极端或中等贫困中的工作者的比例，即每天少于 3.10 美元（PPP）。

表 1.1

劳动力市场表现和温室气体排放

劳动力市场表现	边际	条件	可能的解释
工作性贫困	-0.703 ***	-0.185 ***	工作性贫困与温室气体排放之间的负相关关系在很大程度上可以用 GDP 增长和能源密集度来解释
劳动收入占比	-0.302 ***	-0.036	劳动收入占比与温室气体排放之间的任何负相关关系都可以用 GDP 增长和能源密集度来解释
女性劳动参与率	-2.072 ***	-0.724 ***	女性劳动参与率的增长与温室气体排放的减少相关，这可能是由于女性的参与率通常与温室气体密集度较低的部门的增长有关
就业人口/总人口比率	-1.798 ***	-0.174	就业增长（扣除 GDP 增长和能源密集度）与温室气体排放不相关
自营工作	-1.601 ***	0.094	自营工作与温室气体排放之间的任何负相关关系都可以用 GDP、人口和能源密集度来解释

注：对于每一个体面工作的指标都进行了边际的和条件的时序（1995—2014 年）回归分析。所有回归模型均以年人均温室气体排放量对数为因变量，以劳动力市场表现为自变量。所有模型都考虑了国家和年份的固定效应。边际模型只涉及每一个体面工作指标与人均温室气体排放量之间的关系。条件模型增加了对人均 GDP 对数、人口对数、能源强度对数和城市人口比例的控制。附录 1.2 提供了详细的方法论和完整的回归结果。
$* p < 0.05$，$** p < 0.01$，$*** p < 0.001$。

资料来源：国际劳工组织基于《世界发展指标》、全球足迹网络 2017 年国家足迹账户、佩恩表和 ILOStat 数据库的计算。

同样，就业人口/总人口比率的增长与更高的温室气体排放也无关。这是因为，相比制造业驱动的 GDP 就业增长，当 GDP 增长受到服务业或农业增长的推动时，它与较低的排放量相关。确实，正如在第 2 章中进一步探讨的那样，创造就业可以不依赖于温室气体排放，为减少日常工作场景中的温室气体排放而做出的具体努力也能创造就业。

综上所述，表 1.1 表明促进积极的劳动力市场表现和体面工作的某些方面在很大程度上取决于经济增长。增长与排放脱钩有利于促进低排放部门的就业、完善劳动力市场的表现和发展体面工作。发展体面工作与环境可持续性是可兼容的，尤其是当经济增长和促进体面工作的特定部门与环境退化脱钩时。这需要特定部门的增长，但也需要充分的劳动力市场和环境法规和制度，包括充分尊重工会权利（见第 3 章、第 4 章和第 5 章）。

第 3 节　就业和环境之间的紧密联系

上一节描述了经济活动对资源和温室气体排放的依赖情况。可见，追求发展体面工作并不会限制环境可持续性方面的进步。就业与环境之间的关系更为根本，可以从五个不同的途径来考虑。

第一，许多部门（如农业、采矿和化石燃料能源）的工作直接依赖自然资源和温室气体排放，其他部门由于经济联系间接依赖这些资源和温室气体排放。因此，这些工作与资源使用和温室气体排放是挂钩的。自然资源日益稀缺,并且地球消化有关废物和排放物的能力有限,这些都是此类工作所面临的威胁。第二,一些工作直接或间接地依赖于生态系统免费提供的服务(生态系统服务),例如农业、渔业、林业和旅游业的工作。第三,工作和工作质量受有无环境危害(如暴风雨和空气污染)和环境稳定性(如温度在特定范围内和可预测的降水模式)的影响。第四,在某种程度上,缺乏体面工作可能造成环境退化(例如,通过过度放牧和过度开采来弥补粮食、能源或收入不稳定的状况)。第五,与环境退化有关的风险和危害往往对女性和弱势群体的影响最大,包括流动人口、贫困人口、原住民和部落民族以及其他处于不利地位的群体,具体情况取决于所在国家或区域,这导致了不平等的产生和延续。

本节对这些渠道进行描述,并在结尾处提出疑问:导致环境退化的工作是否破坏了社会正义?

工作通过一般的经济活动依赖于环境资源和环境消化废物的能力

经济活动与排放和资源使用之间的关系可以延伸到就业。在全世界范围内,总体上就业仍然与温室气体排放和物质开采挂钩,因为就业和资源的脱钩只在少数国家实现,尚未在全球层面实现。就业相关的碳强度和资源密集度表明了一个特定的国家或区域的就业在多大程度上依赖于温室气体排放、物质和水资源开采以及土地使用。

图1.6显示了各区域如何维持在不同水平的温室气体排放、物质开采、水和土地使用下的工作岗位。美洲的工作岗位比亚太地区以及非洲的更依赖温室气体排放和资源使用,在很大程度上反映了美洲较高的劳动生产率,以及亚太地区和非洲生计部门的规模。在阿拉伯国家,由于石油业的重要性,工作岗位更依赖于温室气体的排放。

重要的是,2014年全球经济依赖温室气体排放和物质开采来维持就业的程度比2000年更甚。这一趋势主要是由亚太地区推动的,该地区的温室气体排放水平在2000年(黑色圆点)至2012年(绿色条形)期间有所增加。总体数据涉及整个经济,但对就业的影响因经济部门而异。第2章的分析进一步探讨了就业和环境可持续活动之间的关系,阐述了环境可持续增长如何在实际生活中创造更多的就业机会,尽管这样的就业机会是跨行业重新分配的。

能源、农业、制造业和采矿业的就业更依赖于温室气体排放和资源开采

环境可持续性的道路给当前的生产方式带来了压力。排放温室气体或开采物质较多的行业需要向绿色经济转型。依赖碳密集型和物质密集型输入以及大量人力的行业也需要进行转型,以实现人人都有体面的工作。

图1.7显示,根据国际劳工组织较早的一项研究(ILO,2012),采矿和采石业以及运输和资源密集型制造业(程度稍轻)的排放和资源使用程度都很高,但雇佣的劳动者的比例相对较小。这些部门转型所影响的劳动者的比例相对较低,但他们面临裁员时仍然需要接受资助。在农业方面,由于在农业部门工作的人数很多,人均排放量相对较小。农业大约有10亿从业人员,通常没有体面的工作条件(ILO,2016d)。如果将每个从业者对环境的影响汇总到整个行业,就会发现农业是温室气体排放和物质开采的重要贡献者。农业向可持续性的转型将影响许多从业者的工作,因此需要密切注意该行业在转型期间的体面工作的演变。服务业对人均温室气体排

图 1.6

2000—2014 年或可获得数据的最近一年，就业的碳和资源密集度

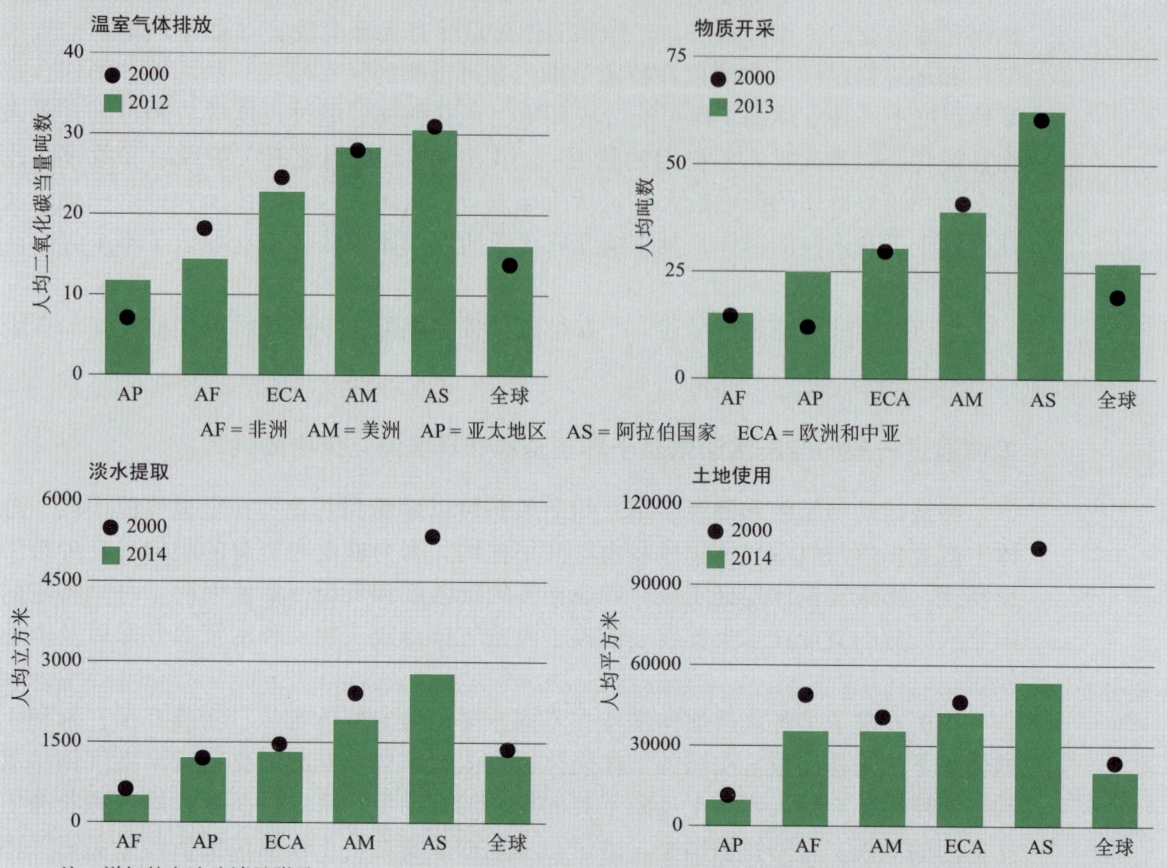

温室气体排放 / 物质开采 / 淡水提取 / 土地使用

AF = 非洲　AM = 美洲　AP = 亚太地区　AS = 阿拉伯国家　ECA = 欧洲和中亚

注：详细的方法论请见附录 1.3。

资料来源：国际劳工组织基于 ILOStat 数据库（就业）、《世界发展指标》（温室气体排放和淡水提取）、FAOStat 数据库（土地使用）和物质流数据（物质开采）的计算。

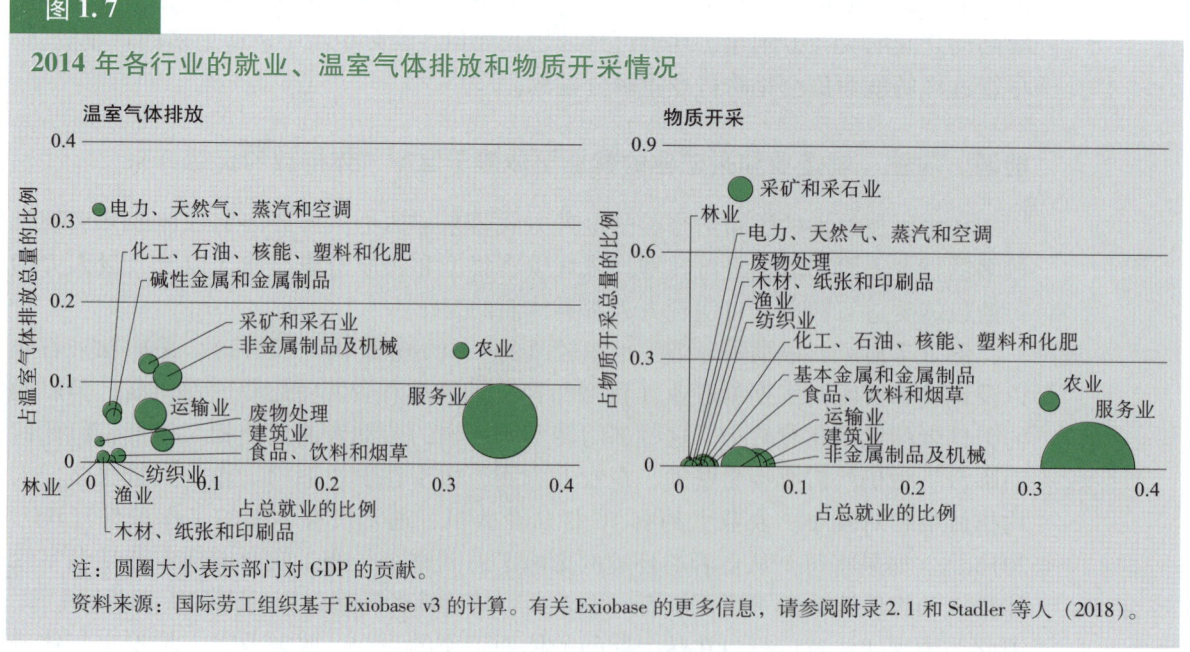

图 1.7

2014 年各行业的就业、温室气体排放和物质开采情况

注：圆圈大小表示部门对 GDP 的贡献。

资料来源：国际劳工组织基于 Exiobase v3 的计算。有关 Exiobase 的更多信息，请参阅附录 2.1 和 Stadler 等人（2018）。

16　2018 年世界就业和社会展望：绿色就业

放的贡献较低，但由于其规模庞大，对温室气体排放的贡献也不容忽视。第 2 章所提到的其他从业者众多的部门似乎在图 1.7 没有显示，因为图中只显示直接的温室气体排放和资源开采情况，而不考虑其对物质资源的间接依赖（如建筑业）、对就业的间接影响（如能源行业），或者因为他们更加依赖土地（如林业和农业）和水资源（如农业和渔业）的使用。

约 12 亿个工作岗位直接依赖于生态系统服务

就业与环境相关联的第二个途径是生态系统服务。生态系统通过自然过程向经济、社会和个人提供服务。① 例如，旱地农业依靠雨水灌溉，农民依靠森林预防洪水；农民还依赖土壤含蓄和更新养分的能力。沿海捕捞依赖于海洋的生物多样性及鱼类种群更新繁殖的能力，以及潮汐沼泽、红树林和/或珊瑚礁抵御风暴的能力。这些生态系统服务还包括空气和水的净化、农作物的授粉、农业害虫的控制、极端温度的调节、对风暴、洪水和风的抵御以及对多种人类文化和审美的支持（Daily，1997）。②

生态系统服务提供了重要的经济价值，尽管没有记录在案（Costanza et al., 2014）。这样的价值通常没有被货币化，也不能进行市场交易。它们对人类社会福祉和经济活动的价值和贡献没有体现在 GDP 或市场交易中。例如，在哥斯达黎加，林业部门对 GDP 的贡献为 0.1%，这通常是根据货币性交易计算的，但如果考虑到有关的生态系统服务，林业部门的贡献将增加到 2%。这是由于森林对农业和水力发电（通过水流调节），旅游业（通过美学和文化价值）和医药部门（通过保护生物多样性）等都有贡献（WAVES，2015）。与其他任何国家一样，英国的经济也得益于各种生态系统服务；White 等人（2017）估计，生态系统服务的损失可能会对就业和 GDP 产生重要影响。据估计，2011 年全球所有生态系统服务贡献的价值为 124.8 万亿美元（2011 年全球 GDP 估计为 75.2 万亿美元）（Costanza et al., 2014）。这些服务对经济，特别是对贫困人口和原住民和部落民族来说是必不可少的（见专栏 1.2）。

2014 年，直接或重度依赖于生态系统服务的行业维持着约 12 亿个就业岗位（见表 1.2），占世界总就业的 40%。这些行业的工作者依靠生态系统服务维持生计。

依赖生态系统服务的就业所占的比例在各区域间差异很大，非洲、亚太地区的比例最高，分别为 58% 和 49%。在欧洲和美洲，17% 的就业直接依赖于生态系统服务，而在阿拉伯国家，这一数字为 15%。这些工作大部分在农业（80%）、林业和渔业（5%）、食品、饮料和烟草（6%）以及木材和纸张、可再生能源、水、纺织、化工和与环境相关的旅游业（9%）。

这些估计值只考虑直接依赖于生态系统服务供给的就业，对于因其相关行业或为其提供投入品的行业依赖生态系统服务而得到间接支持的，此处不予考虑（例如，考虑农民，但不考虑卖种子的售货员或运输农产品的卡车司机）。

---

① 生态系统服务的概念是由千年生态系统评估（MEA，2005）和生态系统和生物多样性经济学（TEEB）（Kumar，2010）推广的。生物多样性和生态系统服务政府间科学–政策平台建议把生态系统服务的概念扩大为自然对人类的贡献（NCP），根据自然界贡献的益处和害处，许多 NCP 可被视为有益或有害的，具体情况视文化、社会经济、时间段或特殊环境而定（Diaz et al., 2018）。

② 千年生态系统评估和生态系统和生物多样性经济学确定了四类生态系统服务：供给服务（例如，食物、水、作为木料和燃料的木材）；调节服务（例如，水净化、气候调节）；支持服务（例如，土壤形成和养分循环）；文化服务（例如，精神、文化及美学用途）。

> **专栏 1.2**
>
> **生态系统服务对贫困人口及原住民和部落民族至关重要，他们也是环境保护工作的关键角色**
>
> 生态系统服务对于全球的贫困人口以及全球的扶贫工作尤其重要。贫困人口的生计和社会福祉更直接地依赖于生态系统服务的供给。他们通过直接消耗自然资源来维持生计，防止家庭进一步陷入贫困（Suich, Howe and Mace, 2015）。对于贫困人口，尤其是农村人口来说，环境是供应食品和能源的来源。在南亚和撒哈拉以南非洲地区，超过60%的职业女性仍在从事农业工作，通常是旱作农业（ILO, 2016c）。他们的生计直接取决于稳定的环境。保护环境能确保生态系统服务的供给，从而防止这些家庭陷入极度贫困或者面临失业的窘境（尤其是在干旱和缺水地区）。因此，环境保护和可持续性是事关经济效率和社会正义的问题。
>
> 生态系统服务所提供的益处对原住民和部落民族来说尤其重要，他们的收入、生计和文化都离不开森林和生物多样性，因此容易受到环境冲击的影响。全球原住民和部落民族的人口估计有3.7亿，其中7000万人依靠森林来满足他们的生活需要。虽然原住民只占世界人口的5%，但他们照料和保护着22%的地球表面和80%的地球生物多样性（ILO, 2017b）。
>
> 原住民和部落民族可以在环境保护中起到领导作用。他们的经济遵从可持续性原则，并且他们具备独特的知识和技能，因此能够对气候行动和环境保护做出独特的贡献。基于传统知识和实践的创新为提高农业和林业部门的可持续性做出了贡献（出处同上）。例如，2000—2012年，巴西亚马孙河流域原住民土地上的森林砍伐率为0.6%，而其他地方为7.0%（Stevens et al., 2014）。在气候变化行动的背景下，《联合国气候变化框架公约》（UNFCCC）的科学和技术咨询附属机构的地方社区和原住民平台（Local Communities and Indigenous Peoples Platform of the Subsidiary Body）认识到了原住民和部落民族发挥的积极作用，并提供了进一步的支持（UNFCCC, 2017a）。在澳大利亚，原住民比宁基人的知识是西阿纳姆陆地消防项目（West Arnhem Land Fire Abatement Project）的核心。该项目取得了一系列积极成效，还通过分享传统的生态知识和西方科学知识提高了社区的技术技能水平（Huon et al., 即将发表）。

环境退化会限制生态系统提供这些服务的能力，从而损害人类健康和社会福祉（WHO, 2005），影响经济活动（Kumar, 2010），并危害就业（GHK, 2007; Rademaekers et al., 2012）。例如，气候变化影响降雨模式和农民的经济活动；森林砍伐增加了洪水的风险；高价值作物的密集重复耕作和单一栽培会降低土壤健康和未来产量，需要使用更多的肥料，这可能会使径流和水体中的化学平衡发生变化（富营养化）。气候变化带来的海洋酸化影响了生态系统，限制了鱼类种群更新繁殖的能力。由于气候变化，洋流的变化改变了渔业周期，使得鱼群难以预测。专栏1.3展示了渔业的过度开发，以举例说明环境退化如何破坏生态系统服务，乃至影响整个经济体中的社区和就业机会。

表 1.2

2014 年依靠生态系统服务的工作岗位（千个）

行业	生态系统服务举例	非洲	美洲	亚太地区	欧洲	中东	全球
该部门的大多数活动与生物多样性和生态系统服务有关							
农业	遗传资源和家畜养殖、淡水、授粉、种子传播	217263	42600	670476	42108	4248	976694
林业		1634	1103	11866	2061	36	16700
渔业		5118	2264	36491	603	252	44728
食品、饮料和烟草	食品、纤维和淡水	3267	10470	46141	11083	510	71471
木材和纸张	纤维、水净化和废物处理	487	3605	7789	3694	126	15701
可再生能源	生物燃料纤维	123	292	1842	737	107	3101
水	淡水供给、循环、调节、净化和自然灾害调节	23	136	414	320	57	950
该部门的大多数活动依赖生物多样性和生态系统服务，但该部门的性质并不由其决定							
纺织业	纤维、水净化和废物控制	595	5409	39423	4263	165	49855
化工业	遗传资源、生物化学多样性、淡水	247	2254	10938	1388	<0.5	14827
与环境相关的旅游业	食品、淡水、空气质量、教育、审美和文化价值	2282	7110	23081	4828	357	37657
区域总量		231039	75244	848461	71084	5856	1231684
占区域总就业的比例		59%	17%	47%	16%	15%	40%

注：仅显示与环境有"重大和实质性"联系的行业。这些联系的认定来源为 2007 年的 GHK。根据同一来源，与环境相关的旅游业估计占酒店和餐饮业总体的 0.3%。

资料来源：国际劳工组织基于 Exiobase v3 的计算；ILO，2015b；GHK，2007；Rademaekers et al.，2012。

就业容易受到当地环境风险的影响

就业还容易受环境风险[①]的影响，预计环境风险将会上升，可能给生态系统和社区造成难以恢复的破坏。这是工作与环境相联系的第三个途径。环境风险危害众多，它会导致失业、移民问题和日益严重的不平等问题（IPCC，2014b；McLeman，2011；UNISDR，2015）。风险可能来自缓发性事件（如干旱、侵蚀、土壤退化或海平面上升）或突发性事件（如极端天气），风险可能是局部的，或是全球性的。环境风险可由人类活动（例如，不合规的工业活动造成水污染）或自然灾害（例如，火山爆发后的水污染）造成。人类活动还可能提高自然灾害的发生率和强度（例如，人类活动引起气候变化，从而提高了极端天气事件发生的强度和频率），并加重其后果（例如，红树林滥伐加重了海岸风暴的后果）（Whyte and Burton，1980）。

---

① 环境风险是指事件通过空气、水、土壤或生物食物链传播的可能性和后果。

第 1 章　环境可持续性和体面的工作

> 专栏 1.3

过度捕捞可能导致 8570 万人失业

根据粮农组织（FAO，2016）的数据显示，已有 31% 的鱼类种群遭到过度捕捞，58% 的鱼类资源处于充分开发的状态。对大多数衰落的渔场来说，即使 15 年后也依然没有恢复的迹象，这导致了长期的经济损失（Hutchings，2000）。自 20 世纪 70 年代以来，以不可持续的水平捕捞鱼类的比例出现上升，许多渔民的生计面临短期或中期的风险。[1] 捕鱼和水产养殖是约 4560 万工作者赖以生存的职业（表 1.2）。[2] 其中 2/3 的渔民依靠的是野生捕捞，而不是水产养殖（FAO，2016）。由于渔业与其他部门的联系（例如，渔民需要燃料和其他投入品，捕获野生鱼后需进行处理并分配和销售给零售企业、食品、酒店和餐饮行业），渔业部门的每个工作岗位都会产生约 2.8 个其他相关行业的岗位（Pauly and Zeller，2016）。国际劳工组织估计，如果野生捕捞业（而不是水产养殖业）由于过度捕捞而崩溃，共计将导致 8570 万人失业（野生捕捞业 3060 万人，其他行业 5551 万人）。对渔业的过度开发还可能对流动渔民的社会福祉和依赖其侨汇的经济体产生更广泛的影响，比如东盟等地区（ILO，2014）。

大西洋海域的沙丁鱼捕捞业即将面临崩溃（ICES，2017）。20 世纪 70 年代秘鲁的凤尾鱼捕捞业以及 90 年代北大西洋的鳕鱼捕捞业也经历过类似的情况（Pauly et al.，2002）。在加拿大的纽芬兰和拉布拉多，4 万渔民失去了工作，在渔业崩溃后，该省的人口减少了 10%。昂贵的救济方案未能为这些渔民提供足够的支持，鳕鱼鱼群在捕捞禁令执行 25 年后仍未恢复。

世界银行（2017b）表示，2012 年，过度捕捞导致行业生产率下降，从而造成了 830 亿美元的损失。减少捕鱼量可以帮助恢复渔业，增加海洋中鱼类生物量，从而提高年捕捞量，提高价格和降低成本，全面增加该部门的年度净收益。亚洲亟须采取恢复渔业的措施。

环境退化威胁着渔业部门的生产力，而过度开发只是众多根源之一。其他原因还包括大坝截流减少了鱼类在河流流域的营养摄入（Ziv et al.，2012），气候变化引起洋流变化，海洋中的塑料垃圾日益累积，农业排放到河流和湖泊的氮和钾增多，以及潜在的海洋酸化（Steffen, Richardson et al.，2015），所有这一切都将继续影响鱼类的分布和体型（Cheung et al.，2013）。

---

[1] 其他估计认为，捕捞的统计数据通常低于实际值。由于非法捕捞、少报或不报，总捕捞量实际上可能比正式向各国政府报告的要高。如果考虑到这种偏差，估计发达国家的总捕捞量比官方公布的数据高出 30%—50%，而发展中国家则要高出 100% 以上（Pauly and Zeller，2016）。

[2] 也有人试图修正缺失的详细官方数据，并把间接就业纳入考虑，从而给出了一个大得多的估计值。Teh 和 Sumaila（2011）提出，全球渔业提供了大约 2.03 亿份全职工作，其中约 11% 是小规模渔民。

当风险超过当地的承受能力，就会变成灾难性事故。它们会摧毁就业机会、破坏资本存量、交付和运输系统以及其他基础设施，来迫使人们转移和放慢经济活动。虽然灾后重建资本存量可能会刺激GDP，但灾难的短期和长期经济后果都是消极的，尤其是对发展中国家和较小的经济体而言（Felbermayr and Gröschl, 2014; Noy, 2009）。

例如，在地方层面，人为造成的空气、水、食物链和土壤污染、生物多样性丧失和自然资源枯竭对工作者的健康以及人口、生产力和经济活动有直接的消极影响，对有关部门或地理区域产生间接影响。

2015年，仅土壤、空气和水污染就导致900万人死亡，这是因武装冲突和暴力死亡人数的15倍以上，是艾滋病、结核病和疟疾死亡人数之和的3倍。2015年，工业活动和使用化石燃料的运输和发电造成的室外和家庭空气污染导致650万人过早死亡（Landrigan et al., 2018）。空气污染的有害影响损害了工作者自身的健康，也损害了照顾儿童的女性的健康，从而降低了生产力和缩短了工作时间。因此，空气污染加剧了劳动力市场的性别不平等（Montt, 2018）。严重的空气污染对健康的影响是长期的，甚至在污染发生后的10年仍会产生影响（Kim, Manley and Radoias, 2017）。单就过早死亡的情况而言，空气污染给世界经济造成了约2250亿美元的劳动力收入损失和5万亿美元的福利损失。东亚和太平洋地区的损失最大，占GDP的7.5%；南亚的损失为GDP的7.4%（World Bank and Institute for Health Metrics and Evaluation, 2016）。并且此处的经济成本是被低估的，因为没有考虑到空气中高浓度污染物所引起的作物产量的变化（OECD, 2016）或由于旷工所造成的生产力损失。

土壤和水污染以及土壤退化、沙漠化和土地管理不善等也存在同样巨大的经济、社会和福利成本，这可能威胁到农业活动、工作者的健康和粮食安全（Kneese, 2015; Lu et al., 2015; Utuk and Daniel, 2015）；森林大火会影响经济活动和工作者的健康（Richardson, Champ and Loomis, 2012）；洪水会对财产、安全和社区经济福利造成影响（Brody et al., 2007）；食物链污染会影响工作者的健康和收入（Bachev and Ito, 2014）。社区的设计和结构以及由此产生的与环境的交互作用，在很大程度上是导致这些环境风险发展成灾难的原因（Mileti, 1999）。

人为引起的气候变化将加剧自然灾害对就业的影响，导致就业和生产率下降

由于气候变化和其他形式的环境退化，据估计，极端天气事件和灾害发生的频率和强度都将上升（IPCC, 2014b）。每一场灾难都会导致就业和生产率的下降。图1.8显示，2000—2015年人类活动造成或加剧了各种与环境有关的危害，由此造成的损失每年达2300万工作寿命年。① 这些危害让人类遭受了无数的苦难，根据每年15—64岁工作者人数有28亿人计算，其造成的损失相当于一年工作量的0.8%。2008—2015年，亚太地区和非洲因人为或与气候变化有关的灾害而遭受的工作寿命年的损失最大，每10万名劳动适龄人口平均每年损失的工作寿命分别为536年和376年。在2000—2007年和2008—2015年期间，美洲和阿拉伯国家环境危害的影响有所增加。②

---

① 工作寿命年的估计与Noy（2014）对灾难造成的总寿命年损失的估计一致。如附录1.4所述，Noy的方法经过调整后将每个国家的退休和就业人口纳入了考虑。

② 与2000—2007年相比，亚太地区2008年2015年的工作寿命年损失大幅下滑，这是由于整个2000—2015年期间发生的5大导致工作寿命年损失的灾害中，有4个发生在2000—2007年之间，4大灾害为2002年印度的干旱和中国2002年、2003年和2007年的洪水。

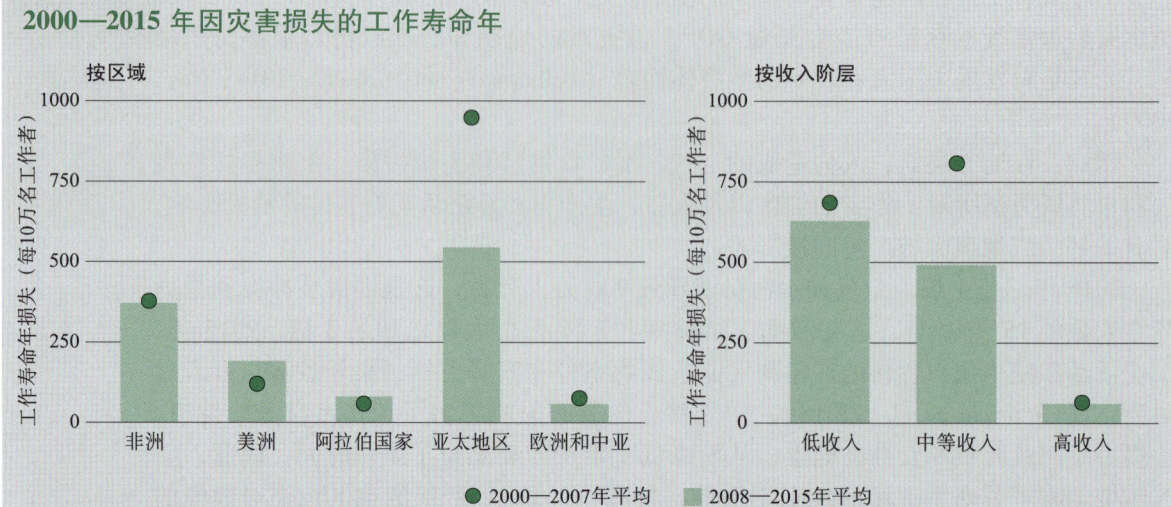

图 1.8

2000—2015 年因灾害损失的工作寿命年

注：这些估计值考虑了由气象（风暴、雾、极端温度），水文（洪水、滑坡、波浪作用），气候（干旱、冰湖溃决、森林大火），生物（虫害）和特定技术性（工业或其他事故）危害造成的人员伤亡、受影响人数以及损失因素。不包括因地球物理（地震、大规模移动、火山活动），生物（病毒、细菌、寄生虫、真菌或朊病毒流行病、动物事故），地外因素（撞击、太空天气）或特定技术性（交通事故）危害而造成的人员伤亡、受影响人数或损失。所使用的方法遵循 Noy（2014）的方法，根据退休年龄和国家就业人口/总人口比率进行调整。附录 1.4 提供了详细的所使用的方法论。

资料来源：国际劳工组织基于 Noy（2014）、EM-DAT 灾害数据库、全球卫生观测站、联合国人口统计、《世界发展指标》、《世界经济展望》数据库和 ILOStat 数据库的计算。

天气模式多变威胁农业收入和农村就业

在热带和温带地区，当平均温度上升超过 20 世纪后期水平 2℃以上时，如果不加以适应，玉米、小麦、水稻、可可、咖啡和茶叶的产量将受到负面影响，这些都是数百万农民赖以生存的产业（Bhagat、Deb Baruah 和 Safique，2010；Bongase，2017；Bunn et al.，2015；ILO，2012；IPCC，2014b；Renteria，2016；Schroth et al.，2016；Wildenberg and Sommeregger，2016）。① 平均温度上升超过 4℃会对粮食安全构成严重威胁（IPCC，2014b）。据预测，热带和高纬度地区的降雨量将增加，而已经很干燥的干旱到半干旱的中纬度地区和大陆内陆地区的降雨量将减少。人口增长还将使同等产量所需的用水需求增加至少 40%，从而加剧气候变化导致的水资源短缺。到 2030 年，全球近一半的人口将生活在严重缺水的地区；缺水将迫使数亿人流离失所（出处同上）。依赖冰川和融雪径流的农业也将受到气候变化的负面影响（FAO，2011）。适合种植农作物的地区将发生地理位置上的转移，但农民可能无法通过迁移或采用替代作物、抗旱作物来应对这些变化，因为其中许多作物需要经过数十年的投资才能产生效益。除了这些挑战之外，在 20 世纪 60 年代至 80 年代期间，为提高农业生产力而采用的不恰当的技术导致了过度开发、化学物质渗透和土壤退化（Pingali，2012）。

受影响最大的将是旱作农业。目前全球的农业生产约有 60% 属于旱作农业，它覆盖了撒哈拉以南非洲 96% 的耕地、南美 87% 和亚洲 61% 的耕地（FAO，2011），对经济增长和进步有重大影响（Brown et al.，2011）。大多数农业工薪工作者也是来

---

① 预测表明，北纬地区的农作物产量受到积极影响的可能性更大（政府间气候变化专门委员会，2014b）。

自贫穷国家的流动人口，他们是家乡社区的重要安全保障网络（ILO，2016b）。如果没有采取积极的适应措施（基础灌溉设施、改良种子品种、提高技能和正规的移民机会），在脆弱地区从事旱作农业的农民就可能流离失所，或者别无选择，只能迁移。一些人可能被迫迁移到城市地区，而另一些人可能被迫移民。① 在缺乏安全和正规的移民途径的情况下，城市和跨国移民会增加他们遭受剥削和虐待的风险。

气候变化是社会冲突风险的倍增器。例如，乍得湖地区的人道主义危机与气候变化导致的流离失所、粮食不安全和资源枯竭有关（Nett and Rüttinger，2016）。叙利亚2007—2010年的干旱是该国有史以来最严重的，造成了国家农业中心地带大规模的农作物歉收。正是由于人为造成的温室气体排放和由此导致的气候变化，这次干旱才会达到如此严重的程度，并且该地区发生类似干旱的概率也大幅提升。大约75%的农业家庭从干旱开始就几乎颗粒无收。由于农作物收入受损，人们不得不以低价出售牲畜，200万—300万人口因此陷入赤贫，约150万人被迫从农村迁往城市，干旱成为持续冲突的一个驱动因素（Kelley et al.，2015）。

除了气候变化造成的变化外，农业对其他形式的环境退化也很敏感，如石油泄漏（比如尼日利亚）或淡水资源过度开发造成的缺水（比如美国科罗拉多河流域或约旦）。与气候变化的影响一样，这些影响的分布非常分散，并对农村农业工作者的就业、生产力和粮食及非粮食作物的转移等方面产生消极影响。

在当前和未来，女性、工作性贫困人口以及低收入国家和小岛屿发展中国家的人口都面临着严重的风险

在社会、经济、文化、政治、制度或其他方面处于边缘地位的人特别容易受到气候变化和其他形式的环境退化的影响。因此，环境退化加剧了不平等，这是就业与环境相关的第四个途径。面临风险的群体包括未被国家社会保障体系覆盖的人群，如流动人口和非正规经济部门的工作者（IPCC，2014a）。贫困人口通常更容易受到危害和灾难的影响（Hallegatte et al.，2016）。各国面对环境风险的暴露程度和脆弱性各不相同；事实上，灾害造成的80%的总寿命年减少集中在低收入和中等收入国家（UNISDR，2015）。贫穷和低收入国家减少损失和组织资源进行重建的能力较低，因此面临较高的风险（Noy，2009；Schumacher and Strobl，2011）。例如，气候变化是消除贫困的直接威胁，因为生态系统的变化会影响粮食价格和安全，并且更加极端和频繁的自然灾害以及不断扩大的健康威胁都是造成长期贫困的关键原因（Hallegatte et al.，2016）。社会角色、经济角色和责任方面的性别差异加剧了女性的弱势地位，她们比男性更难获得适应气候变化的资源，包括土地、信贷、农业投入、决策机构、技术、社会保险和培训等。对于大多数在非正规经济部门和小型企业工作的女性来说，要从环境灾害的影响中恢复过来是特别困难的（ILO，2009；IPCC，2014b）。

认识到气候变化的性别影响，《联合国气候变化框架公约》第23次缔约方大会（COP23）通过了一项性别行动计划。考虑到公正转型的必要性，该计划将把性别因素纳入适应、减缓环境威胁和相关实施手段（资金、技术开发和转让、能力建设）的所有活动中，包括在执行气候政策方面的决策制定，以制定有助于促进性别平等的气候政策（UNFCCC，2017b）。

灾害对低收入国家的损害最大。尽管在2008—2015年间因灾害而损失的工作寿命

---

① 气候和环境导致的移民在一定程度上可以给迁出地区带来汇款等与移民相关的机遇，这样可为实施适应措施和促进劳动力流动提供资金支持，从而帮助人们获得适应环境和减轻环境危害的技能。

年中，中等收入国家由于人口规模大，其所遭受的损失占据绝大部分（88%），而低收入国家所遭受的人均影响最大。2008—2015 年，低收入国家平均每 10 万人损失 629 工作寿命年，而高收入国家的这一数字是 61 工作寿命年（Noy，2014；以及国际劳工组织根据 Noy 的交互式数据集的估算）。自然灾害也可能对财政缓冲有限的国家造成大规模灾害，这些国家的灾害发生频率不高，但强度很大，如阿尔及利亚、智利、印度尼西亚、伊朗、马达加斯加、巴基斯坦和秘鲁（UNISDR，2015）。

小岛屿发展中国家尤其容易受到环境的冲击。它们的资源基础有限，市场相对偏远，从规模经济中获益的能力有限。风暴潮和海平面上升将使地下淡水资源退化、农业用地盐碱化。小岛屿发展中国家脆弱的土地和海洋生态系统以及相关的经济活动对外来入侵物种、全球排放的污染物和过度开采及其他人为引起的风险十分敏感（IPCC，2014b；UNEP，2014）。小岛屿发展中国家面临的许多环境风险威胁来自境外，它们直接影响着其关键产业（如农业、渔业和旅游业）以及依赖这些产业的大量就业和生计（ILO and ADB，2017）。库克群岛、基里巴斯、马尔代夫和马绍尔群岛 85% 以上的土地，以及小岛屿发展中国家全部土地的 26% 都位于海平面以上不到 5 米的地方，这里的人面临着失去家园的风险（ADB，2012）。在加勒比共同体，如果海平面上升 1 米，将导致约 30% 的主要度假地产被部分或全部淹没，这将影响一个关键行业（UN – OHRLLS，2015）。

自然灾害对小岛屿发展中国家每年的影响占其 GDP 的 17% 以上，而中等收入以下国家的这一比例为 6%，高收入国家为 3%（OECD and World Bank，2016）。例如，2015 年飓风帕姆（Pam）袭击了瓦努阿图群岛，夷平了住房和交通基础设施，摧毁了农作物，风暴潮使得农田盐碱化。数年来，飓风对旅游业和农业的中期影响削弱了岛上的经济活动、就业和收入（ADB，2015）。①

气温上升将对生产力、职业安全和健康产生重大影响

气温上升会提高热应激反应的发病率并增加健康风险。工作者需要休息和降温，保持体温在 38℃ 以下以避免中暑，这部分时间在工作时间中所占的比例也会提高。在 21 世纪内，由于人类活动导致的气候变化，生活在炎热地区的 40 多亿人中的大部分人将会遭受健康和安全方面的负面影响，其工作能力也会因此降低（Kjellström et al.，2016）。热应激反应会危害职业安全和健康（OSH）（ISO，1989，2017），正如世界各地职业安全和健康机构制作的手册中所指出的，根据 1981 年《职业安全与健康公约》（第 155 号）和所附第 164 号建议书，工作者、雇主和政府应该把它视为一种危害。② 同样地，受热应激影响的工人有权根据 1964 年《工伤福利公约》（第 121 号）的规定获得救济。

日益普遍的热应激反应将降低工作者的工作表现，部分原因在于减缓工作速度是适应高温环境的一种自然反应。热应激反应将持续降低工作效率，导致负面的职业健康影响和工伤，尤其是对于处于极端高温下的国家、依赖户外和日间工作的部

---

① 小岛屿发展中国家很容易受到其他地方产生的风险的影响，这意味着它们要想建立长期的经济和社会可持续性，就必须把加强适应力作为努力的核心，因为它们的相对规模很小，对降低风险几乎无能为力。为了加强小岛屿发展中国家的恢复能力，现有若干资机制，包括国际发展协会、适应基金、绿色气候基金、全球环境基金、最不发达国家基金和特别气候变化基金。其中大部分资金仅限除库克群岛和古巴外的世界银行或国际货币基金组织成员国使用（蒙特色拉特岛和纽埃岛等非国际劳工组织成员国也排除在外）（OECD and World Bank，2016）。

② 详见安大略省劳动部（https://www.labour.gov.on.ca/english/hs/pubs/gl_heat.php），英国健康与安全部（http://www.hse.gov.uk/pubns/indg451.htm），以及美国职业安全与保健管理局（https://www.osha.gov/SLTC/heatstress/）发布的高温应激反应信息手册。

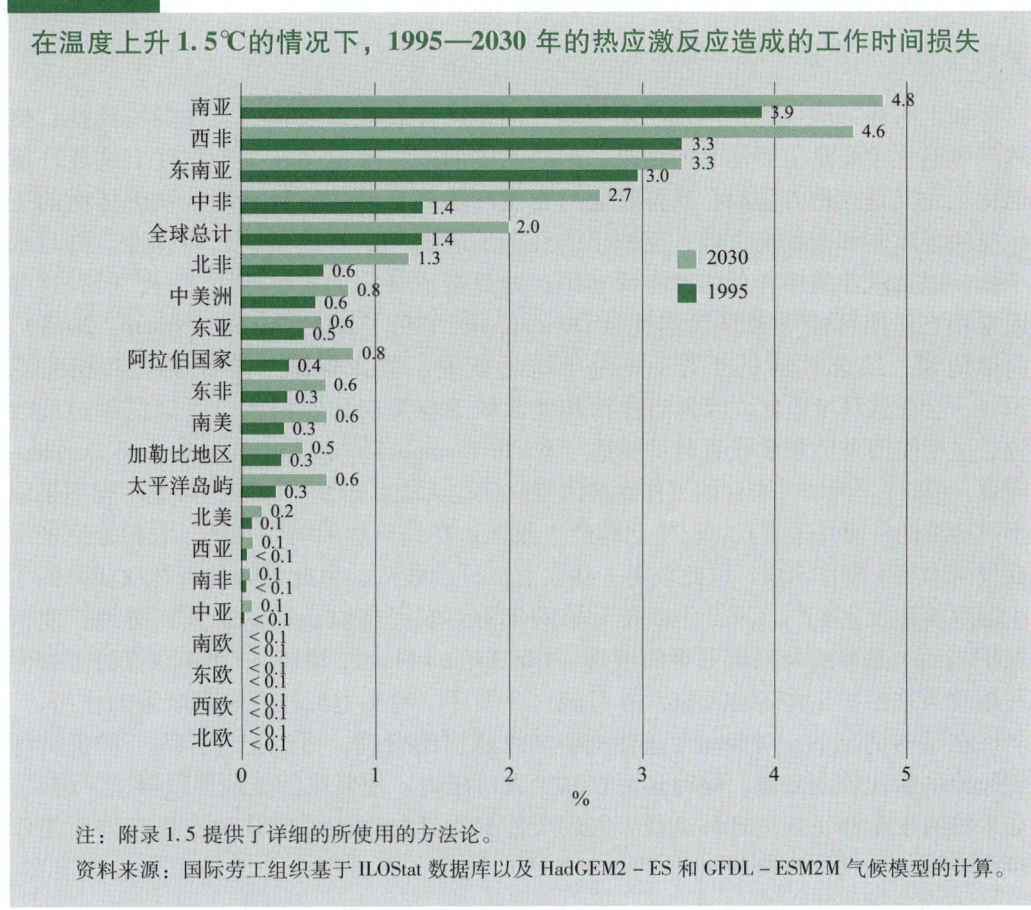

图 1.9

在温度上升 1.5℃的情况下，1995—2030 年的热应激反应造成的工作时间损失

注：附录 1.5 提供了详细的所使用的方法论。
资料来源：国际劳工组织基于 ILOStat 数据库以及 HadGEM2–ES 和 GFDL–ESM2M 气候模型的计算。

门（如农业、建筑业）和适应性较弱的地区（如工厂没有有效的冷却系统）（Kovats and Hajat，2008）。在发展中国家，大多数产生热应激反应的工作者没有工伤保险。在全世界劳动适龄人口中，只有 34% 有工伤保险（ILO，2017c）。预计发展中国家和新兴经济体（如孟加拉国和泰国）以及一些发达经济体（如澳大利亚和美国）的生产率将因高温而遭受损失（Kjellström et al.，2016）。城市地区的温度通常更高。据估计，在高温的年份，可能会导致城市经济的总增加值损失比例达到 −0.4%（英国伦敦）至 −9.5%（西班牙毕尔巴鄂）（Costa et al.，2016），而新兴国家城市经济的损失估计更大。

1995 年，在全球范围内，估计因高温而损失了 1.4% 的总工作时间（见图 1.9），相当于全球约 3500 万份全职工作。预计到 21 世纪末，全球气温将升高 1.5℃，结合劳动力趋势估计，到 2030 年，总工作时间的损失比例将上升到 2.0%，生产率的损失相当于 7200 万份全职工作。这个估计值很有可能偏低，因为它假定全球平均温度增加了 1.5℃，假定农业工作在树荫下进行。

气温上升的负面影响在次区域间的分布不均匀。南亚和西非受影响最大，生产力损失分别为 4.8% 和 4.6%，相当于约 4000 万份和 900 万份全职工作。相比之下，预计欧洲次区域受到的影响较小。到 2030 年，估计农业工作者受热应激反应的影响最严重，预计将占全球工作时间损失的 66%，这是由他们的户外工作性质所决定的，并且大多数农业工作者的工作地点是未来热应激反应最严重的地区。预计，按照目前的趋势，气温的上升幅度将加大，这将使部分地区丧失生产力，从而导致大量工作者失业。①

缺乏体面的工作会导致环境恶化

如上所述，环境退化限制了实现充分的生产性就业以及体面工作的可能性。虽然环境退化主要是工业活动的结果，但缺乏体面的工作也会在某种程度上造成环境退化，尤其是在地方层面，这是就业与自然环境联系的第五种途径。缺乏体面的工作反映了体制和市场的失败，反映出的经济发展路径的特点是缺乏多样性、创新水平低，以及就业集中在低生产率活动中，这是造成贫穷的主要原因之一；所有这些因素相互作用可能导致环境退化（Duraiappah, 1998；ILO, 2016d；Nunan, 2015）。简单地说，缺乏体面的工作——由于缺乏就业、收入保障、培训机会和相关意识——会导致环境退化，因为当食物和能源缺乏保障时，农民就会无法抵御过度放牧、过度使用土地和砍伐森林的诱惑（World Commission on Environment and Development, 1987）。例如，农村的工作性贫困家庭往往无法获得社会保障，可能不得不采取不可持续的资源开采方式，以便立即产生收入。在乌干达的阿帕克区，农村家庭经常砍伐树木用来制作木炭，以此获得一些农业以外的收入。由此导致的森林砍伐降低了土壤湿度和农业生产力。因此，在干旱的年份，农民将农业活动扩大到湿地，使得保护当地生态系统及其服务更加困难（Ulrichs and Slater, 2016）。第4章探讨了如何利用政策来保护工作者和家庭，并打破这个循环，起到类似社会保障政策的作用。

在某些情况下，对劳动力迁移机会加以适当的管理，可以把它作为一种抵御环境风险的替代收入来源，同时还可以减少人口压力，使紧张的土地得以再生。但是，如果没有安全和正规的迁移途径，人们可能只得迁往国内他们认为有更多体面工作机会的地方。这往往会使城市中心变得更加拥挤，而城市中心已经面临着垃圾多、资源少和水资源污染等问题。

造成环境退化的工作违反了机会均等的原则

以上部分强调了环境恶化对就业的负面影响。相对地，许多工作和经济活动由于其相关的资源开采和排放不可持续，也会导致环境退化。鉴于特定行业的工作可能产生负外部性（例如，采矿业的工作会对水资源造成污染），因此有必要跟踪其对相关行业工作的间接影响（如渔业和农业），以测试具有负外部性的工作是否符合机会均等和体面工作的原则。② 在全球层面，工业化国家以及越来越多的新兴经济体造成的气候变化正使欠发达国家的就业面临风险。在地方层面，一种工作岗位的外部性可能损害其他工作岗位追求体面工作的能力（见图1.10）。

在这种情况下，那些对其他工作者产生负外部性影响的工作算是体面的工作吗？它们会对机会均等造成威胁吗？这些问题与其说是关于谁有权得到这份工作（按照前面的例子，矿工或渔民），还不如说是关于如何确保人人都有平等的机会。

在某种程度上，这一原则已开始被经历了环境退化的消极后果的工作者所承认。例如，允许来自发展中地区的弱势工作者进入外国劳动力市场，并将其视为一种补偿手段，联合国气候变化框架公约华沙流离失所国际机制工作组目前正在考虑这一方式的可能性，认为这是一个与气候变化导致的"损失和损害"有关的问题。环境

---

① 这些结论与国际货币基金组织（2017）的结论相符。后者表示，对于一个平均温度为25℃的中低收入的国家来说，气温每上升1℃，其年GDP增长率将降低1.2个百分点。附录1.5提供了详细的估计和预测热应激的方法论。

② 1944年通过的《关于国际劳工组织的目标与宗旨的宣言》（即《费城宣言》）指出："全人类不分种族、信仰或性别，都有权在自由和尊严、经济保障和机会均等的条件下谋求其物质福利和精神发展。"

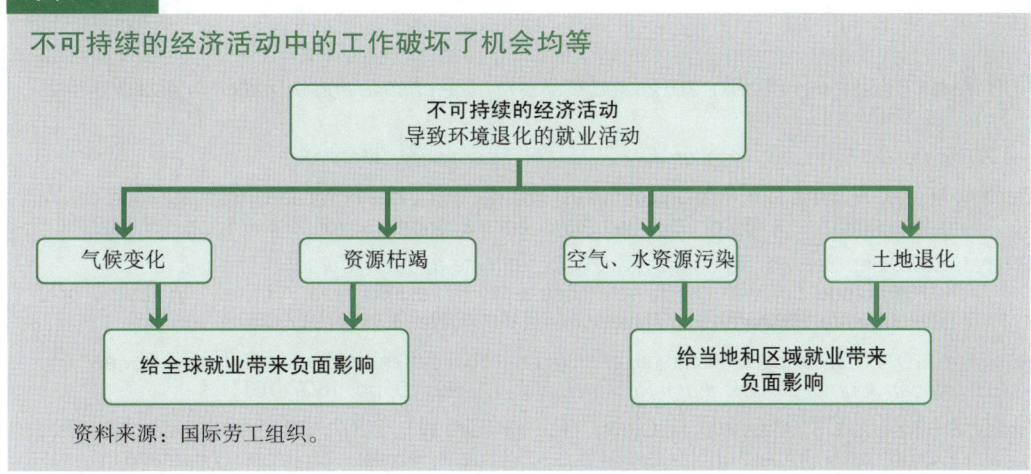

图 1.10 不可持续的经济活动中的工作破坏了机会均等

资料来源：国际劳工组织。

可持续的经济可以确保限制负面的环境外部性，这表明环境的可持续性是一个社会正义的问题。此外，正如《向人人享有环境可持续经济和社会公正转型的指导方针》（ILO，2015a）所述，公正的转型可以保护因环境退化和某些行业的逐步淘汰或适应而遭受损失的工作者。

结束语

经济发展、社会保障政策和劳动力市场机制提升了世界许多地区的体面工作。然而，目前的发展模式和经济活动通过气候变化、土壤退化、生物多样性丧失、空气和水污染、富营养化和其他形式的环境退化威胁着环境的稳定性。本章展示了环境与就业之间错综复杂的关系，强调了环境退化如何增加自然灾害的风险和生态系统服务的损失，这两者都直接影响就业的数量和质量。从根本上说，环境退化对所有人的体面工作都构成了威胁。

大约有 12 亿工作者依赖生态系统服务。农业工作者（其中大多数是贫困人口）已经开始遭受由于气候变化而造成的降雨模式变化、自然灾害和气温升高，以及由于土地管理不善、过度开发和沙漠化而导致的生产率下降的痛苦。自然灾害已经夺走了数百万小时的工作时间，而高温还将吞噬数百万小时的工作时间。我们亟须采取减缓（避免未来的损害）和应对（防止退化造成损害）措施。

从工作的角度来看，环境的可持续性也是一个社会正义问题。环境退化以多种形式限制了工人的工作权利。它加剧了不平等，因为女性和最弱势的工作者（特别是移民、贫困人口和原住民和部落民族）最容易受到环境退化的影响。重要的是，本章表明发展体面工作与保持环境的可持续性是可兼容的。

在此分析的基础上，第 2 章探讨了在经济活动、就业和就业质量等方面进行转型的中期意义，探讨了绿色企业和绿色就业在这一转型中所扮演的角色。其余各章分析了确保向环境可持续经济公正转型的政策，审查了规章制度（第 3 章）、收入支持政策（第 4 章）和技能发展（第 5 章）如何能带来更多更好的工作。第 4 章和第 5 章论述了与环境退化有关的不平等现象以及纠正这种不平等的机会，并分析了社会保障和技能政策如何把性别因素纳入政策发展中。

参考文献

ADB (Asian Development Bank). 2012. *Addressing climate change and migration in Asia and the Pacific* (Manila).

—. 2015. *Pacific Economic Monitor: July 2015 - Midyear review* (Manila).

Bachev, H.; Ito, F. 2014. "Implications of Fukushima nuclear disaster for Japanese agri-food chains", in *International Journal of Food and Agricultural Economics*, Vol. 2, No. 1, pp. 95–120.

Bhagat, R.M.; Deb Baruah, R.; Safique, S. 2010. "Climate and tea [*Camellia sinensis* (L.) O. Kuntze] production with special reference to North Eastern India: A review", in *Journal of Environmental Research and Development*, Vol. 4, No. 4, pp. 1017–1028.

Bongase, E.D. 2017. "Impacts of climate change on global coffee production industry: Review", in *African Journal of Agricultural Research*, Vol. 12, No. 19, pp. 1607–1611.

Brody, S.D.; Zahran, S.; Maghelal, P.; Grover, H.; Highfield, W.E. 2007. "The rising costs of floods: Examining the impact of planning and development decisions on property damage in Florida", in *Journal of the American Planning Association*, Vol. 73, No. 3, pp. 330–345.

Brown, C.; Meeks, R.; Hunu, K.; Yu, W. 2011. "Hydroclimate risk to economic growth in sub-Saharan Africa", in *Climatic Change*, Vol. 106, No. 4, pp. 621–647.

Bunn, C.; Läderach, P.; Rivera, O.O.; Kirschke, D. 2015. "A bitter cup: Climate change profile of global production of Arabica and Robusta coffee", in *Climatic Change*, Vol. 129, No. 1–2, pp. 89–101.

Cheung, W.W.L.; Sarmiento, J.L.; Dunne, J.; Frölicher, T.L.; Lam, V.W.Y.; Deng Palomares, M.L.; Watson, R.; et al. 2013. "Shrinking of fishes exacerbates impacts of global ocean changes on marine ecosystems", in *Nature Climate Change*, Vol. 3, No. 3, pp. 254–258.

Costa, H.; Floater, G.; Hooyberghs, H.; Verbeke, S.; De Ridder, K. 2016. *Climate change, heat stress and labour productivity: A cost methodology for city economies*, Gratham Research Institute on Climate Change and the Environment Working Paper No. 248 (London, London School of Economics and Political Science).

Costanza, R.; de Groot, R.; Sutton, P.; van der Ploeg, S.; Anderson, S.J.; Kubiszewski, I.; Farber, S.; Kerry Turner, R. 2014. "Changes in the global value of ecosystem services", in *Global Environmental Change*, Vol. 26, pp. 152–158.

Daily, G.C. (ed.). 1997. *Nature's services: Societal dependence on natural ecosystems* (Washington, DC, Island Press).

DEA (Danish Energy Agency). 2017. *Energy statistics 2015* (Copenhagen).

Diaz, S.; Pascual, U.; Stenseke, M.; Martín-López, B.; Watson, R.; Molnár, Z.; Hill, R.; et al. 2018. "Assessing nature's contributions to people", in *Science*, Vol. 359, No. 6373, pp. 270–272.

Dorling, D. 2017. *The equality effect: Improving life for everyone* (Oxford, New Internationalist Publications).

Duraiappah, A.K. 1998. "Poverty and environmental degradation: A review and analysis of the nexus", in *World Development*, Vol. 26, No. 12, pp. 2169–2179.

FAO (Food and Agriculture Organization of the United Nations). 2011. *Climate change, water and food security*, FAO Water Reports No. 36 (Rome).

—. 2016. *The state of world fisheries and aquaculture 2016: Contributing to food security and nutrition for all* (Rome).

Felbermayr, G.; Gröschl, J. 2014. "Naturally negative: The growth effects of natural disasters", in *Journal of Development Economics*, Vol. 111, November, pp. 92–106.

GHK Consulting. 2007. *Links between the environment, economy and jobs* (London).

Global Footprint Network. 2017. *National Footprint Accounts: 2017 Public Data Package* (Oakland).

Hallegatte, S.; Bangalore, M.; Bonzanigo, L.; Fay, M.; Kane, T.; Narloch, U.; Rozenberg, J.; Treguer, D.; Vogt-Schilb, A. 2016. *Shockwaves: Managing the impacts of climate change on poverty* (Washington, DC, World Bank).

Huon, C.; Douglas, N.; Fairbrother, P.; Grosser, K.; Propokiv, V.; Rafferty, M.; Toner, P. Forthcoming. *Skills for green jobs II: A country update for Australia* (Geneva, ILO).

Hutchings, J.A. 2000. "Collapse and recovery of marine fishes", in *Nature*, Vol. 406, pp. 882–885.

ICES (International Council for the Exploration of the Sea). 2017. "Sardine (*Sardina pilchardus*) in divisions 8.c and 9.a (Cantabrian Sea and Atlantic Iberian waters)", *ICES advice on fishing opportunities, catch, and effort: Bay of Biscay and the Iberian Coast ecoregion*, Oct. (Copenhagen).

IEA (International Energy Agency). 2016. *World energy statistics 2016* (Paris).

ILO (International Labour Office/Organization). 2009. *Green jobs: Improving the climate for gender equality too!* (Geneva).

—. 2012. *Working towards sustainable development: Opportunities for decent work and social inclusion in a green economy* (Geneva).

—. 2013. *Marking progress against child labour: Global estimates and trends 2000–2012* (Geneva).

—. 2014. *Work in fishing in the ASEAN region: Protecting the rights of migrant fishers* (Bangkok, ILO Regional Office).

—. 2015a. *Guidelines for a just transition towards environmentally sustainable economies and societies for all* (Geneva).

—. 2015b. *Key Indicators of the Labour Market*, 9th edition (Geneva).

—. 2016a. *Global Wage Report 2016/17: Wage inequality in the workplace* (Geneva).

—. 2016b. *Migrant workers in commercial agriculture* (Geneva).

—. 2016c. *Women at Work: Trends 2016* (Geneva).

—. 2016d. *World Employment and Social Outlook 2016: Transforming jobs to end poverty* (Geneva).

—. 2017a. *Inception Report for the Global Commission on the Future of Work* (Geneva).

—. 2017b. *Indigenous peoples and climate change: From victims to change agents through decent work* (Geneva).

—. 2017c. *World Social Protection Report 2017–19: Universal social protection to achieve the Sustainable Development Goals* (Geneva).

—. 2018a. *World Employment and Social Outlook: Trends 2018* (Geneva).

—. 2018b. *World Employment and Social Outlook: Trends for Women 2018 – Global snapshot* (Geneva).

—; Asian Development Bank (ADB). 2017. *Improving labour market outcomes in the Pacific: Policy challenges and priorities* (Geneva).

IMF (International Monetary Fund). 2017. *World Economic Outlook, October 2017: Seeking sustainable growth: Short-term recovery, long-term challenges* (Washington, DC).

IPCC (International Panel on Climate Change). 2013. *Climate change 2013: The physical science basis* (New York, NY, Cambridge University Press).

—. 2014a. *Climate Change 2014: Mitigation of climate change* (New York, NY, Cambridge University Press).

—. 2014b. *Climate Change 2014: Impacts, adaptation, and vulnerability* (New York, NY, Cambridge University Press).

ISO (International Standards Organization). 1989. *Hot environments: Estimation of the heat stress on working man, based on the WBGT (wet bulb globe temperature) index. ISO 7243:1989* (Geneva).

—. 2017. *Ergonomics of the thermal environment – Assessment of heat stress using the WBGT (wet bulb globe temperature) index*, ISO 7243:2017 (Geneva).

Kelley, C.P.; Mohtadi, S.; Cane, M.A.; Seager, R.; Kushnir, Y. 2015. "Climate change in the Fertile Crescent and implications of the recent Syrian drought", in *Proceedings of the National Academy of Sciences*, Vol. 112, No. 11, pp. 3241–3246.

Kim, Y.; Manley, J.; Radoias, V. 2017. "Medium- and long-term consequences of pollution on labor supply: Evidence from Indonesia", in *IZA Journal of Labor Economics*, Vol. 6, No. 5.

Kjellström, T.; Briggs, D.; Freyberg, C.; Lemke, B.; Otto, M.; Hyatt, O. 2016. "Heat, human performance and occupational health: A key issue for the assessment of global climate change impacts", in *Annual Review of Public Health*, Vol. 37, pp. 97–112.

Kneese, A.V. 2015. *Water pollution: Economics aspects and research needs* (London, Routledge).

Kovats, S.; Hajat, S. 2008. "Heat stress and public health: A critical review", in *Annual Review of Public Health*, Vol. 29, pp. 41–55.

Kumar, P. (ed.). 2010. *The economics of ecosystems and biodiversity (TEEB): Ecological and economic foundations* (London, Routledge).

Landrigan, P.J.; Fuller, R.; Acosta, N.J.R.; Adeyi, O.; Arnold, R.; Basu, N.N.; Baldé, A.B.; et al. 2018. "The Lancet Commission on pollution and health", in *The Lancet*, Vol. 391, No. 10119, pp. 462–512.

Lu, Y.; Song, S.; Wang, R.; Liu, Z.; Meng, J.; Sweetman, A.; Jenkins, A.; et al. 2015. "Impacts of soil and water pollution on food safety and health risks in China", in *Environmental International*, Vol. 77, Apr., pp. 5–15.

McLeman, R. 2011. *Climate change, migration and critical international security considerations*, IOM Migration Research Series No. 42 (Geneva, International Organization for Migration (IOM)).

MEA (Millennium Ecosystem Assessment). 2005. *Ecosystems and human well-being: Synthesis* (Washington, DC, Island Press).

Meadows, D.H.; Meadows, D.L.; Randers, J.; Behrens, W.W. 1972. *The limits to growth: A report for the Club of Rome's project on the predicament of mankind* (New York, NY, Universe Books).

Mileti, D. 1999. *Disasters by design: A reassessment of natural hazards in the United States* (Washington, DC, Joseph Henry Press).

Montt, G. 2018. *The gendered effects of air pollution on labour supply*, Research Working Paper No. 27 (Geneva, ILO).

Moran, D.; Kanemoto, K. 2017. "Identifying species threat hotspots from global supply chains", in *Nature Ecology and Evolution*, Vol. 1, Article No. 23.

Nett, K.; Rüttinger, L. 2016. *Insurgency, terrorism and organised crime in a warming climate: Analysing the links between climate change and non-state armed groups* (Berlin, Adelphi).

Noy, I. 2009. "The macroeconomic consequences of disasters", in *Journal of Development Economics*, Vol. 88, No. 2, pp. 221–231.

—. 2014. *A non-monetary global measure of the direct impact of natural disasters* (Geneva, United Nations Office for Disaster Risk Reduction).

Nunan, F. 2015. *Understanding poverty and the environment: Analytical frameworks and approaches* (London, Routledge).

Ocampo, J.A.; Rada, C.; Taylor, L.; Parra, M. 2009. "Growth rates, economic structures, and energy use", in J.A. Ocampo, C. Rada and L. Taylor (eds): *Growth and policy in developing countries: A structuralist approach* (New York, NY, Columbia University Press), pp. 37–57.

OECD (Organisation for Economic Co-operation and Development). 2012. *OECD Environmental performance reviews: Germany 2012* (Paris).

—. 2016. *The economic consequences of outdoor air pollution* (Paris).

—; World Bank. 2016. *Climate and disaster resilience financing in Small Island Developing States* (Paris and Washington, DC).

Pauly, D.; Christensen, V.; Guénette, S.; Pticher, T.; Sumaila, R.; Walters, C.; Watson, R.; et al. 2002. "Towards sustainability in world fisheries", in *Nature*, Vol. 418, Aug., pp. 689–695.

—; Zeller, D. (eds). 2016. *Global atlas of marine fisheries: A critical appraisal of catches and ecosystem impacts* (Washington, DC, Island Press).

PBL (Planbureau voor de Leefomgeving). 2016. *Trends in global CO_2 emissions: 2016 report* (The Hague, Netherlands Environmental Assessment Agency).

Peters, G.P.; Davis, S.J.; Andrew, R. 2012. "A synthesis of carbon in international trade", in *Biogeosciences*, Vol. 9, No. 8, pp. 3247–3276.

Piketty, T.; Chancel, L. 2015. *Carbon and inequality: From Kyoto to Paris: Trends in the global inequality of carbon emissions (1998-2013) and prospects for an equitable adaptation fund* (Paris, Paris School of Economics).

Pingali, P. 2012. "Green revolution: Impacts, limits, and the path ahead", in *Proceedings of the National Academy of Sciences of the United States of America*, Vol. 109, No. 31, pp. 12302–12308.

Rademaekers, K.; van der Laan, J.; Wilderberg, O.; Zaki, S.; Klaassens, E.; Smith, M.; Steenkamp, C. 2012. *The number of jobs dependent on the environment and resource efficiency improvements* (Rotterdam, Ecorys).

Renteria, N. 2016. "Hit by climate change, Central American coffee growers get a taste for cocoa", Reuters, 24 Aug. Available at: www.reuters.com [19 Mar. 2018].

Richardson, L.; Champ, P.; Loomis, J. 2012. "The hidden cost of wildfires: Economic valuation of health effects of wildfire smoke exposure in Southern California", in *Journal of Forest Economics*, Vol. 18, No. 1, pp. 14–35.

Rockström, J.; Steffen, W.; Noone, K.; Persson, Å.; Chapin, F.S.; Lambin, E.F.; Lenton, T.M.; et al. 2009. "A safe operating space for humanity", in *Nature*, Vol. 461, pp. 472–475.

Schroth, G.; Laderach, P.; Dempewolf, J.; Philpott, S.; Haggar, J.; Eakin, H.; Castillejos, T.; et al. 2009. "Towards a climate change adaptation strategy for coffee communities and ecosystems in the Sierra Madre de Chiapas, Mexico", in *Mitigation and Adaptation Strategies for Global Change*, Vol. 14, No. 7, pp. 605–625.

—; —; Martinez-Valle, A.I.; Bunn, C.; Jassogne, L. 2016. "Vulnerability to climate change of cocoa in West Africa: Patterns, opportunities and limits to adaptation", in *Science of The Total Environment*, Vol. 556, June, pp. 231–241.

Schumacher, I.; Strobl, E. 2011. "Economic development and losses due to natural disasters: The role of hazard exposure", in *Ecological Economics*, Vol. 72, Issue C, pp. 97–105.

Stadler, K.; Wood, R.; Simas, M.; Bulavskaya, T.; de Koning, A.; Kuenen, J.; Acosta-Fernández, J.; et al. 2018. "EXIOBASE3 - Developing a time series of detailed environmentally extended multi-regional input-output tables", in *Journal of Industrial Ecology*, pp. 1–14.

Steffen, W.; Broadgate, W.; Deutsch, L.; Gaffney, O.; Ludwig, C. 2015. "The trajectory of the Anthropocene: The Great Acceleration", in *The Anthropocene Review*, Vol. 2, No. 1, pp. 81–98.

—; Richardson, K.; Rockström, J.; Cornell, S.E.; Fetzer, I.; Bennett, E.M.; Biggs, R.; et al. 2015. "Planetary boundaries: Guiding human development on a changing planet", in *Science*, Vol. 347, No. 6223, p. 1259855.

Steinberger, J.K.; Roberts, J.T.; Peters, G.P.; Baiocchi, G. 2012. "Pathways of human development and carbon emissions embodied in trade", in *Nature Climate Change*, Vol. 2, No. 2, pp. 81–85.

Stevens, C.; Winterbottom, R.; Springer, J.; Reytar, K. 2014. *Securing rights, combating climate change: How strengthening community forest rights mitigates climate change* (Washington, DC, World Resources Institute).

Suich, H.; Howe, C.; Mace, G. 2015. "Ecosystem services and poverty alleviation: A review of the empirical links", in *Ecosystem Services*, Vol. 12, pp. 137–147.

Teh, L.; Sumaila, R. 2011. "Contribution of marine fisheries to worldwide employment", in *Fish and Fisheries*, Vol. 14, No. 1, pp. 77–88.

Tukker, A.; Bulavskaya, T.; Giljum, S.; de Koning, A.; Lutter, S.; Simas, M.; Stadler, K.; et al. 2014. *The global resource footprint of nations: Carbon, water, land and materials embodied in trade and final consumption calculated with EXIOBASE 2.1* (Delft, Leiden, Vienna and Trondheim, The Netherlands Organisation for Applied Scientific Research, Leiden University, Vienna University of Economics and Business, and Norwegian University of Science and Technology).

Ulrichs, M.; Slater, R. 2016. *How can social protection build resilience? Insights from Ethiopia, Kenya and Uganda*, Building Resilience and Adaptation to Climate Extremes and Disasters (BRACED) Working paper (London, Overseas Development Institute).

UNEP (United Nations Environment Programme). 2011. *Towards a green economy: Pathways to sustainable development and poverty eradication – A synthesis for policy makers* (Nairobi).

—. 2014. *Emerging issues for Small Island Developing States: Results of the UNEP/UN DESA foresight process* (Nairobi).

UNFCCC (United Nations Framework Convention on Climate Change). 2017a. *Local communities and indigenous peoples platform. Draft conclusions proposed by the Chair. Recommendation of the Subsidiary Body for Scientific and Technical Advice.* FCCC/SBSTA/2017/L.29 (New York, NY).

—. 2017b. *Gender and climate change: Recommendation of the Subsidiary Body for Implementation.* FCCC/SBI/2017/L.29 (New York, NY).

UNISDR (United Nations Office for Disaster Risk Reduction). 2015. *Global assessment report on disaster and risk reduction: Making development sustainable: The future of disaster risk management* (Geneva).

UN-OHRLLS (United Nations Office of the High Representative for Least Developed Countries, Landlocked Developing Countries and Small Island Developing States). 2015. *Small Island Developing States in numbers: Climate change edition 2015* (New York, NY).

Utuk, I.; Daniel, E. 2015. "Land degradation: A threat to food security: A global assessment", in *Journal of Environment and Earth Science*, Vol. 5, No. 8, pp. 13–21.

Ward, J.D.; Sutton, P.C.; Werner, A.D.; Costanza, R.; Mohr, S.H.; Simmons, C.T. 2016. "Is decoupling GDP growth from environmental impact possible?", in *PLoS ONE*, Vol. 11, No. 10, e0164733.

WAVES (Wealth Accounting and the Valuation of Ecosystem Services). 2015. *Growing green wealth: Accounting for forests in the national economy*, Policy Briefing (Washington, DC, World Bank).

White, C.; Thoung, C.; Rowcroft, P.; Heaver, M.; Lewney, R. Smith, S. 2017. *Developing and piloting a UK Natural Capital Stress Test: Final report* prepared for WWF-UK (London and Cambridge, AECOM and Cambridge Econometrics).

WHO (World Health Organization). 2005. *Ecosystems and human well-being: Health synthesis* (Geneva).

Whyte, A.; Burton, I. 1980. *Environmental risk assessment* (Paris, Scientific Committee on Problems of the Environment).

Wiebe, K.; Yamano, N. 2016. "Estimating CO_2 emissions embodied in final demand and trade using the OECD ICIO 2015: Methodology and results", in *OECD Science, Technology and Industry Working Papers* No. 05 (Paris, OECD).

Wiedmann, T.O.; Schandl, H.; Lenzen, M.; Moran, D.; Suh, S.; West, J.; Kanemoto, K. 2015. "The material footprint of nations", in *Proceedings of the National Academy of Sciences of the United States of America*, Vol. 112, No. 20, pp. 6271–6276.

Wildenberg, M.; Sommeregger, C. 2016. *Bittersweet chocolate: The truth behind the international chocolate industry* (Vienna, Südwind).

WindEurope. 2017. *Wind in power: 2016 European statistics* (Brussels).

World Bank. 2017a. *World Development Indicators 2017* (Washington, DC).

—. 2017b. *The sunken billions revisited: Progress and challenges in global marine fisheries* (Washington, DC).

—; Institute for Health Metrics and Evaluation. 2016. *The cost of air pollution: Strengthening the economic case for action* (Washington, DC).

World Commission on Environment and Development. 1987. *Our common future* (Oxford, Oxford University Press).

Ziv, G.; Baran, E.; Nam, S.; Rodríguez-Iturbe, I.; Levin, S.A. 2012. "Trading-off fish biodiversity, food security, and hydropower in the Mekong River Basin", in *Proceedings of the National Academy of Sciences of the United States of America*, Vol. 109, No. 15. pp. 5609–5614.

第 2 章 绿色经济中的就业以及工作者和雇主的职责

重要发现

在很大程度上，向绿色经济迈进会在全球层面上创造就业。这会引起就业在不同行业之间的重新分配，因此需要出台政策以确保这种转变惠及所有人。

与基准情境相比，为实现将全球气温降低 2℃ 的目标，针对能源生产和使用展开的变革可以在全球经济中创造大约 1800 万个工作岗位。这些变革包括向可再生能源转变和提升效率、电动汽车使用量的预期增长以及现有和未来建筑物能源效率的提高。到 2030 年，将产生大约 2400 万个新工作岗位，同时约 600 万个工作岗位将消失，从而实现工作岗位的净增长。

促进农业的可持续性将改变农村经济：向保护性农业转变可能将减少该行业的工作岗位，但是会提高就业质量，而向有机农业转变可能会创造就业机会，尽管会以增加土地使用压力作为代价。农业转型需要出台补充性政策，以确保为工作者和经济体创造机会。

循环经济是资源使用和消费可持续性的典范。通过摈弃"开采、制造、使用和处置"模式并欣然接受物品回收、再利用、再制造、租赁模式以及物品使用寿命的延长，可以产生大约 600 万个就业岗位。值得一提的是，这意味着从采矿业和制造业向废弃物管理（回收利用）和服务（维修、租赁）行业的重新分配。

工作者和雇主通过绿色就业和可持续性的运营实践，为实现经济的绿色环保做出了显著的贡献。不过，尽管可持续性的商业价值非常合理，但各家公司应加强承诺，以便在全球水平上实现环境的可持续性。

引 言

在环境可持续性的背景下发展意味着向绿色经济的转型,也就是,在绿色经济中,满足未来需求的能力不会受到当前资源使用、排放和浪费的限制。绿色经济可以"实现人类福祉和社会公平的改善,同时显著降低环境风险和生态稀缺"(UNEP,2011,p.2)。这种经济模式具有低碳性、资源效率和社会包容性。绿色经济需要实现环境可持续性,并提供体面工作。绿色经济体现了通过推进气候行动、保护陆地和水下生命、提供价格实惠的洁净能源、促进体面工作和经济增长以及其他方式来实现可持续发展目标。

正如我们在第1章中所指出的,当前经济对淡水和材料提取、土地使用、废弃物和温室气体排放的依赖已经达到了不可持续的水平。考虑到对自然资源和排放的依赖,向绿色经济的转型与工业革命相类似(Bowen, Duffy and Fankhauser, 2016;Bowen and Kuralbayeva, 2015),这一转型为劳动力市场带来了机遇和挑战(Esposito et al., 2017)。对转型不予支持的成本可能高于转型的成本本身,正如能源转型所表现出的那样(Caldecott, Sartor and Spencer, 2017)。向绿色经济的转型必须辅之以充分的劳动力市场政策,以确保实现平稳和公正的转型(ILO, 2015)。

正如国际劳工组织(2012)所指出的那样,绿色经济意味着在农业中更加有效地使用资源和采用更加友好的生产方式,此类生产方式能降低温室气体排放,并且不会导致森林采伐、表层土壤退化或污染,也不会因杀虫剂和化肥的径流产生地球化学失衡。这意味着需要对森林和渔场进行可持续管理,以提高其生产能力,同时避免过度开采和丧失生物多样性,促进使用碳排放较低和更具可再生性的能源,提高建筑物和交通运输的能源效率,并降低对生产原料提取的依赖。正如本章所示,低碳和资源高效型经济可创造更多的就业机会,属于劳动力密集型,而且至少与生产模式依赖高碳、资源和材料密集性的经济体一样高效。[①]

本章表明,实现2℃目标(即,长期将全球变暖控制在前工业化时期水平的2℃以内)所创造的就业机会可能超过基准情境的预测。如果同时出台支持将农业工作者转移至其他效率更高的行业的政策,采用循环经济的某些原则并促进农业的可持续性也将带来积极的成果。本章在结尾处强调了企业和工作者在指导和引领这一转型过程中所发挥的重要作用。[②]

第1节 在向绿色经济转型中的就业创造和就业破坏

向低碳和资源高效型经济的转变涉及跨行业生产方式的转变。特别值得一提的是,能源、农业和废弃物管理行业需要进行转变,以提高其资源效率并降低其对温室气体排放的依赖(ILO, 2012;IPCC, 2014)。正如第1章中所指出的,上述行业在温室气体排放中所占比例较高,占用更多的资源,并且雇佣大量的劳动力,这一点在农业部门中尤为突出。所需的举措将改变这些行业,以及为其提供投入并依赖其产出的行业。所产生的变革将跨越边境。本节评估了向绿色经济转型对工作岗位

[①] 正如第1章所述,这是由于附加值从资源型资本利得向工作者薪酬和服务、更高的技术使用率以及更长的价值链转变。

[②] 第3章详细描述了社会对话以及其他方法如何增强工作者和企业在推动公平转型中的作用。

数量和类型所产生的影响，其中考虑了不同行业之间的经济联系。本节考察了通过转型所直接和间接产生的工作岗位，也考察了那些在转型中遭到破坏的岗位。本节重点关注向绿色经济转变的主要行业，首先考察了能源行业的转型，之后对农业部门进行了评估，然后得出了采用循环经济某些原则的结论。专栏 2.1 对情境中所使用的数据和方法论给出了简洁的描述，提出在对相关结果进行解读时应采取谨慎的态度。附录 2.1 提供了更多方法论方面的细节。附录 2.2 探讨了用于评估气候变化对经济增长和就业的长期经济影响的常用模型。

专栏 2.1

利用 Exiobase 来评估绿色经济就业情景

本节中所探讨的情境基于 Exiobase v3，这是一个多区域投入产出表（MRIO），该表反映了世界经济情况以及全球不同行业之间的联系（Stadler et al., 2018）。通过 MRIO 来对情境进行预估可以对技术和流程的详细规范进行模拟，从而充分了解推动产生结果的各种机制。相比其他 MRIO，Exiobase v3 可提供的精确度更高，因为其对 44 个国家和 5 个区域的 163 个行业之间的交易给予了详细描述。上述情境在区域和行业层面上对在不同情境下预计将直接和间接产生以及破坏的工作岗位数量进行估算，并确定其定位。附录 2.1 提供了有关数据集和估算的方法论详情。

所有情境均是对 2030 年之前的就业和环境成果进行预估。将每个具体的环境可持续性情境与基准情境进行比较。所有情境均利用国际货币基金组织和国际能源署所做出的 GDP 增长预测，以及联合国所做出的人口增长预测。上述情境假设不存在任何对绿色经济的意外投资，但是假定所预测的 GDP 增长以及政策措施将促进对绿色技术的投资（专栏 2.2 考察了实现气候可兼容式发展所需的投资）。重要的是，相对价格和世界贸易结构被假定保持不变，这在基于 MRIO 的分析中是常见的情况。在这种情况下，各模型忽略了调整影响，不过提供了在各情境下清晰描述受到影响最大的各行业和各部门之间的联系。比如，如果技术变革推动某种绿色技术的成本下降，那么在技术成熟之后，劳动力需求会缩减，从而降低采用技术所带来的就业收益。在此做法中，未对调整变化进行建模，所以可能会对本文所给出的估算造成影响。其他未考虑的调整成本与劳动力根据情境进行调整的能力相关：例如，由于技术错配以及劳动力市场中的其他僵化情形，针对商品和服务的需求变化进行调整可能需要花费更长的时间，从而降低了我们所探讨的技术的就业机会创造潜能。此外，每个情境针对某一特定系列产品的技术变革或需求变化来评估其影响。为了确定对每个行业的具体影响，其他未指定产品和技术流程的相对需求保持不变。同时，为了验证上述情境的具体影响，估算未能说明未来工作的其他驱动因素，尤其是技术变革、全球化和其他替代商业模式。在上述模型中均未加以说明的技术变革在相对较不成熟的行业中可能是尤为重要的，这些行业随着技术的发展，可能通过提高材料或能源效率，或者通过降低劳动力要求实现成本的下降。

> **专栏 2.2**
>
> **环境可持续性方面的投资**
>
> 据经合组织（2017）估计，2016—2030 年，为了满足全球发展需求，基础设施领域每年所需的投资达到 6.3 万亿美元。在此基础上，仅需再增加 6000 亿美元，上述投资就可以实现气候兼容性。正如国际货币基金组织（2017）所强调的那样，这一额外投资是值得的：适应和减缓气候变化在就业、生产效率、经济活动和福祉方面会带来巨大的中期和长期效益。经合组织和国际货币基金组织还指出，从长期观点、气候投资相关社会回报以及非货币成本来看，需要来自公共部门和私人部门的共同投资（OECD，2017；IMF，2017）。开发银行和金融机构将在各个层面发挥重要作用，而且在取消化石燃料补贴和实施碳定价体系的同时，应当重视并纳入气候相关风险。政策一致性对于确保监管框架、政策和投资能够提供充分的激励措施而言至关重要，这一点我们将在第 3 章中进一步详细探讨。

实现可持续性必然会涉及能源行业……

能源行业对于成功地向低碳经济转型而言至关重要。电力和热能生产、交通运输①和建筑这三个行业在全球温室气体排放中所占比例接近一半（IPCC，2014）。利用太阳能或风能等可再生能源来取代化石燃料，再辅之以能效改善，可以降低温室气体排放并促进气候变化的减缓，同时保持或增加能源供应。

正如我们在第 1 章中所指出的，在降低化石燃料依赖性以满足能源需求方面业已取得进步，而且通过 2015 年《巴黎协定》已经确立了降低温室气体排放的国家承诺（即由各国确定的贡献）。在某种程度上，转型已经发生，因为可再生能源部门一直在迅速增长。2000 年，其在全球发电量中所占份额为 1.5%，2013 年这一比例达到了 5.5%，这有利于促进该部门的就业（Montt, Maitre and Amo Agyei, 2018）。然而，上述进展以及各国的正式承诺尚不足以实现将全球气候变暖限制在 2℃ 或更加理想的目标（即 1.5℃）的范围之内。

……而经济和就业影响将蔓延至所有经济部门

国际能源署已经针对各国制定了将能源行业与化石燃料脱钩的情境，借此将全球变暖限制在 2℃ 以内（IEA，2017a 和 2017b）。② 2℃ 情境可通过电力、运输和建筑行业的渐进式脱碳来实现，从而实现可持续发展目标 7（清洁能源）和目标 13（气候行动）方面的进步（专栏 2.3 探讨了《巴黎协定》所倡导的 1.5℃ 目标的上述影响）。虽然如第 1 章中所言，上述行业的就业规模可能较小，但是这些行业与其他

---

① 公路运输也是空气污染的主要原因之一。在经合组织国家，治理公路运输空气污染占户外空气污染全部健康成本中的比例约为 50%（OCED，2014）。

② 在《2017 年能源技术展望报告》中，国际能源署对几个情境进行了探讨。2℃ 情境要求设定路径快速脱碳，以达成国际政策目标。参考技术情境将各国的能源和气候相关承诺考虑在内，这些承诺还达不到国际政策目标。6℃ 情境在很大程度上是当前趋势的延伸。这是一个基准情境。在此情境下，2013—2050 年二氧化碳排放量将增加大约 60%（IEA，2017b）。本报告中所采用的情境将各国的潜在能源考虑在内，同时满足 2030 年之前的预测能源需求。

> **专栏 2.3**
>
> **在 1.5℃目标下的就业和体面工作**
>
> 2015 年的《巴黎协定》要求将全球平均温度升高控制在工业化前水平 2℃之内。《巴黎协定》鼓励各国努力将温升控制在 1.5℃之内，其认识到这一升温幅度将显著降低气候变化的风险和影响。本章的情境基于国际环境署针对各国和各区域实现 2℃目标的蓝图。对于 1.5℃目标，尚不存在可用于估计其就业成果的此类蓝图。然而，2℃情境表明，1.5℃目标将促使能源行业更加积极地进行脱碳。这意味着，基于化石燃料的能源生产将更加迅速地被可再生能源取代，同时通过提高效率，能源使用量将大为缩减。通过本章中所强调的与实现 2℃目标的直接和间接影响相关的结果以及能效投资的就业影响进行判断（Garrett‒Peltier，2017），实现 1.5℃目标将放大图 2.1 中所显示的结果。实现 1.5℃目标可能会促进其他行业采取行动，如农业可以创造就业机会或者推动结构化转型，这一点我们将在下文中予以说明。实现 1.5℃目标还可能要求通过重新造林或利用碳捕获和封存技术来开发碳汇，这也可能创造就业和增长的机会。

经济部门密切相连，同时会产生强大的乘数效应。能源行业通过发电、运输和建筑业所发生的变革将必然对其他行业产生影响。例如，在汽车行业，与内燃机汽车相比，电动汽车带来了非常不同的价值链。因此，这将导致前向和后向的相关行业以及石油产品需求发生变化，并进而改变消费者支出模式（如需要此类示例和其他示例，请参阅 Cassar，2015；Garret‒Peltier，2017；OECD，2009；Government of Scotland，2016a；Stehrer and Ward，2012；UBS Research，2017；WEF and HIS CERA，2012；Wild，2014）。因此，由于朝向低碳能源经济转变的广泛影响，我们需要考虑多个行业的雇主和工作者的需求与积极参与。

通过能源行业将全球温升控制在 2℃之内，意味着电力和运输行业降低对化石燃料的依赖，同时提高建筑和施工中的能源效率……

国际能源署确定了在 21 世纪将全球温升控制在 2℃之内可能采取和需要采取的变革（2017b）。本节利用这一情境，描绘了能源构成的变化，即发电和热能行业以及工业部门将更加依赖可再生能源，同时补充说明预计电动汽车份额的提高以及建筑的改进将促进能源效率的提升。

在电力方面，该情境意味着可再生能源在发电中所占份额提升（其中包括，与 2012 年相比，2030 年太阳能光伏电池板所产生的电力提升 59%），化石燃料的使用下降（燃煤发电产量下降 50%），同时随着效率的提升，总体需求下降。与此类似，在这一情境下，到 2030 年，随着效率的提升，工业的能源需求将下降 20%，余下的能源需求将通过增加对生物量和废弃物的使用来满足，而非使用化石燃料能源。

能源在交通运输中也十分重要。在使用电动汽车和电池驱动汽车的情形中，可以在很大程度上避免有害废气的排放，尤其当充电电力来自可再生能源时。[①] 根据预测，到 2025 年，全球新车销售量中大约 14% 为电动汽车，欧洲和中国的预测值更高，分别为 30.6% 和 15.5%，高于美国的 5.1% 以及全球其他区域的 5.2%（UBS Research，2017）。[②]

最后，由于施工更加注重资源效率和翻新，从而改善了现有建筑的效率，建筑施工的能源需求预计也将下降。在此情境下，国际能源署的建筑行业所有 2℃ 和 6℃ 情境的能效节约均投资于对建筑物进行翻新，以实现效率的提升。本情境也将农业和渔业的能源需求变化纳入考虑。

……同时，几乎在所有区域和行业创造净就业机会

本文所给出的分析体现了能源、运输和建筑行业为在 21 世纪内将全球温升控制在 2℃ 以内所采取的举措带来的总体积极就业影响。因此，气候行动创造了净就业岗位。[③] 确实，到 2030 年，能源行业在实现可持续性发展方面取得的进展将在全球范围内创造大约 1800 万个就业岗位，与基准情境相比，这相当于两种情境之间存在着 0.3% 的差异。相较于化石燃料发电，可再生能源提高了劳动力需求以及与可再生能源、电动汽车和建筑业相关的整个价值链的就业需求，从而推动了就业创造。

气候行动不仅能创造上述全部的净就业岗位，到 2030 年之前，温室气体排放还将下降 41%，这与全球政策目标相符合。然而，这些总体变化掩盖了行业之间和区域之间的差异，图 2.1 对这种差异进行了总结。第 5 章更深入审查了支持这一变化所需的技能培养计划的类型。

在可再生能源行业（水电、生物量、太阳热能、太阳能光伏、潮汐和波浪以及地热），预计在 2℃ 情境中创造的工作岗位比基准情境要高大约 11%。制造业和建筑业预计将出现净就业岗位增长，增长率分别为 0.5% 和 1.7%。这一增长相当于制造业新增约 400 万个工作岗位，可再生能源行业和建筑业共新增大约 900 万个工作岗位。此外，由于行业之间的经济联系，服务业、废弃物管理和农业部门的就业也将出现增长。比如，生产电动汽车和利用可再生能源发电所需的电力机械制造业将创造超过 200 万个工作岗位。

在区域层面，美洲、亚太地区和欧洲将出现净就业岗位增长，增长率分别为 0.45%、0.32% 和 0.27%，所产生的工作岗位数量约为 300 万个、1400 万个和 200 万个。与此相反，如果中东和非洲的经济结构不偏离历史趋势的话，这两个区域将出现净工作岗位减少，下降幅度分别为 0.48% 和 0.04%，所对应的岗位数分别为 30 万个以上和约 35 万个。[④] 在此情境下，政策改变可能会缓解预期的工作岗位减少或其所产生的负面影响（见第 3 章、第 4 章和第 5 章）。

---

① 运输行业的负面环境影响来源于基于化石燃料的内燃机所产生的废气排放。负面影响也来自制动器、轮胎磨损、机动车处置以及其他应用，这导致了除潜在有害颗粒和气体排放之外的其他影响。在上述情境中，未对非基于温室气体排放而产生的运输行业的负面影响进行建模。

② 本情境仅探讨了运输行业可持续性的一个维度，即人们出行方式从使用内燃机向使用电动汽车转变。本情境忽略了推动本行业可持续性的其他举措，如公共交通、海运和空运以及货物运输领域的举措。

③ 净就业创造是指对工作数量的总体影响，其考虑了所创造和失去的直接和间接工作岗位。总言之，如果创造的工作岗位多于失去的工作岗位，则产生了净就业岗位。

④ 非洲净工作岗位减少主要是由于总共失去了约 65 万个工作岗位，而只增加了大约 30 万个工作岗位。前者主要来自与化石燃料相关的行业（如石油炼制、石油和煤炭开采以及燃煤发电），而后者主要来自建筑业、铜矿开采和电力机械制造行业。

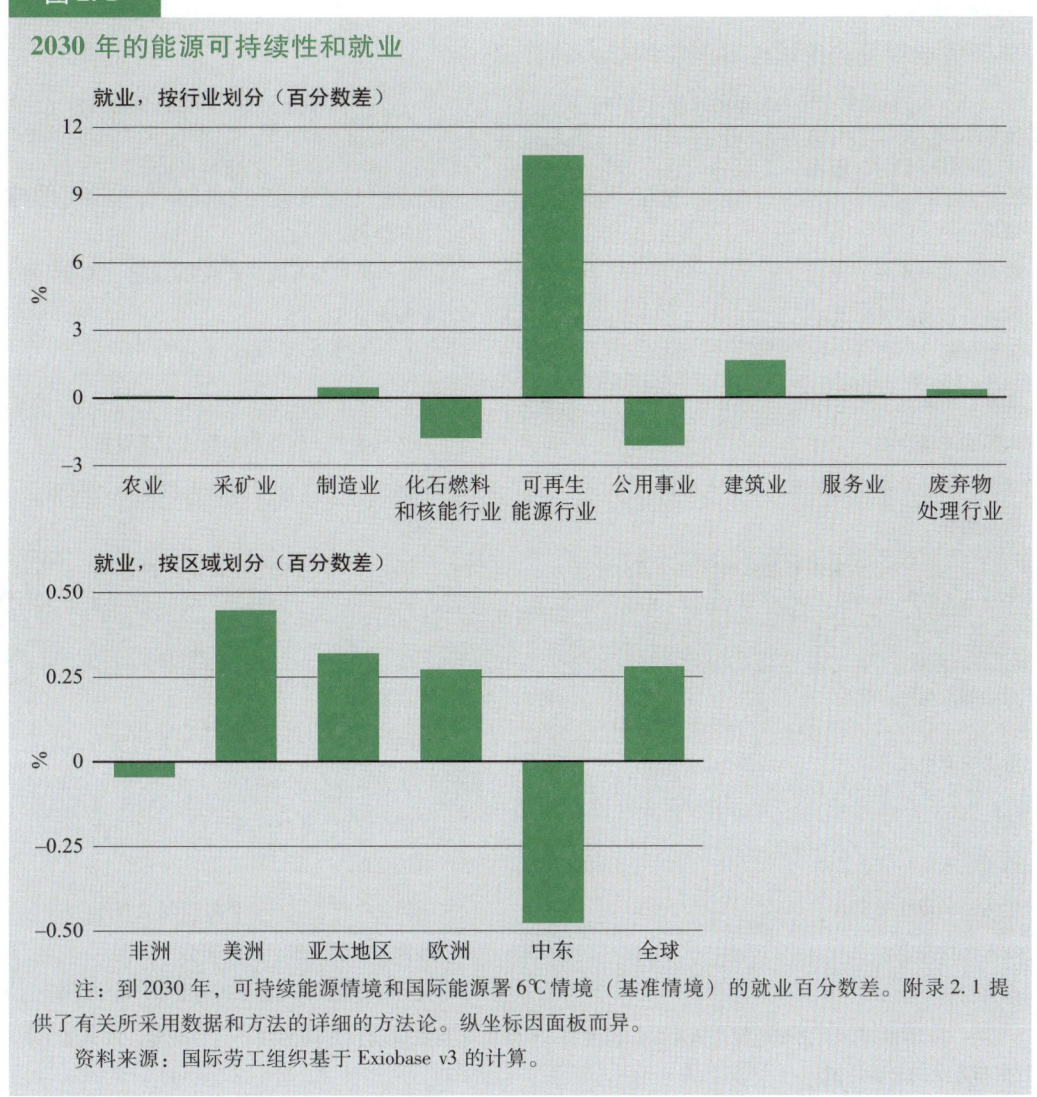

图 2.1

2030 年的能源可持续性和就业

注：到 2030 年，可持续能源情境和国际能源署 6℃情境（基准情境）的就业百分数差。附录 2.1 提供了有关所采用数据和方法的详细的方法论。纵坐标因面板而异。

资料来源：国际劳工组织基于 Exiobase v3 的计算。

在发电行业中，重新分配是极为明显的，可再生能源发电行业实现的就业增长（新增大约 250 万个工作岗位）抵消了化石燃料发电行业的就业岗位损失（净损失工作岗位约为 40 万个）（见表 2.1）。

这一情境也引起了其他行业的重新分配，采矿行业的情况尤为明显。该行业由于煤炭、石油和天然气开采和提取的缩减而导致所有就业岗位减少（大约为 200 万个工作岗位）。减少的岗位均可以在一定程度上由电动汽车和电力机械投入需求的增加而得到弥补（铜、镍、铁和其他有色金属和金属矿石开采可提供大约 200 万个新增工作岗位）。

此外，就业损失预计将出现在与化石燃料汽车行业具有密切关系的行业中。机动车辆制造预计将出现一些工作损失，因为电机的活动部件减少，生产每辆汽车所需的工作者人数缩减。此外，电动汽车的生命周期长于内燃机汽车（UBS Research，2017），同时汽车燃料零售中的一些工作岗位预计将消失。

总而言之，如上所述，整个经济体以及具体行业中的工作岗位创造超过了工作岗位的损失。预计到 2030 年，将产生 2400 万个就业岗位，损失 600 万个就业岗位，最后产生的结果是增加 1800 万个净就业岗位。在我们所分析的 163 个经济部门中，仅有 14 个出现了全球范围内损失 10 万个以上工作岗位的情况，仅有 2 个（石油炼制和原油开采）出现了 100 万个或者以上的工作岗位损失（见表 2.1）。

表 2.1

能源行业中受可持续性转型影响最大的行业

就业需求增长最多的行业（绝对）		就业需求下降最严重的行业（绝对）	
行业	工作岗位（百万个）	行业	工作岗位（百万个）
建筑	6.5	石油炼制	−1.6
电力机械和仪表制造	2.5	原油开采和与石油开采相关的服务，测量除外	−1.4
铜矿石和精矿开采	1.2	燃煤发电	−0.8
水力发电	0.8	煤炭和褐煤开采、泥炭采掘	−0.7
蔬菜、水果、坚果的种植	0.8	家庭服务业	−0.5
太阳能光伏发电	0.8	天然气生产；气体燃料管道配送服务	−0.3
零售，机动车和摩托车除外；个人和家居物品维修	0.7	天然气开采以及与其相关的服务，测量除外	−0.2
就业需求增长最多的行业（百分比）		就业需求下降最严重的行业（百分比）	
行业	工作岗位（%）	行业	工作岗位（%）
太阳能发电	3.0	燃煤发电	−0.19
地热能发电	0.4	原油开采以及和原油开采相关的服务，勘探除外	−0.11
风力发电	0.4	其他石油和气体材料的开采、液化和再气化	−0.11
核能发电	0.3	石油炼制	−0.08
生物量和废弃物发电	0.3	天然气生产；气体燃料管道配送服务	−0.05
太阳光伏发电	0.3	煤炭和褐煤开采、泥煤采掘	−0.03
水力发电	0.2	天然气开采以及其相关的服务，勘探除外	−0.03

注：到 2030 年，可持续能源情境和国际能源署 6℃情境（基准情境）之间的就业百分数差。附录 2.1 提供了有关所采用数据和方法的更多详情。

资料来源：国际劳工组织基于 Exiobase v3 的计算。

由于就业部门重新分配，如果当前经济子部门的女性劳动力份额保持不变的话，这一转型可能会导致女性劳动力在就业中所占份额略有下降。这是因为当前与绿色技术相关的行业（如电力机械）所雇佣的女性员工所占比例相对较低。重新分配也可能使那些雇佣高技能工作者较少的行业受益，① 这意味着就业机会可能更加青睐中低技能工作者。② 这一情境也很可能导致个体工作者和无报酬家庭帮工人数的适当减少。

尽管总体而言，该情境预计将增加就业机会，从而产生净总收益，但是某些群体、区域和行业将面临破坏。在向环境可持续经济的转型中，应将这些工作者纳入考虑范围。在此方面，国际劳工组织通过了《向人人享有环境可持续经济和社会公正转型的指导方针》（ILO，2015）并正在开展试点，以确保没有工作者被落在后面。第 4 章和第 5 章考察了用以对这些工作者和行业提供支持的社会保障和技能培养政策。

---

① 如附录 2.1 所示，高技能工作者是按照国际标准职业分类（ISCO）第 1、2 和 3 大类（经理、专业和技术人员以及辅助专业人员）的工作者所占份额来定义的。

② 上述结果与英国剑桥计量经济学会、卡塞尔大学和华威大学就业研究所的研究结果（2011）形成对比，后者强调低碳经济情境下对更高水平技能的需求。除了不同的方法论途径之外，不同的建模策略假定不同的情境，这会导致不同的行业之间的变化，并最终产生不同的劳动力市场结果。

农业部门需要减少环境退化并确保粮食安全

农业部门也需要进行转型。自从 20 世纪 70 年代以来，农业产出增长了三倍。① 这一卓越成就意味着农业产出的增长超过了人口的增长，并且全球耕地的使用仅增加了 30%（Pingali，2012）。但是，农业所面临的挑战依然存在。我们必须持续提高生产效率，以确保满足未来的粮食需求，同时实现环境的可持续性并克服该行业依然面对的体面工作不足的问题（Alexandratos and Bruinsma，2012；Godfray et al.，2010；ILO，2016；Swaminathan and Kesavan，2017）。

然而，生产率增长已经减速（FAO，2017）。粮食安全依然具有十分重要的地位，尤其是考虑到全球人口的快速增长以及经济增长之后预计会出现的饮食变化。农业部门已经成为温室气体排放（通过改变土地用途、牲畜和化肥的使用），土壤退化（由于过度开发和管理不善所导致的有机物流失），荒漠化和淡水短缺（由于土地和作物管理不足），生物多样性丧失，抗虫性和水污染（由于土地用途改变、富营养化、溢流和不适当的营养管理）的主要贡献者（FAO，2011）。由于精耕细作，全球大约 1/3 的土壤已经退化，而且如果继续保持当前的速率，全球表层土将在 60 年后会全部退化（FAO，2015a）。在全球和区域层面上，这些环境挑战会导致环境退化。农业本身容易受到环境退化的影响（通过自然灾害以及生态系统服务的损失，如第 1 章所述），环境退化会危及全球各地农民的生计以及粮食安全。

未来的粮食安全（可持续发展目标 2）仅在其与环境可持续性、气候行动（可持续发展目标 13、14 和 15）以及适应气候变化相适应的时候，才可能具备可持续性。实现这一目标需要采用各种不同的农业实践，并适应气候变化、水资源短缺和土地退化（ELD Initiative and UNEP，2015；FAO，2016a，2016b；Pagiola，1999）。同时，还需要投资于基础设施，以提高生产潜能以及应对气候变化的能力（如灌溉、公路和运输、存储，以及推广服务和研究、开发和获得改良种子品种）（Headey and Jayne，2014；Jayne，Chamberlin and Heady，2014；OECD，2017）。

此外，实现农业转型也为转变就业以及改善该行业内各种体面工作不足的情况提供了机会。农业转型应帮助该行业的工作者摆脱贫困。农业领域的从业人数超过 10 亿人，其中大部分在小农场或者家庭农场中工作（Lowder，Shoet and Raney，2016）。而且大部分工作性贫困人口都是从事农业工作（ILO，2016）。在发达经济体和新兴经济体，来自贫困地区的流动人口在农业工薪劳动者中所占比例最高达到 70%（BLS，2017）。在发展中国家，允许就业向农业之外的领域转移对于支持全国结构性转型而言非常关键（ILO，2005，2016）。

尽管大家一致认可，可持续性农业在降低其环境影响和促进体面工作的同时必须确保粮食安全，但是在针对达成上述目标所需的具体技术方面并未达成一致（Zahm et al.，2015）。有人提议，通过保护性农业和有机农业来克服部分环境挑战。保护性农业和有机农业这二者均意味着需在投入和生产方式上进行改变，从而对就业情况产生影响（专栏 2.4 和专栏 2.5 给出了更为详尽的描述）。② 表 2.2 总结了对小农场主和大型农场的主要启示，重点探讨了环境、粮食安全和就业。

---

① 在绿色革命之后，农业生产效率的提高得益于 1965—1985 年在作物研究、基础设施、市场开发和政策支持等方面的投资。在此之后，作物遗传学领域的科学进步贴合发展中国家，促进了发展中世界的生产率增长（Pingali，2012）。伴随着绿色革命也产生了一些负面影响，其中包括环境退化、收入不平等加剧、资产分布不公以及绝对贫困程度加重等（Hazell，2003）。

② Zahm 等人（2015）注意到，生物动力农业、腐殖质农业和替代型农业在 20 世纪 90 年代之前就得到了发展，其核心为可持续发展的多维方法。正如所有农业技术一样，可持续性农业没有一个放之四海而皆准的方法。没有哪个体系可以在所有情况下都能实现可持续性，这也是本节重点关注保护性农业和可持续有机农业所涵盖的更为广泛的方法的原因之所在。基于水稻集约化系统（SRI）所开发的作物集约化系统（SCI）体现了作物、土地以及利用作物和微生物之间的相互作用、依赖性和相互依存性的资源管理技术是如何显著提高农业产量并降低其生态影响的（Abraham et al.，2014；Uphoff，2012）。

专栏2.4

保护性农业能最大限度地减少土壤破坏并提高产量

保护性农业是一个农业生态系统管理系统，其特征包括：（1）保持最低限度的土壤机械扰动（少耕或免耕）；（2）永久土壤覆盖层；（3）按顺序和组合种植作物，实现作物多样化（FAO，2015b）。少耕或者免耕限制了传统农业中常见的定期耕作所产生的有害影响，保护了土壤中有机质，并通过提高蓄水能力、降低对侵蚀的敏感程度以及释放营养素的能力满足作物需求来改善土壤质量。减少耕作会降低在耕层底部形成硬质地层的可能性，并减少土壤表层水分的蒸发，而土壤表层蒸发会使幼苗产生水分胁迫（Johansen et al.，2012）。保护性农业可以降低农业温室气体排放，因为其机械设备需要较少的燃料，并可提高土壤的碳封存潜力（Dendooven et al.，2012）。

目前，全球范围内实践保护性农业的面积超过1.25亿公顷，占全部耕地的9%。在阿根廷、巴西、巴拉圭和乌拉圭，保护性农业在耕地中所占比例超过70%。保护性农业正在日益普及，这得益于其在不同气候条件、土壤类型、作物和农场特征条件下的适用性和切实的益处。保护性农业适用于各种环境：从北极圈到热带地区，再到南极；在海平面或者海拔3000米的地区；在极度多雨或者极度干旱的区域（Friedrich, Derpsch and Kassam，2017）。

从单个农场层面来看，采用保护性农业的主要驱动因素之一是更高的利润，这得益于较低的劳动力成本和更高的生产率（Knowler and Bradshaw，2007）。大型农场可从中获益（Friedrich, Derpsch and Kassam，2017；Pannell, Llewellyn and Corbeels，2014），而且有新的证据表明，这种农业生产方式也可以使小农场主和家庭农场获益（Johansen et al.，2012；Lalani, Dorward and Holloway，2017；Pannell, Llewellyn and Corbeels，2014）。

对于就业领域至关重要的是，保护性农业在生长季节开始时所需要的工时大约缩短了50%—60%，这是因为所需的整地劳动力人数降低了。对于大型机械化农场而言，可实现节约，但幅度不大，因为劳动力成本在每英亩总成本中所占比例不足10%（FAO，2001）。对于劳动力密集型农场而言，节约幅度就十分可观，不过要以减少农村经济体中的就业机会为代价，同时如果涉及流动人口，则会产生跨境影响，而流动人口在发达经济体和新兴经济体中是很普遍的。对于那些自己即是一名劳动力的小农场主和家庭农场主而言，较低的劳动力需求可能会将家庭工作者从农场工作中解放出来，使其有机会实现收入的多元化。

通过最大限度减少耕作或者取消耕作，保护性农业消除了传统耕作方式的一个主要短期好处，即杂草防除。为了除草，保护性农业需要更加频繁地使用除草剂（Johansen et al.，2012）。尽管除草剂比杀虫剂的毒性要小，但是不适当和不安全的接触除草剂会对工作者和社区造成严重的健康风险（Donham，2016；Frank et al.，2004）。[1]鉴于需要进行一体化的营养素管理、增加化肥和除草剂的使用并强化作物轮作和/或间作，保护性农业要求具备更高的管理技能。此外，还需要不同的机械设备，这可能会形成一个进入壁垒。上述因素可能会阻碍技能较低的小农场主和家庭农场主采用保护性农业或者以最优方式予以实施（Knowler and Bradshaw，2007）。

---

[1] 由16个国家批准的2001年《农业安全与健康公约》（第184号）要求对化学品进行合理管理（第12条和第13条）。该公约还要求雇主开展风险评估，在使用化学品时提供适当的培训，并在对安全和健康有紧迫且严重的危险时，停止任何操作（第7条）。工作者有权要求被告知安全和健康事项，参与安全及健康措施的应用和审查，并使自身脱离危险，同时他们有责任遵行安全和健康措施（第8条）。

> 专栏 2.5

有机农业依赖生态过程、生物多样性和自然周期

有机农业是"一个维护土壤、生态系统和人类健康的生产系统。它依赖生态过程、生物多样性和适应本地条件的周期，而不是使用具备负面影响的投入品"（IFOAM，2008）。2015 年，有机耕地或者正在转化的耕地面积约为 5100 万公顷，占全部农业用地的近 3.7%。在包括奥地利、捷克、意大利、圣多美和普林西比、瑞典、瑞士等 10 个国家中，超过 10% 的农业用地为有机耕地（Willer and Lernoud，2017）。乌干达是非洲最大的有机产品生产国。该国开展有机农业已经有 20 多年的历史了，并被视为改善民生的一种方式。该国获得国际认证的农民人数超过 20 万，有机耕地在农业用地所占比例达到 2%（Poschen，2015；Rukundo，2014）。[1]

有机农业对环境保护的重视贯穿在整个"农场到消费者"链条之中。有机农业摈弃人工产品的使用，如转基因生物、合成杀虫剂、兽药、添加剂和无机肥料（Morgera，Bullón Caro and Marín Durán，2012）。与传统农业相比，有机农业可改善土壤质量并促进生物多样性，减少养分渗漏，同时所需的能源也较少（Mondelaers, Aertsens and van Huylenbroeck，2009；Tuomisto et al.，2012）。通过研究还发现有机农业在保水性和水资源利用、减少侵蚀（Nemes，2009）以及生态系统服务维护方面的好处（Merfield et al.，2017）。在生物物理压力的情形下（如干旱），有机农业的产量高于传统农业产量。

在全球各地，对于许多作物而言，有机农场的平均产量通常低于传统农场。在发展中国家，有机农业的产量平均为传统农业产量的 84%，而在发达国家，这一数字为 79%（de Ponti, Rijk and van Ittersum，2012）。在很大程度上，上述平均值掩盖了每个农场具体情况的不同。[2] 若采用良好的管理举措，有机农场系统的产量几乎可以与传统农场相媲美（Seufert, Ramankutty and Foley，2012）。当与自给农业相比较时，采用有机耕作会提高产量，但是如果自给农业采用了传统的精耕细作技术，产量将会进一步提升（Auerbach, Rundgren and Scialabba，2013）。有机农场可能造成的污染较少，但是此类农场需要更多土地才能具有相同数量的产出（Tuomisto et al.，2012），除非粮食浪费、争夺耕地的饲料生产以及动物产品的生产和销售得到削减并能够对大规模采用有机农业起到补充作用（Muller et al.，2017）。

对于农民而言，较高的市场价格、对有机产品的需求增长以及较低的生产成本可以弥补产量的下降（Nemes，2009）。然而，较高的价格增加了贫困国家和发展中国家实现粮食安全的难度。

对于保护性农业而言，向有机农业的转变需要在劳动力使用方面做出相当大的改变。相对于传统农业而言，有机农业的劳动力更加密集，正如对欧洲（EC，2013）、印度（Charyulu, Kumara and Biswas，2010）和加纳（Kleemann，2016）的研究结果所展现的，但是相关工作可能不一定是体面工作。摈弃合成杀虫剂的使用可能会减少有害化学品的接触，并降低职业健康和安全风险，从而潜在地改善工作条件。

---

[1] Swaminathan 和 Kesavan 于 2017 年指出，绿色农业考虑了农场流程和更为广阔的生态系统和条件之间的关联，但是允许在综合虫害和营养管理计划中使用化学品。他们还提到，有机农业包括几种方法，如有效微生物农业，一根稻草的革命（即自然耕作，不进行犁地、不使用化肥、不除草，不使用化学杀虫剂和除草剂）以及白色农业（大量使用微生物，尤其是真菌）。他们强调说明了常绿革命，将其视为一个整合了生态系统的农场体系，在农场内部以及周围的生态系统中将作物种植和动物养殖结合起来并利用其协同效应。不过，正如其他可持续性农业系统一样，这种体系要求具备深厚的知识基础。第 5 章对现有的用以支持向环境可持续农业转型的技能开发计划进行了更加深入的探讨。

[2] Seufert、Ramankutty 和 Foley（2012）指出，对于弱酸性和弱碱性土壤中利用雨水灌溉的豆类和多年生植物，有机农场的产量仅低 5%，但是对于玉米、小麦等粮食作物和花椰菜等蔬菜，有机农场的产量可能会低 25%。

第 2 章　绿色经济中的就业以及工作者和雇主的职责

表 2.2

保护性农业和有机农业的环境影响以及与工作相关的影响

	保护性农业	可持续性有机农业
环境和粮食安全	提高土壤的持水性能	提高土壤的持水性能
	增加土壤有机质	增加土壤有机质
	降低温室气体排放	降低温室气体排放
	减少土壤侵蚀	减少土壤侵蚀
	增加害虫防控，从化肥开始	减少合成杀虫剂和无机肥料的使用
	较高的产量限制可促进生产率增长，同时不会对土地资源造成压力	较低的产量可能会增加对土地资源的压力
	与传统农业相似的价格可促进发展中国家的粮食安全	高于传统农业的价格可能降低贫困和发展中国家的作物获取和粮食安全
在小农场主的农场工作	更高的产量和较低的成本使农民获得更高的收入	较低的成本和较高的价格带来更高的收入（产量低于传统耕作方式，但高于自给农业）
	较低的劳动力需求提高了农民实现收入多元化的能力	较高的劳动力需求削弱了家庭农场主实现收入多元化的能力
	在机械、工具和管理技能方面需要较高的初始成本，但在转型阶段产量较低	由于在转型阶段产量较低，所以初始成本较高
	更多接触潜在有害化学品	较少接触潜在有害化学品
	农作物残留物不再用于饲料或建筑材料	农作物残留物可用于饲料或建筑材料
在大型农场工作	较高的产量和较低的成本增加了农民的收入	较高的价格和较低的成本抵消了较低的产量并增加了农民的收入
	劳动力需求较低可能降低农村地区对有偿工作者的需求	较高的劳动力需求增加了农村地区对（潜在非体面）工作的需求
	工作者接触更多潜在有害的化学品	较少接触到潜在有害的化学品

注：保护性和有机农业的影响，与传统农业相对照。浅色单元格代表正面影响，深色单元格代表负面影响。

除非采用可靠的作物、营养和废弃物管理技术，否则有机农业和保护性农业可能无法实现可持续性，也无法消除环境退化，而且将造成土壤中有机质含量下降、水源污染以及由径流导致的富营养化。此外，除非同时进行基础设施投资、提供融资和社会保障、开展治理变革、进行研发并扩大范围等，否则有机农业和保护性农业无法凭借自身的力量确保粮食安全、环境可持续性和适应环境退化的能力。

重要的是，保护性农业和有机农业并不是互相排斥的。例如，联合国粮农组织的"节约与增长"（2011）模式同时获得了这两种农业方式的环保效益，也强调指出了其较低的劳动力密集度对农村经济所产生的重要影响。《联合国粮农组织关于粮食和农业系统可持续发展评估》（2014）针对粮食体系如何通过良好治理、环境完整性、经济韧性和社会福祉来实现可持续性发展提供了明确的指导方针。

保护性农业和有机农业可以为农业带来可持续性，但对工薪就业和小农场却会产生不同的影响

如果在保证基础设施投资、融资支持、扩大范围、社会保障和其他政策的基础

图 2.2

2030 年农业和就业的可持续性

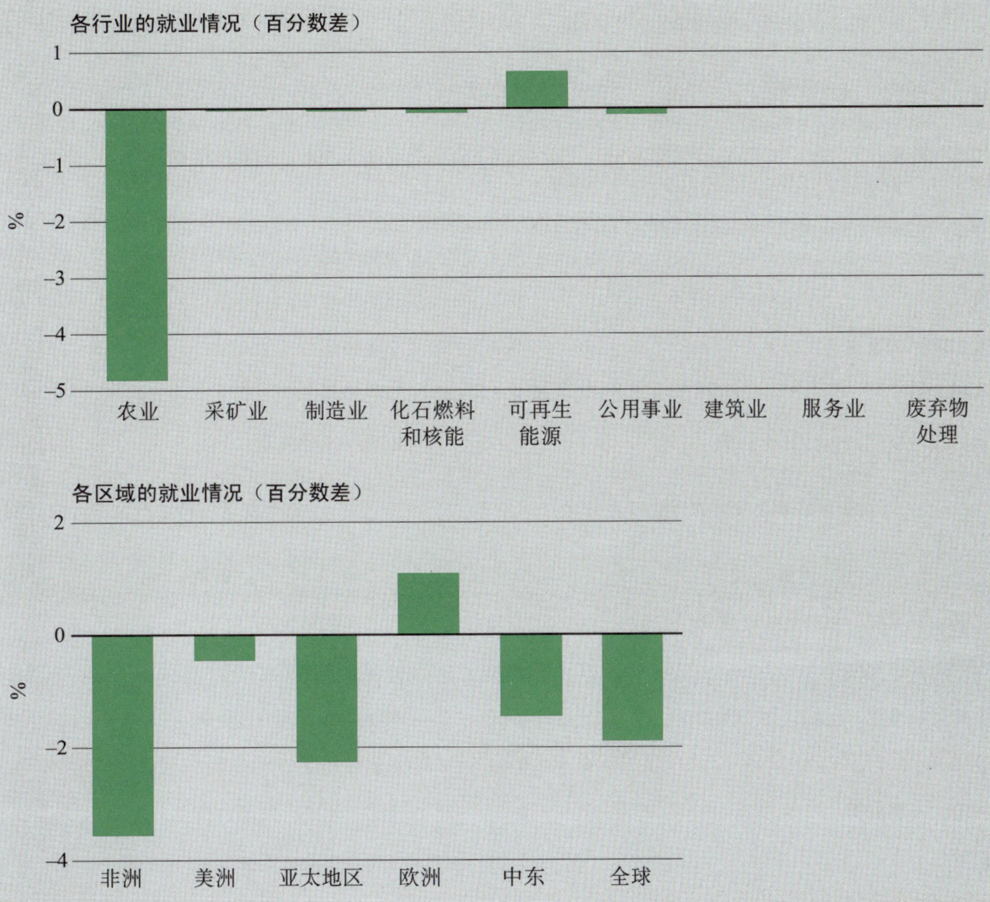

各行业的就业情况（百分数差）

[柱状图：农业、采矿业、制造业、化石燃料和核能、可再生能源、公用事业、建筑业、服务业、废弃物处理]

各区域的就业情况（百分数差）

[柱状图：非洲、美洲、亚太地区、欧洲、中东、全球]

注：农业的可持续性被定义为：在发展中国家和新兴国家实施保护性农业，而在发达经济体中采用有机农业。2030 年的就业百分数差是针对以下两个情境进行的比较：（1）发达国家中 30% 的农业生产是有机生产，发展中国家和新兴国家中 30% 的农业生产来自保护性农业，（2）国际能源署的 6℃（基准）情境。附录 2.1 提供了更多有关所使用数据和方法的方法论详情。纵坐标因面板而异。

资料来源：国际劳工组织基于 Exiobase v3 的计算。

上，再采用充分的作物、土壤、虫害、营养和废弃物管理技巧，保护性农业和有机农业是可以实现可持续性的。本节探讨了发展中国家和发达国家实践有机农业的情境。在这一情境下，到 2030 年，各国上述可持续性农业形式的产出将不断增长并达到其总产出的 30%。① 如上所述，由于数据限制，这一情境未对农业实现可持续性所需的其他变革的影响加以探讨。②

图 2.2 说明了发展中国家采用保护性农业、发达国家采用有机农业这种农业转型将如何导致全球除欧洲之外所有区域的就业岗位减少。这在很大程度上是因为在实施保护性农业且农业工作者所占比例较高的区域，保护性农业的劳动力需求较低。在这种喜忧参半的情境下，所需的工作岗位比基准情境大约减少了 1.2 亿个（在上

---

① 鉴于传统农业、保护性农业和有机农业产出之间的价格差异，大规模向有机农业转型可能会限制实现粮食安全方面的进展。发展中国家有机农业的大量有机产品被出口至发达国家，而非用于本地消费。

② 附录 2.1 提供了分析中所使用的保护性农业和有机农业与传统农业的投入比总结。

第 2 章　绿色经济中的就业以及工作者和雇主的职责

表 2.3

受可持续农业转型影响最大的行业

就业需求增长最大的行业（绝对）		就业需求下降最严重的行业（绝对）	
行业	工作（百万个）	行业	工作（百万个）
家禽饲养业	0.6	蔬菜、水果、坚果种植业	-83.1
养猪业	0.5	水稻种植业	-8.3
养牛业	0.5	作物种植业，不另分类	-7.8
研发	0.2	谷类种植业，不另分类	-6.2
太阳能光伏发电	0.2	小麦种植业	-5.5
肉用家畜	0.1	油籽种植业	-4.4
食物废料堆肥，包括土地利用	0.0	植物纤维种植业	-4.1
就业需求增长最大的行业（百分比）		就业需求下降最严重的行业（百分比）	
行业	工作（%）	行业	工作（%）
食物废料堆肥，包括生物处理场	0.12	甘蔗、甜菜栽培	-0.08
太阳能光伏发电	0.06	植物纤维种植业	-0.08
食物废料堆肥，包括生物处理场	0.05	作物种植业，不另分类	-0.08
养牛业	0.01	水稻种植业	-0.07
发电，不另分类	0.01	蔬菜、水果、坚果种植业	-0.07
研发	0.01	谷物种植业，不另分类	-0.07
家禽养殖业	0.00	小麦种植业	-0.06

注：农业的可持续性被定义为：在发展中国家和新兴国家实施保护性农业，在发达经济体采用有机农业。2030 年的就业百分数差是针对以下两个情境进行比较：（1）发达国家中 30% 的农业生产是有机生产，发展中国家和新兴国家中 30% 的农业生产来自保护性农业；（2）国际能源署的 6℃（基准）情境。附录 2.1 提供了更多有关所使用数据和方法的方法论详情。

资料来源：国际劳工组织基于 Exiobase v3 的计算。

述两个情境下的就业存在 -1.9% 的差异）。这意味着农业部门的工作岗位减少了大约 4.8%，其中主要岗位损失发生在非洲（-3.5%，相当于减少了 2000 多万个工作岗位）和亚太地区（-2.2%，相当于减少了 1 亿个工作岗位）。这会导致工薪就业的下降，但是也可以为小农场主和家庭农场提供机会，因为其工作者可以寻求其他机会并实现其家庭收入的多元化。如果辅之以充分的产业和技能政策，非洲和亚太地区工作岗位的减少可以释放劳动力，维护促进结构性转型的政策（见第 3 章至第 5 章；ILO，2005；Salazar - Xirinachs, Nübler and Kozul - Wright, 2014）。与此相反，在发达国家采用有机农业将吸引更多劳动力加入此行业，从而使欧洲的农业就业人口增长 1.1%。表 2.3 列出了采用保护性农业和有机农业之后，受影响最大的行业。

鉴于保护性农业和有机农业与其他经济部门（如与保护性农业相关的采矿业、化肥生产、虫害控制和机械设备，以及与有机农业相关的有机化肥和虫害控制体系）之间的关联性，促进农业的可持续性将在与上述农业体系具体投入的生产、分销和销售相关的行业中创造就业机会。例如，推动农业的可持续性将促进废弃物管理、建筑业、可再生能源和服务业中的就业。

保护性农业和有机农业均可以促进环境的可持续性，如降低农业部门的温室气体排放。不过，鉴于其产量较低，目前对于有机农业将在多大程度上增加土地资源的压力存在担忧，特别是考虑到2050年粮食、饲料和生物燃料需求将增加50%的情况（FAO，2017）。减少粮食浪费可以减轻对产量的担忧，但这在很多情况下需要改善用于农业产品运输和存储的基础设施。不管采用哪种农业发展路径，农业部门要实现可持续性，必须辅之以适当的营养、作物和废弃物管理。

此外，促进可持续性可导致农村经济发生重大变化，要求密切关注并制定补充性政策，如国际劳工组织2015年《向人人享有环境可持续经济和社会公正转型的指导方针》中所概述的政策，以确保转型的公正并能够创造体面工作。

推进循环经济的发展也将创造就业机会

除了能源行业和农业之外，第1章还说明了采矿业和制造业等资源密集型行业在迈向可持续性发展的道路中将经历怎样实质性的变化。当前的模型具有线性特征：开采、制造、使用和处置。而作为替代选择的循环经济是基于生产—使用—服务—再利用的原则，其宗旨之一是减少原材料的开采，转而依赖再利用、修复和回收。在循环经济中，产品被设计成具有更长的使用寿命，而且可以进行修复、再利用和回收。通过改变激励结构，鼓励企业生产更多耐用品，或者在不能再使用的时候可作为其他生产流程投入品，循环经济将产品、部件和材料维持在较高的效用和价值水平（Ellen MacArthur Foundation，2013）。鉴于制造业部门之间的内部联系以及投入要素被循环利用的实际情况，在开采和废弃物管理行业中必然将出现就业变化。循环经济还将导致服务业的变化，商品的租赁和维修服务比获得商品的所有权和商品更换更重要（Wijkman and Skänberg，2016）。

我们在图2.3中对这一情境进行了总结。该情境探讨了塑料、玻璃、木浆、金属和矿物质年回收利用率保持在5%的增长水平（从而取代了为生产上述产品而直接从原生资源中提取原料）所产生的就业影响。该情境还对服务型经济的增长进行建模，这种经济形式通过租赁和维修服务，使商品的所有权和更换次数每年下降1%。①

在循环经济情境下，与基准情境相比，全球就业到2030年将增长0.1%。这相当于那些采用了循环经济某些宗旨（如回收利用和服务型经济）的经济体实现了大约600万个就业岗位的增长。服务业和废弃物管理行业的增长带动了就业增长，分别创造了约5000万个和4500万个工作岗位。

上述在循环利用服务等推动下的就业增长弥补了采矿业和制造业的就业岗位损失（这两个行业的就业岗位损失分别约为5000万个和6000万个）。这在很大程度上是由于取代了原生资源的开采，以及通过再生金属、塑料、玻璃和纸浆的循环利用和再处理来生产金属、塑料、玻璃和纸浆。表2.4给出了受循环经济影响最大的行业。

---

① 鉴于材料回收利用性的限制，回收利用率的上限为65%，并在此之后保持稳定。65%的回收利用率与欧盟循环经济一揽子计划相吻合（EC，2015）。正如埃伦·麦克阿瑟基金会（Ellen MacArthur Foundation，2013）所指出的，这一情境仅开发了循环经济的两个维度，而忽略了旨在提高产品耐用性、再制造、复用性和维修等设计变化所带来的潜在影响。

图 2.3

2030 年循环经济和就业

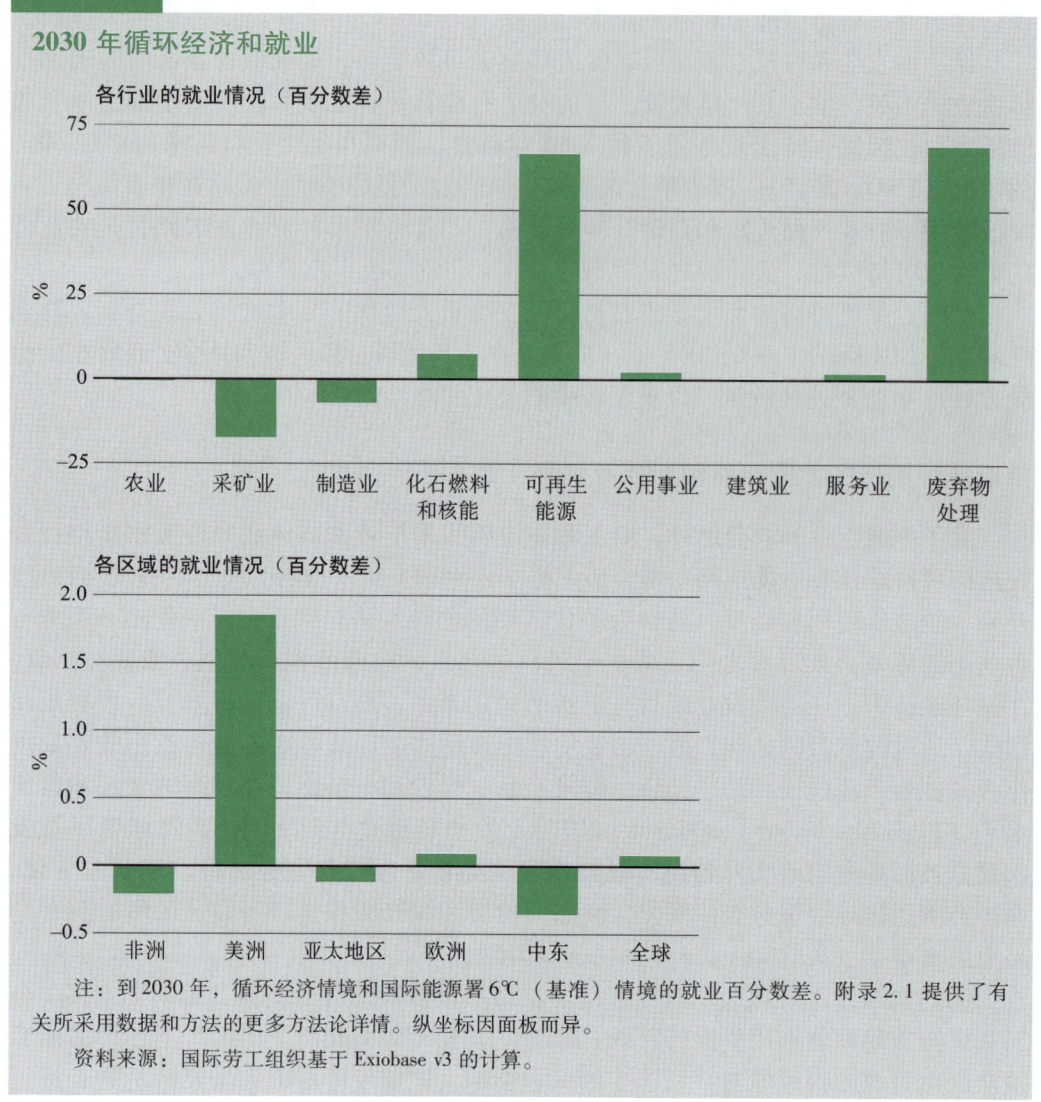

注：到 2030 年，循环经济情境和国际能源署 6℃（基准）情境的就业百分数差。附录 2.1 提供了有关所采用数据和方法的更多方法论详情。纵坐标因面板而异。

资料来源：国际劳工组织基于 Exiobase v3 的计算。

这种部门间的重新分配在不同区域产生了不同的影响，其中就业增长主要是由拉美和加勒比地区（超过 1000 万个工作岗位）和欧洲（大约 50 万个工作岗位）的增长所推动的。与此相反，如果不采取措施促进经济多元化，预计亚太地区（大约 500 万个工作岗位）、非洲（大约 100 万个岗位）和中东（大约 20 万个岗位）将出现就业岗位减少的情况。如果各行业之间的性别分配保持不变的话，通过增加服务业的就业机会，循环经济将提升女性以及高技能工作者的就业占比。不过，这也将导致个体工作者和无报酬家庭帮工人数的轻微上涨，从而凸显出体面工作政策在对促进循环经济的政策予以补充方面具有十分重要的意义。

表 2.4

受循环经济转型影响最大的行业

就业需求增长最大的行业（绝对）		就业需求下降最严重的行业（绝对）	
行业	工作（百万个）	行业	工作（百万个）
将二次钢再加工为新钢	30.8	碱性钢铁和铁合金及其初级产品的制造	−28.2
零售贸易，不含机动车和摩托车；个人和家居物品维修	21.5	铜矿和精矿的开采	−20.8
太阳能光伏发电	14.7	木材以及木质产品和软木产品生产，家具除外；稻草和编织材料制品的生产	−10.2
批发贸易和委托贸易，不含机动车和摩托车	12.2	铁矿开采	−8.0
二次木材再加工为新木材	5.0	玻璃和玻璃制品生产	−7.6
机动车的销售、维护和修理、机动车部件、摩托车、摩托车部件和配件	4.7	煤炭和褐煤开采；泥炭开采	−4.9
研发	3.5	镍矿和精矿的开采	−4.3
就业需求增长最大的行业（百分比）		**就业需求下降最严重的行业（百分比）**	
行业	工作（%）	行业	工作（%）
再生铅再次加工为新的铅、锌和锡	15.0	煤炭发电	−0.9
将再生贵金属再次加工为新的贵金属	11.2	原油开采以及与原油开采相关的服务，不包括勘探	−0.9
太阳能光伏发电	4.9	其他石油和气态物质的提取、液化和再气化	−0.9
将再生铜再次加工为新铜	4.3	石油炼制	−0.8
将再生木材再次加工为新的木材	4.2	天然气生产；气体燃料管道配送服务	−0.8
将再生钢再次加工为新钢	3.1	煤炭和褐煤开采；泥炭开采	−0.8
将再生铝再次加工为新铝	2.7	天然气开采以及与天然气开采相关的服务，不包括勘探	−0.8

注：到 2030 年，循环经济情境和国际能源署 6℃（基准）情境的就业百分数差。附录 2.1 提供了有关所采用数据和方法的更多方法论详情。

资料来源：国际劳工组织基于 Exiobase v3 的计算。

第 2 节　绿色就业

如上所述，向低碳和资源高效型经济转型将导致经济体就业结构的变化，在转型过程中有些工作被破坏，而有些被创建。工作本身也可能转变，要求实现技能转型，这一点我们将在第 5 章中继续探讨。从这个角度看，似乎工作在转型中是在被被动地塑造。但在实践中，就业，尤其是绿色就业，可能成为向绿色经济转型的催化剂，并且其本身可能被视为一项政策目标（ILO，2013a）。本节更加详细地介绍了绿色就业，强调说明它们如何在转型中发挥积极作用。

绿色就业的定义如下：绿色就业减少能源和原材料的消耗、限制温室气体排放、最大限度减少废弃物和污染、保护和恢复生态系统并使企业和社区能够适应气候变化。此外，绿色就业必须是体面的（UNEP，2008）。绿色就业可以存在于任何经济

> **专栏 2.6**
>
> **环境产品和服务部门的工作**
>
> 环境产品和服务是可以直接造福于环境或者保护自然资源的。它们可以是特定的环境服务（如废弃物和废水的管理和处理、节约能源和水资源的活动、保存和保护），以环保作为唯一目的的产品（即在环境保护或资源管理之外没有其他用途，如催化转化器、化粪池、可再生能源生产技术的应用），或者经过改进之后变得更为洁净或更具资源效率的产品（如排放更低的公共汽车）。
>
> 对环境产品和服务部门工作数量的估计值可能存在差异，因为并非所有定义都是完全一致的。不过，估计值显示，2013 年该部门就业人数占欧盟（欧盟 28 国）总就业人数的 2.0%，所雇用的员工人数为 410 万人。在美国，该比例为 2.6%（Elliott and Lindley, 2017; Eurostat, 2017; ILO, 2013b, 2014; NSO, 2017）。

部门和任何企业，其中包括环境产品和服务部门（见专栏 2.6）。农业部门为绿色就业的创造提供了许多机会，尤其是那些促进原住民和部落民族传统实践，推动可持续性的绿色就业（见专栏 1.2）。最重要的是，绿色就业可以推动向绿色经济的转型（ITC – ILO, 2016）。

在全球范围内，对绿色就业数量的衡量工作较为缺乏。欧盟（Eurostat, 2017）、美国（Elliott and Lindley, 2017）和英国（ONS, 2017）曾做出了一些努力，但是其工作是基于不同的定义，所以可能不具有可比性。这些工作通常仅侧重于环境产品和服务，因此无法涵盖所有类型的绿色就业，如遗漏掉了可改善某一行业中企业生产工艺环境影响的工作。① 某些国家对绿色就业的定义也常常将体面工作要素排除在外；忽略绿色经济的关键因素增加了对不同预估值进行比较的难度（例如，见 BLS, 2010）。

2013 年，第 19 届国际劳工统计学家会议通过了可克服上述限制的环境部门和绿色就业统计指南（ILO, 2013b）。之后，国际劳工组织开发了调查工具并引领指南的具体实施工作。在阿尔巴尼亚（ILO, 2014）和蒙古（NSO, 2017）开展的试点调查中，所采用的数据为环境产品和服务部门的就业范围和绿色就业及其特征提供了初步洞察。

例如，2016 年，蒙古环境部门的就业人数估计达到了 374100 人，其中 233500 人从事环境产品生产，341500 人从事环境过程相关工作（一些工作者可能同时从事环境产品和环境过程相关工作）。在环境行业的 374100 个工作岗位中，有 112300 个（占环境行业就业的 30%，或总就业的 9.9%）为绿色就业，因为这些工作同时也是体面工作，可以享受社会保障计划。从工资的角度看，环境行业中的 196800 个工作岗位（占环境行业就业的 53%，或总就业的 17.4%）可被视为绿色就业，因为这些工作支付体面的工资（即，这些工作支付的工资超过工资中位数的 2/3）。

国际劳工组织支持各国政府、雇主和工作者促进向人人享有环境可持续性经济和社会公正的转型。继 2015 年举办可持续发展、体面劳动和绿色就业专家三方会议之后，国际劳工组织理事会在 2015 年第 325 次理事会会议上通过了《向人人享有环境可持续经济和社会公正转型的指导方针》。国际劳工组织开始在乌拉圭和菲律宾（见专栏 2.7）以及加纳开展的活动中使用这一指导方针。指导方针基于社会对话，

---

① 美国劳工统计局将绿色就业定义为那些与环境产品生产和服务，以及在企业内部促进环境友好的与生产工艺相关的工作（BLS, 2010）。在美国，仅对环境产品和服务部门的工作进行衡量。衡量绿色就业的工作已经在持续减少（BLS, 2013）。

专栏 2.7

乌拉圭和菲律宾实现公正转型的实施指南

乌拉圭日益注重落实可持续发展目标以及应对气候变化的行动。该国目前正在积极推动向绿色经济的公正转型。因此，乌拉圭于 2015 年通过的体面工作国别计划（DWCP）强调了生产性发展对促进企业发展和创造就业的重要性。国际劳工组织开展的首次绿色就业评估对该国目前存在的绿色工作及其对 GDP 的贡献进行了估算，并将其作为促进绿色就业创造举措的基线。乌拉圭也认识到在国家层面上创造绿色就业所存在的机会和不足。全国性的研究结果表明，绿色工作与促进环境保护、确保竞争力提升以及向更加环保的经济转型具有相关性。

菲律宾非常易于受到极端天气事件以及其他长期气候风险的影响。气候变化对该国经济、可持续发展、社会正义和国家安全所产生的长期影响几乎是必然的。2016 年 4 月，菲律宾政府通过了《绿色就业法案》，旨在利用结构性变革流程实现向可持续且能抵御气候变化的低碳经济发展，大规模创造体面就业机会。

乌拉圭于 2016 年开始试点实施指导方针，并制定了两个主要的目标。首先，在保护自然资源、确保体面工作和社会福祉的同时，创造就业。其次，制定一个干预模型，供其他国家和利益相关者在实施指导方针和采用绿色就业战略时遵循。与三方利益相关者的磋商、针对可再生能源行业的研究和通过培训活动进行能力培养将促进指导方针的落实。

在菲律宾，指导方针的实施采用了一种双重模式。首先，通过绿色就业评估、分析性研究、能力建设和宣传，可以制定各种方法来创造可持续企业和体面工作，并确保社会福祉。其次，技术工作小组以及三方合作已经在行业、企业和地方层面上开发了干预模型，其中包含能力建设活动，使所有利益相关者可以展示与公正转型相关的举措。上述活动促进了对绿色工作的衡量、建模和政策制定，这些成果展示给了所有利益相关者并得到了确认，并作为制定框架和具体政策的基础。这些实证性活动提高了利益相关者和公众的认识。最后，在行业、部门和地方各级开发并测试了公正转型的干预模式。

利用瑞典国际发展合作署所提供的资金以及国际劳工组织所提供的其他资金来源，在乌拉圭和菲律宾所开展的指导方针实施试点迄今已经建立了三方项目指导委员会以及全国性对话，以便基于绿色工作对社会的贡献来确定优先级、制定项目战略和预期成果。

在乌拉圭，试点实施促进了下列活动：（1）部门研究，主要侧重于国家可再生能源政策对就业的影响；以及柑橘种植行业的绿色工作研究，以了解预期变化、挑战和机会；（2）能力建设活动，为利益相关者提供项目实施指导、绿色工作知识和对其的了解，以及促进绿色工作创造的可能战略和政策；（3）与联合国环境署以及德国国际合作机构（GIZ）等其他机构开展合作，以及通过研讨会的形式开展区域合作。

在菲律宾，试点实施也取得了如下成果：（1）加强了社会伙伴和其他利益相关者对通过可持续发展、体面工作和绿色就业向绿色经济转型的必要性的理解；（2）将公正转型框架纳入《绿色就业法案》的实施细则和条例之中，同时制定《绿色就业人力资源开发计划》，以确保以包容性和公正的方式实现向可持续经济的转型；（3）将公正转型问题以及促进绿色就业整合至国家的框架和政策之中。

针对各个国家提出了一套均衡性政策举措，以便通过为企业制定适当的激励机制以及为工作者提供保障来促进向环境可持续经济和社会转型。国际劳工组织还与英国国际发展部（DfID）、联合国环境署、联合国人居署以及肯尼亚纳罗克和卡贾多马赛族牧民社群的县级政府合作，以降低面对气候风险的脆弱性并改善民生和生活水平。该项目通过创建建筑行业的绿色工作使牧区妇女受益，同时提高了社区的环境适应性并促进了减贫。① 国际劳工组织还参与了欧洲—地中海绿色就业项目（EGREJOB），该项目汇集了意大利、黎巴嫩、西班牙和突尼斯的机构和协会，旨在发展绿色经济。

第3节　绿色企业：转型中的关键角色

企业可以引领绿色经济

企业是经济增长和就业的主要来源（ILO，2017）。它们是引导和保持向资源高效型低碳经济转型的关键角色，因为它们在整个价值链中是创新、新技术采用、融资、战略前景、合约以及应对环境挑战所需专门技术的源泉（ILO，2013a；ITC – ILO，2016）。这一角色已经获得了国际社会的认可，比如通过《可持续证券交易所倡议》（SSE，2016）以及国际劳工组织的绿色就业和可持续发展企业计划（ILO，2013a；ITC – ILO，2016）；以及通过企业本身，如世界可持续发展工商理事会（WBCSD，2010）以及共益企业（B – corps）等认证计划（Chen and Kelly，2015）。

本节强调了企业如何受益于稳定的自然环境和面对环境退化所带来的风险，展现了成为绿色企业对企业的意义，可持续性对企业的商业意义，以及对整个价值链所产生的影响和对中小微企业构成的具体挑战。不过，尽管企业迄今所采取的自愿行动是受欢迎的，但这还不足以确保环境的可持续性。这意味着需要政府提供总体方向、目标、指导、激励、规范、监督和执行（Gunningham and Holley，2016）。正如我们在第3章中所讨论的，社会对话和集体协议可以帮助企业实现可持续性。

企业得益于稳定的自然环境

企业受益于可预测的、可持续的自然环境，也受益于自身的可持续发展（ILO，2007）。如第1章所述，环境退化可能导致维持经济活动的生态系统服务的丧失。生态系统服务实际上是企业投入，而其中许多服务是没有定价的。此外，人为引起的气候变化加大了自然灾害的发生频率和强度，这给企业带来了不确定性，并通过扰乱运营和供应链推高了直接成本。这些成本是企业在土地流转、土地退化、水资源可得性、生物多样性丧失、化学品暴露和废弃物处置方面所承担的额外成本。

例如，仅在与水资源相关的环境问题上，碳排放信息披露项目（CDP）所调查的公司中超过半数在2016年出现了由与干旱相关的能源和水资源成本上升所引起的营业成本增加，或者受到了与水资源不可持续使用相关的罚款和处罚（CDP，2016a）。② 在与森林砍伐相关的活动中，接受调查的公司中有4/5都受到过与森林风险商品相关的影响，其运营、收入或支出在过去5年里均受到了影响。对于直接或间接从事大豆、棕榈油、木材和牛的生产与贸易的公司而言，森林砍伐也成为一

---

① 项目信息见：http：//www.ilo.org/global/about-the-ilo/newsroom/features/WCMS_554979/lang -- en/ index.htm。
② 碳排放信息披露项目（CDP）水资源计划调查了1252家大型公司，以收集有关其管理和治理淡水资源情况的信息。这些公司是通过摩根士丹利资本国际全球指数进行遴选的。大约有一半的目标公司回答了问卷（CDP，2016a）。碳排放信息披露项目森林计划调查了821家全球公司，收集相关信息，了解他们如何管理和缓解与导致森林砍伐的四种商品（木材产品、棕榈油、大豆和牛产品）的采购或生产相关的风险。大约1/4的公司（201家）回答了问卷（CDP，2016b）。

个关键问题。他们依靠森林砍伐来扩大生产，这可能导致栖息地丧失、温室气体排放和社会冲突等问题，使供应商和客户承受负面影响（CDP，2016b）。来自技术、食品、石油、化工、制药、零售、消费品、电力和采矿等行业的大型跨国公司担心不稳定的环境会对他们的业务造成影响，因此对《巴黎协定》表示支持（C2ES，2017）。[1]

环境退化给企业带来了更大的风险

表2.5借鉴联合国环境规划署的研究（2013）概述了当前环境趋势对企业的影响。尽管一些市场机会来自环境退化（例如，对于从事退化土地恢复的企业），但大部分影响都与多数企业的利益背道而驰。

表 2.5

环境退化的商业影响

环境趋势	对企业的影响
温室气体排放和气候变化加剧	有利于低碳产品的市场转变；运营和供应链中断；能源、食品和其他大宗商品成本上涨；改变生产和运输模式，以适应本地情况
恶劣天气事件增加	运营和供应链中断；运营和材料成本增加；公共基础设施遭到破坏；对重建服务的需求增加
土地流转	城市扩张产生新兴市场和市场增长；限制使用陆地资源；生态系统服务丧失；耕地竞争；保护重要自然资源的压力越来越大
水资源可得性下降	节水产品获得新市场；由于缺水限制增长；运营和供应链中断；因供水有限而与其他利益相关者发生冲突；用水成本增加
水污染加重	对污染控制装置和系统的需求增加；水处理成本增加；水质规定更为严格；对医疗保健服务的需求增加以应对健康的影响
生物多样性丧失	市场、声誉和监管压力增加以减少对生物多样性的影响；增加了成本且降低了稀缺资源的可得性；减少了新产品突破的机会；限制土地的获得
化学品接触增加	市场转向环保可持续产品；产品使用限制；监管部门、客户和公众要求提高透明度的压力
废弃物增多	回收/再利用电子废弃物和其他形式的废弃物的市场机会不断增加；监管部门和客户减少/管理废弃物的压力不断加大；未管制的废弃物造成声誉损害
工作事故和疾病增多	由于对工作者的补偿，工伤津贴和缴款的成本增加

资料来源：ITC–ILO，2016，基于UNEP，2013。

企业认识到其运营、收入或支出所面临的风险，同时也发现了接受向资源高效型低碳经济转型所带来的机会。与气候变化相关的碳排放信息披露项目数据表明，2016年几乎所有的企业都认识到气候变化监管、气候变化物理参数或其他气候相关发展所带来的风险和机遇。2010年的情况则未必如此，当时只有大约80%的企业认识到了这种风险和机遇（见图2.4）。

---

[1] 2017年4月26日，苹果、必和必拓、英国石油、杜邦、通用磨坊、谷歌、英特尔、微软、国家电网、诺华公司、宝洁、力拓矿业、施耐德电气、壳牌、联合利华和沃尔玛向美国总统发出公开信，敦促美国继续留在《巴黎协定》。这些公司认识到气候变化的代价以及绿色经济所带来的经济和就业机会。他们认为，《巴黎协定》提供了一个稳定和实用的框架，使他们能够形成竞争，规划未来的投资，并降低未来的气候影响（C2ES，2017）。

第2章 绿色经济中的就业以及工作者和雇主的职责

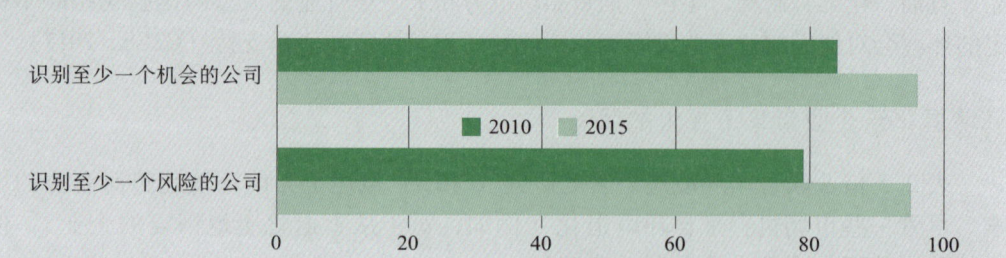

图 2.4

识别气候变化带来的至少一个机会或风险的公司，2010—2015 年（单位：%）

注：结果基于 2010 年和 2015 年采用 FactSet 中的信息向碳排放信息披露项目汇报的 760 家企业。附录 2.3 提供了更多有关样本公司的信息。企业被问到是否存在由下列因素产生的与气候变化相关的风险和机会：（1）物理气候参数；（2）监管变化；（3）其他与气候相关的发展变化。其中包括，如：（1）自然资源可得性以及降雨和温度规律的变化；（2）碳税、能源税、排放交易计划、排放法规和国际协议；（3）不断变化的消费者行为和波动的社会经济状况。

资料来源：国际劳工组织基于 2015 年碳排放信息披露项目数据的计算。

对企业而言，走向绿色意味着采用绿色产品、绿色服务和/或绿色流程和技术

为了把握与绿色经济转型相关的机遇，企业需要采取可持续的商业模式，进而要求考虑三重底线方法，在这种方法中，不能只考虑利润，还应考虑社会和环境结果（Bocken et al.，2014）。同时考虑上述三种成果的企业，其发展方向是生产和提供积极促进环境可持续性的产品和服务（绿色产品和服务）和/或采用环境可持续性的工艺（绿色工艺）（ILO，2013a；ITC – ILO，2016）。环境管理系统，如 ISO 14000 和欧盟生态管理和审计计划（EMAS）可以指导企业采用绿色工艺（ITC – ILO，2016）。此外，应用区块链技术可以维持信任，确保可追溯性，并推动矿业、林业、渔业和林业等特定行业的企业和生产朝着可持续性的方向发展（Chapron，2017）。

企业已经开始将增长与温室气体排放脱钩。与国家一样（见第 1 章），企业经济活动的增长无须与更多的排放相关联。正如下文所述，这是因为可持续性具有商业意义。在 2010 年和 2015 年，大约 760 家企业向碳排放信息披露项目披露了他们的排放情况，可在 FactSet 上找到他们的销售和就业信息。① 在这 760 家企业中，22% 的企业实现了销售增长，并减少了温室气体排放（见图 2.5）。然而，大量企业的经济活动依然与排放挂钩。31% 的企业在销售增长的同时，温室气体排放也在增加，而 28% 的企业在减少排放的同时，其销售也出现了下降。②

拥抱环境可持续性具有商业意义

向环境可持续性的转型在多大程度上可以与当前的企业盈利模式互补，以及是否需要其他的商业模式，这是争论的关键点。对于一些人而言，尽管所付出的努力是受欢迎的，但如果不能增加收入和利润，最终将会失败（Unruh et al.，2016）。的确，企业需要适当的价格信号、监管和命令来实现可持续性（Strand and Toman，

---

① 附录 2.3 根据行业、规模和区域，提供更多有关碳排放披露项目、FactSet 以及两项调查所涵盖的企业类型的信息。

② 一些公司的销售额下降，但温室气体排放却在增加，这一情况可能是由资本密集型企业推动的，因为其能源需求可能不那么依赖于销售。

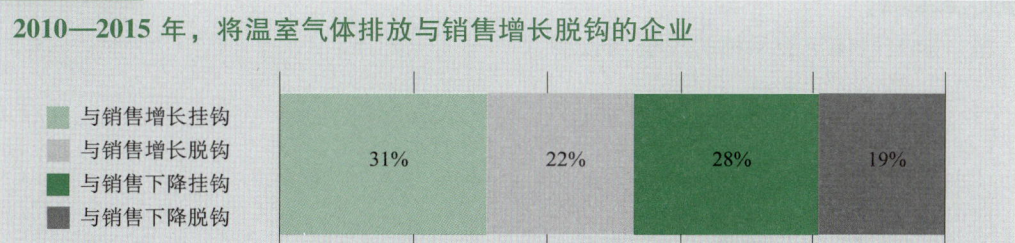

图 2.5

2010—2015 年，将温室气体排放与销售增长脱钩的企业

注：与销售增长挂钩的企业是指那些销售额和温室气体排放均上升的企业。与销售增长脱钩的企业是指那些同时实现销售增长和温室气体排放减少的企业。与销售下降挂钩的企业则同时经历了销售额的下降和温室气体排放的减少。与销售下降脱钩的企业的销售额下降，但温室气体排放却在增加。结果基于 2010 年和 2015 年采用 FactSet 中的信息向碳排放信息披露项目汇报的 760 家企业。附录 2.3 提供了与样本中公司相关的更多信息。

资料来源：国际劳工组织基于 2015 年碳排放信息披露项目和 FactSet 的计算。

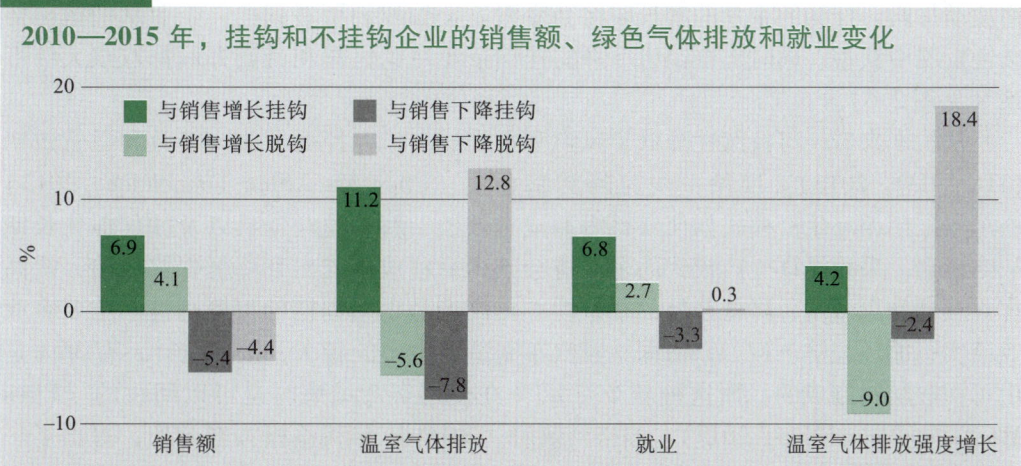

图 2.6

2010—2015 年，挂钩和不挂钩企业的销售额、绿色气体排放和就业变化

注：与销售增长挂钩的企业是指那些销售额和温室气体排放均上升的企业。与销售增长脱钩的企业是指那些同时实现销售增长和温室气体排放减少的企业。与销售下降挂钩的企业则同时经历了销售额的下降和温室气体排放的减少。与销售下降脱钩的企业的销售额下降，但温室气体排放却在增加。结果基于 2010 年和 2015 年采用 FactSet 中的信息向碳排放信息披露项目汇报的 760 家企业。附录 2.3 提供了与样本中公司相关的更多信息。

资料来源：国际劳工组织基于 2015 年碳排放信息披露项目和 FactSet 数据的计算。

2010）。当前，走向绿色发展具有商业意义（Unruh et al., 2016），尤其是在致力于可持续性发展的品牌的消费品的销售增速快于其他品牌产品，而且越来越多的消费者愿意为可持续性产品支付溢价的情况下（Nielsen, 2015）。

将增长和温室气体排放脱钩并不会限制企业的增长能力。2010—2015 年，那些将销售增长与温室气体排放脱钩的企业实现了 4.1% 的年销售增长和 2.7% 的年就业增长。但是，在此期间，那些销售增长与温室气体排放挂钩的企业在销售额和就业方面增长更快，达到 7% 左右（见图 2.6）。[①] 虽然如此，从长远来看，由于能源价

---

① 通过回归模型将行业、区域、年龄和企业规模纳入考量后，图 2.6 中的结果基本保持不变。

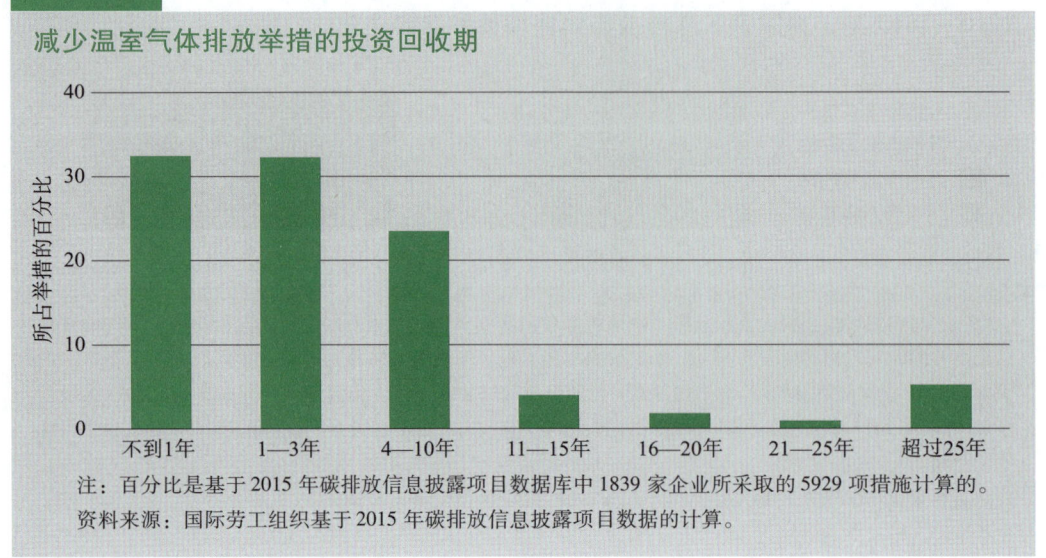

图 2.7

减少温室气体排放举措的投资回收期

注：百分比是基于 2015 年碳排放信息披露项目数据库中 1839 家企业所采取的 5929 项措施计算的。
资料来源：国际劳工组织基于 2015 年碳排放信息披露项目数据的计算。

格波动加剧，挂钩的企业的增长率将会变慢。正如我们所看到的，企业从拥抱可持续性发展中获益，同时那些销售下降的挂钩企业在销售额和就业方面都双双大幅下跌（见图 2.6）。

从长期来看，可持续性降低了风险和资本成本，并提高了收入绩效和运营效率（ITC – ILO，2016）。埃伦－麦克阿瑟基金会（Ellen MacArthur Foundation，2013）展示了采用循环生产模式如何获得短期成本效益、新的盈利工具以及如何抓住长期战略机遇。采用循环生产模式的企业将会减少材料成本支出和降低保修风险，提高客户互动和忠诚度，降低产品的复杂性并提高产品生命周期的可管理性。主要企业业已实行循环经济。例如，法国一家汽车制造商生产的新车，按重量计，有 36% 是由可回收材料制成的，而这种新车有 85% 在使用寿命结束时是可以回收的（Ellen MacArthur Foundation，2017）。苏格兰政府（2016b）与利益相关者合作，提出了一个框架，旨在预防浪费以及促进新的设计理念，以延长产品的使用寿命并实现再利用、维修和回收。

现有的技术和基础设施意味着，目前投资清洁工艺是具有成本效益的（Ellen MacArthur Foundation，2013）。例如，在减少温室气体排放的背景下，投资绿色产品和服务以及绿色流程具有商业意义。在 2015 年向碳排放信息披露项目报告的企业中，有 1839 家企业正在实施 5929 项减少温室气体排放的举措，总投资达到 1039 亿美元。上述举措包括但不限于提高制造过程、运输或建筑物的能效或安装低碳能源设施。60% 以上的企业的投资回收期不到 3 年，80% 以上的企业的投资回报期不到 10 年。投资回报是与投资相关的储蓄和销售增长的结果（见图 2.7）。

获得更大商业利益的潜力是巨大的，适用于整个价值链

投资者们日渐意识到走向绿色环保的商业价值。他们还将可持续性作为有效管理的指标。有 3/4 的投资者认为，在做出商业决策时，可持续性至关重要（Unruh et al.，2016）。

绿色发展的商业价值超越了特定的企业，它涵盖整个供应链。从事环境可持续实践的企业应考虑其作为生产者和消费者的双重角色（ITC – ILO，2016）。Golicic

和 Smith（2013）发现，要求其供应商采取良好环保实践的企业可实现更优的绩效。

虽然对于大多数企业而言，采用环境可持续实践的商业价值是显而易见的，并且受到投资者的重视，但企业往往认为投资者对可持续性方面的表现并不是很感兴趣（Unruh et al.，2016）。尽管绝大多数受访企业（90%）认为，采用可持续性发展战略对保持竞争力很重要，但只有60%的企业在实践中采用了这种战略，只有1/4的企业明确指出了采用可持续战略的商业价值。消费者对这种举措的需求明显不足，在成本效益分析中难以量化可持续性的无形效应，规划和预算周期的短期思维和资源不足，所有这些因素都大大限制了企业解决可持续性问题的能力（同上）。通过价格激励和监管，公共政策可以帮助确保所有企业都欣然接纳可持续性。

关于可持续性的态度和实践之间的这种不匹配也与环境风险有关，环境风险可能被视为个体风险，而不是企业全面风险管理战略的一个组成部分（CDP，2016b）。第3章研究了工会参与、社会对话和集体协议如何推动企业采用可持续性战略。

当支持转型的公众努力滞后时（由上至下的方法），企业可带头支持转型（由下至上的方法）。例如，澳大利亚尽管在21世纪初采取了经济脱碳措施，但最近公众的努力有所减弱。在此背景下，一些公司已经主动放弃了以煤炭为主的能源。相关例证包括：澳大利亚的一家公用事业公司制定计划，在2050年之前实现发电行业的脱碳；一家澳大利亚太阳能厂商努力将出产煤炭的拉特罗布山谷转变为一个电池生产和回收中心；还有一家澳大利亚公司为房屋所有者提供商业机会，使其安装太阳能电池板并将电力出售给租户（Huon et al.，即将发表）。

在实现可持续发展方面，中小微企业面临着具体的挑战

大多数研究、关注和行动都集中在大型企业上。事实上，目前针对大型企业的行动是有效的，因为一些企业的行动在减少排放和环境退化方面可以大有作为，尤其是，如果这些举措涉及它们的整个价值链。2015年，向碳排放信息披露项目报告的1839家企业的排放量占全球总排放的11%左右。

然而，在全球范围内，中小微企业数量占总企业数的90%以上，尽管它们的个体能源消耗可能较小（引申来看，其个体排放和对环境的影响较小），但是它们的综合影响是可观的。中小微企业总共消耗了全球能源总产量的13%以上（IEA，2015）。中小微企业在实现环境可持续性工艺或向绿色产品和服务转型方面速度较慢。国际能源署（2015）强调，在只有相对较少或没有投资的情况下，提高能源效率可能是中小微企业减少温室气体排放的最有效途径。中小微企业对促进环境可持续性和推动农村经济中的正式就业来说特别重要。

中小微企业参与环境可持续发展受到诸多因素的限制，包括成本增加、意识不足、自愿做法不直接产生商业利益以及客户对其环境影响不感兴趣等（Aykol and Leonidou，2015；Hillary，2000）。事实上，即使存在针对中小微企业的可持续管理工具，它们也很少被采用（Johnson and Schaltegger，2016）。与大型企业相比，中小微企业获得融资的机会较少，这通常限制了其增长和采用环境实践的能力（Hoogendoorn，Guerra and van der Zwan，2015）。非正式性可能是中小微企业的另一个限制因素，例如，它们被排斥在公共激励政策之外（如能效补贴），其员工无法参加培训和技能培养项目，也被排除在社会对话之外。如第3章和第5章中深入研究的那样，社会对话和技能培养是促进向环境可持续性社会公正转型的关键因素。《关于从非正规经济向正规经济转型建议书》（2015，第204号）包含指导方针，可帮助各国制定政策，以促进这一举措的实施。

合作商业模式在应对可再生能源行业的某些挑战方面可以发挥作用，尤其是通过社区推动的举措，为所有人获得经济洁净的能源提供支持。合作社在能源生产、供应和配送方面具有许多竞争优势，包括社区对能源生产和使用的民主管理、创造当地就业和促进当地发展的能力以及合理定价（ILO，2013c）。响应能源生产和分配民主化要求的能源合作社在世界各国都普遍存在，从哥斯达黎加和孟加拉国的农村电力合作社、巴西和芬兰的生物质生产厂到丹麦和阿根廷的光电合作社，不一而足。

这种积极势头需要加强

大型企业已经采用了一些工具来推动减少温室气体排放的举措，其中包括自愿的内部碳定价机制、参与排放交易计划和更广泛的减排投资战略。但此类举措通常是针对自主确定的减排目标设定的，即便达成了这些目标，相对于国际社会设定的2℃目标来说，这些公司也仅实现了1/4的减排量，同时这也低于1.5℃目标。总体而言，自主确定的目标仅相当于私营部门潜在减排的1/10（CDP，2016c）。宏观经济政策（ILO，2015）和基础设施投资（OECD，2017）可以提供必要的价格信号、激励机制、监管和商业环境以改进所采取的措施，实现1.5℃目标或2℃目标。

企业行动要取得成果，就需要制定政策。在20世纪90年代，依靠信息披露、社会许可和价格信号来指导营利活动和其他自愿计划，对企业采取环保实践的激励有限。明智的监管可以增强现有企业实现可持续性的动力，并在其他情况下激发必要的积极性（Gunningham and Holley，2016）。在美国，对每吨二氧化碳当量排放征收40美元税收，再加上边境税的调整，这些举措有助于实现《巴黎协定》目标、降低排放监管负担并提高大多数公民的福祉（Bailey and Bookbinder，2017；Baker et al.，2017）。如第3章、第4章和第5章所述，定价外部性和生态系统服务、环境管制、社会保障、技能和融资获取可以为企业和整个经济的绿色发展铺平道路。

结束语

第1章指出，从就业的角度来看，向低碳和资源高效型经济的转型迫在眉睫。本章提出，实现环境可持续性可以为经济体带来更多的工作岗位。尽管存在部门与部门之间的重新分配，但实现可持续性并不会在整个经济层面上破坏就业。如果能源部门实现可持续性并采用循环经济的某些原则，就有望创造净就业机会。这表明，企业实行可持续性发展具备合理的商业价值。与第1章一样，本章也论证了促进环境可持续性的可持续性发展目标可以与粮食安全（可持续发展目标2）、洁净能源（可持续发展目标7）和人人享有体面工作（可持续发展目标8）兼容。

实际上，到2030年，根据国际能源署的情境，如果能源使用更高效，并且来自可再生能源而非化石燃料，如果电动汽车销售达到预测且所节约的能效均被用于投资建筑物能效，那么预计将产生1800万个就业机会。这种净就业创造掩盖了经济的一个重要结构调整，化石燃料部门和相关行业以及严重依赖这些部门和行业的地区预计将出现就业损失。

如果农业实现可持续性，类似的转型将对整个经济产生影响，而其效果取决于所采取的可持续性路径。对于某些地区，尤其是在发达国家，转型可能涉及采用有机农业。对于其他地区而言，尤其是在发展中国家，一个有利于创造体面工作和粮食安全的可持续发展道路可能意味着采用保护性农业。无论在哪种情况下，均需要补充性政策，以确保这些变革增加农业部门的体面工作，同时确保任何就业损失都可以成为指导发展中国家进行结构性转型的机会。

此外，经济活动和就业的重新分配将影响不同的部门，因为一个部门的可持续性会对投入链产生影响。尽管这对所有形式的可持续发展都适用，但在采用循环经济所带来的就业变化中，这一点更为明显。通过产品的再利用、维修、回收和租赁来取代资源的开采和为出售所有权进行的产品生产，就业将从开采和制造转向再加工、废弃物管理和服务。总而言之，这些研究结果表明，实现绿色经济可以增加就业机会。研究结果还强调，要实现转型，就要对失去就业机会的工作者、行业和区域提供支持，同时还要实行激励措施，以确保他们也能推动这一转型。

转型要求各国、各企业和工作者开展全球合作。全球供应链的互联性意味着一个国家的消费和生产同时包含着在其他国家产生的排放和所用的材料（Tukker et al., 2014），这导致不同地区受到了不同的影响。此外，如附录2.2所示，许多环境挑战是全球性的，包括气候变化，尽管它们的起因仅限于少数国家和行业，但其影响将主要体现在中长期，因此当前几乎没有动力去采取行动。转型需要重新思考生产和消费模式，并在一定程度上重新思考社会组织和团结（Maxton and Randers, 2016）。事实上，工作者和企业可通过绿色就业、创新、采用新的技术和生产方式、投资和制定标准在转型中发挥关键作用。在这一领域已经取得了明显的进展，但还不够。这表明，需要一个综合的政策框架来加速工作者和企业的转型。第3章、第4章和第5章更深入地探讨了实现这一全球转型所需的法律框架、社会保障工具以及技能政策。

参考文献

Abraham, B.; Araya, H.; Berhe, T; Edwards, S.; Gujja, B.; Bahadur Khadka, R.; Koma, Y.S. et al. 2013. *The system of crop intensification: Agroecological innovations to improve agricultural production, food security, and resilience to climate change* (Ithaca, NY, SRI-Rice).

Alexandratos, N.; Bruinsma, J. 2012. *World agriculture towards 2030/2050: The 2012 revision*, Agricultural Development Economics Division (ESA) Working Paper No. 03 (Rome, FAO).

Auerbach, R.; Rundgren, G.; Scialabba, N.E.-H. 2013. *Organic agriculture: African experiences in resilience and sustainability* (Rome, FAO).

Aykol, B.; Leonidou, L.C. 2015. "Researching the green practices of smaller service firms: A theoretical, methodological, and empirical assessment", in *Journal of Small Business Management*, Vol. 53, No. 4, pp. 1264–1288.

Bailey, D.; Bookbinder, D. 2017. *A winning trade: How replacing the Obama-era climate regulations with a carbon dividends program starting at $40/ton would yield far greater emissions reductions* (Washington, DC, Climate Leadership Council).

Baker, J., III; Feldstein, M.; Halstead, T.; Mankiw, N.G.; Paulson, H., Jr.; Shultz, G.; Stephenson, T.; et al. 2017. *The conservative case for carbon dividends: How a new climate strategy can strengthen our economy, reduce regulation, help working-class Americans, shrink government & promote national security* (Washington, DC, Climate Leadership Council).

Bocken, N.M.P.; Short, S.W.; Rana, P.; Evans, S. 2014. "A literature and practice review to develop sustainable business model archetypes", in *Journal of Cleaner Production*, Vol. 65, pp. 42–56.

BLS (Bureau of Labor Statistics, United States Department of Labor). 2010. "Notice of comments received and final definition of green jobs", in *Federal Register*, Vol. 75, No. 182, pp. 57506–57514.

—. 2013. *BLS 2013 sequestration information* (Washington, DC).

—. 2017. *National Agricultural Workers Survey* (Washington, DC).

Bowen, A.; Duffy, C.; Fankhauser, S. 2016. *'Green growth' and the new industrial revolution*, Policy Brief, Jan. (London, Grantham Research Institute on Climate Change and the Environment).

—; Kuralbayeva, K. 2015. *Looking for green jobs: The impact of green growth on employment*, Policy Brief, Mar. (London, Grantham Research Institute on Climate Change and the Environment).

Caldecott, B.; Sartor, O.; Spencer, T. 2017. *Lessons from previous 'Coal Transitions': High-level summary for decision makers* (Paris and London, Institut du Développement Durable et des Relations Internationales and Climate Strategies).

Cambridge Econometrics; GHK; Warwick Institute for Employment Research. 2011. *Studies on sustainability issues: Green jobs, trade and labour. Final report for the European Commission, DG Employment* (Cambridge, Cambridge Econometrics).

Cassar, I. 2015. *Estimates of output, income, value added and employment multipliers for the Maltese economy* (Valletta, Central Bank of Malta).

C2ES (Center for Climate and Energy Solutions). 2017. "Top companies urge White House to stay in the Paris Agreement: Letter outlines business case for climate action", press release 26 Apr. (Arlington, VA).

CDP (Carbon Disclosure Project). 2016a. *Thirsty business: Why water is vital to climate action: 2016 annual report of corporate water disclosure* (London).

—. 2016b. *Revenue at risk: Why addressing deforestation is critical to business success* (London).

—. 2016c. *Out of the starting blocks: Tracking progress on corporate climate action* (London).

Chapron, G. 2017. "The environment needs cryptogovernance", in *Nature*, Vol. 545, No. 7655, pp. 403–405.

Charyulu, D.K.; Kumara, D.; Biswas, S. 2010. *Economics and efficiency of organic farming vis-à-vis conventional farming in India,* Working Paper No. 4 (Ahmedabad, Indian Institute of Management).

Chen, X.; Kelly, T. 2015. "B-Corps - A growing form of social enterprise: Tracing their progress and assessing their performance", in *Journal of Leadership and Organizational Studies*, Vol. 22, No. 1, pp. 102–114.

Dendooven, L.; Gutiérrez-Oliva, V.F.; Patiño-Zúñiga, L.; Ramírez-Villanueva, D.A.; Verhulst, N.; Luna-Guido, M.; Marsch, R.; et al. 2012. "Greenhouse gas emissions under conservation agriculture compared to traditional cultivation of maize in the central highlands of Mexico", in *Science of the Total Environment*, Vol. 431, pp. 237–244.

de Ponti, T.; Rijk, B.; van Ittersum, M.K. 2012. "The crop yield gap between organic and conventional agriculture", in *Agricultural Systems Magazine*, Vol. 108, pp. 1–9.

Donham, K.J. 2016. "Health effects of agricultural pesticides", in K.J. Donham and A. Thelin (eds): *Agricultural medicine: Rural occupational and environmental health, safety and prevention,* Second edition (Hoboken, NJ, Wiley Blackwell), pp. 205–249.

EC (European Commission). 2013. *Organic versus conventional farming, which performs better financially? An overview of organic field crop and milk production in selected Member States,* Farm Economics Brief No. 4 (Brussels).

—. 2015. *Additional analysis to complement the impact assessment SWD (2014) 208 supporting the review of EU waste management targets* (Brussels).

ELD (Economics of Land Degradation) Initiative; UNEP (United Nations Environment Programme). 2015. *The economics of land degradation in Africa: Benefits of action outweigh the costs* (Bonn and Nairobi).

Ellen MacArthur Foundation. 2013. *Towards the circular economy Vol. 1: Economic and business rationale for an accelerated transition* (Cowes).

—. 2017. "Renault: Short-loop recycling of plastics in vehicle manufacturing", in *Case Studies* (Cowes).

Elliott, R.J.; Lindley, J.K. 2017. "Environmental jobs and growth in the United States", in *Ecological Economics*, Vol. 132, Issue C, pp. 232–244.

Esposito, M.; Haider, A.; Samaan, D.; Semmler, W. 2017. "Enhancing job creation through green transformation", in T. Altenburg and C. Assmann (eds): *Green industrial policy: Concepts, policies, country experiences* (Geneva and Bonn, UN Environment and German Development Institute/Deutsches Institut für Entwicklungspolititk (DIE)).

Eurostat. 2017. *Employment in the environmental goods and services sector* (dataset) (Luxembourg).

FAO (Food and Agriculture Organization of the United Nations). 2001. *The economics of conservation agriculture* (Rome).

—. 2011. *Save and grow: A policymaker's guide to the sustainable intensification of smallholder crop production* (Rome).

—. 2014. *SAFA (Sustainability Assessment of Food and Agriculture systems) guidelines* (Rome).

—. 2015a. *Status of the world's soil resources* (Rome).

—. 2015b. *Conservation agriculture* (Rome).

—. 2016a. *The state of food and agriculture 2016: Climate change, agriculture and food security* (Rome).

—. 2016b. *Managing climate risk using climate-smart agriculture* (Rome).

—. 2017. *The future of food and agriculture: Trends and challenges* (Rome).

Frank, A.L.; McKnight, R.; Kirkhorn, S.R.; Gunderson, P. 2004. "Issues of agricultural safety and health", in *Annual Review of Public Health*, Vol. 25, pp. 225–245.

Friedrich, T.; Derpsch, R.; Kassam, A. 2017. "Overview of the global spread of conservation agriculture", in K. Etingoff (ed.): in *Sustainable development of organic agriculture: Historical perspectives* (Waretown, Apple Academic Press), pp. 53–68.

Garrett-Peltier, H. 2017. "Green versus brown: Comparing the employment impacts of energy efficiency, renewable energy, and fossil fuels using an input-output model", in *Economic Modelling*, Vol. 61, Feb., pp. 439–447.

Godfray, H.C.; Beddington, J.R.; Crute, I.R.; Haddad, L.; Lawrence, D.; Muir, J.F.; Pretty, J.; et al. 2010. "Food security: The challenge of feeding 9 billion people", in *Science*, Vol. 327, No. 5967, pp. 812–818.

Golicic, S.L.; Smith, C.D. 2013. "A meta-analysis of environmentally sustainable supply chain management practices and firm performance", in *Journal of Supply Chain Management*, Vol. 49, No. 2, pp. 78–95.

Government of Scotland. 2016a. *Leontief type 1 Inverse and type 1 multipliers and effects 1998–2013* (Edinburgh).

—. 2016b. *Making things last: A circular economy strategy for Scotland* (Edinburgh).

Gunningham, N.; Holley, C. 2016. "Next-generation environmental regulation: Law, regulation and governance", in *Annual Review of Law and Social Science*, Vol. 12, pp. 273–293.

Hazell, P.B.R. 2003. "Green Revolution", in J. Mokyr (ed.): *The Oxford Encyclopedia of Economic History* (Oxford, Oxford University Press), pp. 478–480.

Headey, D.D.; Jayne, T.S. 2014. "Adaptation to land constraints: Is Africa different?", in *Food Policy*, Vol. 48, pp. 18–33.

Hillary, R. 2000. *Small and medium-sized enterprises and the environment: Business imperatives* (London, Greenleaf Publishing).

Hoogendoorn, B.; Guerra, D.; van der Zwan, P. 2015. "What drives environmental practices of SMEs?", in *Small Business Economics*, Vol. 44, No. 4, pp. 759–781.

Huon, C.; Douglas, N.; Fairbrother, P.; Grosser, K.; Propokiv, V.; Rafferty, M.; Toner, P. Forthcoming. *Skills for green jobs II: A country update for Australia* (Geneva, ILO).

IEA (International Energy Agency). 2015. *Accelerating energy efficiency in small and medium-sized enterprises: Powering SMEs to catalyse economic growth* (Paris).

—. 2017a. *World energy outlook: 2017: From poverty to prosperity* (Paris).

—. 2017b. *Energy Technology Perspectives 2017: Catalysing energy technology transformations* (Paris).

IFOAM (International Federation of Organic Agriculture Movements – Organics International). 2008. *Definition of organic agriculture* (Bonn).

ILO (International Labour Office). 2005. *World Employment Report 2004–05: Employment, productivity and poverty reduction* (Geneva).

—. 2007. *The promotion of sustainable enterprises*, Report VI, International Labour Conference, 96th Session, Geneva, 2007 (Geneva).

—. 2012. *Working towards sustainable development: Opportunities for decent work and social inclusion in a green economy* (Geneva).

—. 2013a. *Sustainable development, decent work and green jobs*, Report V, International Labour Conference, 102nd Session, Geneva, 2013 (Geneva).

—. 2013b. "Guidelines concerning a statistical definition of employment in the environmental sector", in *Report of the Conference*, 19th International Conference of Labour Statisticians, Geneva, 2–11 Oct. (Geneva), pp. 29–33.

—. 2013c. *Providing clean energy and energy access through cooperatives* (Geneva).

—. 2014. *Report on the pilot project towards developing statistical tools for measuring employment in the environmental sector and generating statistics on green jobs* (Geneva).

—. 2015. *Guidelines for a just transition towards environmentally sustainable economies and societies for all* (Geneva).

—. 2016. *World Employment and Social Outlook 2016: Transforming jobs to end poverty* (Geneva).

—. 2017. *World Employment and Social Outlook 2017: Sustainable enterprises and jobs: Formal enterprises and decent work* (Geneva).

IMF (International Monetary Fund). 2017. *World Economic Outlook: Seeking sustainable growth: Short-term recovery, long-term challenges*, Oct. (Washington, DC).

IPCC (Intergovernmental Panel on Climate Change). 2014. *Climate change 2014: Mitigation of climate change* (New York, NY, Cambridge University Press).

ITC-ILO (International Training Centre of the ILO). 2016. *Greening economies, enterprises and jobs: The role of employers' organizations in the promotion of environmentally sustainable enterprises* (Turin).

Jayne, T.S.; Chamberlin, J.; Headey, D.D. 2014. "Land pressures, the evolution of farming systems, and development strategies in Africa: A synthesis", in *Food Policy*, Vol. 48, pp. 1–17.

Johansen, C.; Haque, M.E.; Bell, R.W.; Thierfelder, C.; Esdaile, R.J. 2012. "Conservation agriculture for small holder rainfed farming: Opportunities and constraints of new mechanized seeding systems", in *Field Crops Research*, Vol. 132, June, pp. 18–32.

Johnson, M.P.; Schaltegger, S. 2016. "Two decades of sustainability management tools for SMEs: How far have we come?", in *Journal of Small Business Management*, Vol. 54, No. 2, pp. 481–505.

Kleemann, L. 2016. "Organic pineapple farming in Ghana: A good choice for smallholders?", in *The Journal of Developing Areas*, Vol. 50, No. 3, pp. 109–130.

Knowler, D.; Bradshaw, B. 2007. "Farmers' adoption of conservation agriculture: A review and synthesis of recent research", in *Food Policy*, Vol. 32, No. 1, pp. 25–48.

Lalani, B.; Dorward, P.; Holloway, G. 2017. "Farm-level economic analysis: Is conservation agriculture helping the poor?", in *Ecological Economics*, Vol. 141, Nov., pp. 144–153.

Lowder, S.K.; Skoet, J.; Raney, T. 2016. "The number, size, and distribution of farms, smallholder farms, and family farms worldwide", in *World Development*, Vol. 87, Nov., pp. 16–29.

Maxton, G.; Randers, J. 2016. *Reinventing prosperity: Managing economic growth to reduce unemployment, inequality and climate change* (Vancouver, Greystone Books).

Merfield, C.; Moller, H.; Manhire, J.; Rosin, C.; Norton, S.; Carey, P.; Hunt, L.; et al. 2017. "Are organic standards sufficient to ensure sustainable agriculture? Lessons from New Zealand's ARGOS and Sustainability Dashboard projects", in K. Etingoff (ed.): *Sustainable development of organic agriculture* (Waretown, Apple Academic Press), pp. 147–170.

Mondelaers, K.; Aertsens, J.; van Huylenbroeck, G. 2009. "A meta-analysis of the differences in environmental impacts between organic and conventional farming", in *British Food Journal*, Vol. 111, No. 10, pp. 1098–1119.

Montt, G.; Maitre, N.; Amo-Agyei, S. 2018. *The transition in play: Worldwide employment trends in the electricity sector*, Research Department Working Paper No. 28 (Geneva, ILO).

Morgera, E.; Bullón Caro, C.; Marín Durán, G. 2012. *Organic agriculture and the law* (Rome, FAO).

Muller, A.; Isensee, A.; Schader, C.; Leiber, F.; Brüggemann, J.; Erb, K.-H.; Stolze, M.; et al. 2017. "Strategies for feeding the world more sustainably with organic agriculture", in *Nature Communications*, Vol. 8, Article No. 1290, pp. 1–13.

Nemes, N. 2009. *Comparative analysis of organic and non-organic farming systems: A critical assessment of farm profitability* (Rome, FAO).

Nielsen. 2015. *The sustainability imperative: New insights on consumer expectations*, Oct. (New York, NY).

NSO (National Statistical Office of Mongolia). 2017. *Employment in the environmental sector and green jobs in Mongolia (pilot study)* (Ulaanbaatar).

OECD (Organisation for Economic Co-operation and Development). 2009. *OECD Economic Outlook 2009* (Paris).

—. 2014. *The cost of air pollution: Health impacts of road transport* (Paris).

—. 2017. *Investing in climate, investing in growth* (Paris).

ONS (Office for National Statistics). 2017. *UK environmental goods and services sector (EGSS): 2010 to 2014* (London).

Pagiola, S. 1999. *The global environmental benefits of land degradation control on agricultural land: Global overlays program*, World Bank Environment Paper No. 16 (Washington, DC, World Bank).

Pannell, D.J.; Llewellyn, R.S.; Corbeels, M. 2014. "The farm-level economics of conservation agriculture for resource-poor farmers", in *Agriculture, Ecosystems and Environment*, Vol. 187, Apr., pp. 52–64.

Pingali, P. 2012. "Green revolution: Impacts, limits, and the path ahead", in *Proceedings of the National Academy of Sciences of the United States of America*, Vol. 109, No. 31, pp. 12302–12308.

Poschen, P. 2015. *Decent work, green jobs and the sustainable economy: Solutions for climate change and sustainable development* (Geneva, ILO).

Rukundo, H. 2014. "Uganda earns big from organic agriculture", in *Africa Agribusiness*, Vol. 3, No. 3.

Salazar-Xirinachs, J.M.; Nübler, I.; Kozul-Wright, R. 2014. *Transforming economies: Making industrial policy work for growth, jobs and development* (Geneva, ILO).

Seufert, V.; Ramankutty, N.; Foley, J.A. 2012. "Comparing the yields of organic and conventional agriculture", in *Nature*, Vol. 485, pp. 229–232.

SSE (Sustainable Stock Exchanges Initiative). 2016. *2016 Report on progress* (New York, NY).

Stadler, K.; Wood, R.; Simas, M.; Bulavskaya, T.; de Koning, A.; Kuenen, J.; Acosta-Fernández, J.; et al. 2018. "EXIOBASE3 - Developing a time series of detailed environmentally extended multi-regional input-output tables", in *Journal of Industrial Ecology*, pp. 1–14.

Stehrer, R.; Ward, T. 2012. *Monitoring of sectoral employment* (Brussels, European Commission).

Strand, J.; Toman, M. 2010. *"Green stimulus", economic recovery, and long-term sustainable development*, Policy Research Working Paper No. 5163 (Washington, DC, World Bank).

Swaminathan, M.S.; Kesavan, P.C. 2017. "The transition from Green to Evergreen Revolution", in K. Etingoff (ed.): in *Sustainable development of organic agriculture: Historical perspectives* (Waretown, Apple Academic Press), pp. 69–77.

Tukker, A.; Bulavskaya, T.; Gijum, S.; de Koning, A.; Lutter, S.; Simas, M.; Stadler, K.; et al. 2014. *The global resource footprint of nations: Carbon, water, land and materials embodied in trade and final consumption calculated with EXIOBASE 2.1* (Delft, Leiden, Vienna and Trondheim, The Netherlands Organisation for Applied Science Research, Leiden University, Vienna University of Economics and business, and Norwegian University of Science and Technology).

Tuomisto, H.L.; Hodge, I.D.; Riordan, P.; Macdonald, D.W. 2012. "Does organic farming reduce environmental impacts? A meta-analysis of European research", in *Journal of Environmental Management*, Vol. 112, pp. 309–320.

UBS Research. 2017. *UBS Evidence Lab electric car teardown: Disruption ahead?* (Zurich).

UNEP (United Nations Environment Programme). 2008. *Green jobs: Towards decent work in a sustainable, low-carbon world* (Nairobi).

—. 2011. *Towards a green economy: Pathways to sustainable development and poverty eradication – A synthesis for policy makers* (Nairobi).

—. 2013. *GEO-5 for business: Impacts of a changing environment on the corporate sector* (Nairobi).

Unruh, G.; Kiron, D.; Kruschwitz, N.; Reeves, M.; Rubel, H.; Meyer zum Felde, A. 2016. "Investing for a sustainable future: Investors care more about sustainabilty than many executives believe", in *MIT Sloan Management Review*, May.

Uphoff, N. 2012. "Supporting food security in the 21st century through resource-conserving increases in agricultural production", in *Agriculture and Food Security*, Vol. 1, pp. 18–30.

WBCSD (World Business Council for Sustainable Development). 2010. *Vision 2050: The new agenda for business* (Geneva).

WEF (World Economic Forum); IHS Cambridge Energy Research Associates (CERA). 2012. *Energy for economic growth: Energy vision update 2012* (Geneva).

Wijkman, A.; Skånberg, K. 2016. *The circular economy and benefits for society: Jobs and climate clear winners in an economy based on renewable energy and resource efficiency* (Winterthur, The Club of Rome).

Wild, R. 2014. *Type I employment multipliers and effects for the UK for reference year 2010* (London, Department for Business, Innovation & Skills).

Willer, H.; Lernoud, J. (eds). 2017. *The world of organic agriculture: Statistics and emerging trends 2017* (Frick and Bonn, Research Institute of Organic Agriculture (FiBL) and IFOAM – Organics International).

Zahm, F.; Ugaglia, A.A.; Boureau, H.; D'Homme, B.; Barbier, J.M.; Gasselin, P.; Gafsi, M.; et al. 2015. "Agriculture et exploitation agricole durables: État de l'art et proposition de définitions revisitées à l'aune des valeurs, des propriétés et des frontières de la durabilité en agriculture", in *Innovations Agronomiques*, Vol. 46, pp. 105–125.

第 3 章 监管框架：一体化、伙伴关系与对话

> **重要发现**
>
> 国际劳工标准（ILS）为绿色经济的社会支柱提供了一个监管框架，帮助受绿色转型影响的各部门确保体面的工作实践。此外，国际劳工标准能够保护环境。一方面，它通过保护工人和工作环境，间接地保护环境，例如，实行职业安全与健康标准（OSH）。另一方面，某些国际劳工标准直接解决环境问题，其中包括 1989 年出台的《原住民和部落民族公约》（第 169 号），要求执行环境影响评估；还包括 1993 年出台的《预防重大工业事故公约和建议书》（第 174 号）；以及 2017 年《关于面向和平与复原力的就业与体面劳动建议书》（第 205 号）。
>
> 诸如工作中的环境权、就业保护和促进，尤其是职业安全与健康等劳工维度，正越来越多地被纳入多边环境协定（MEA）当中。
>
> 国家环境立法和政策已开始纳入劳工问题。例如，一项针对 26 个国家气候变化政策的审查表明，其中 19 个国家的气候变化政策中包含劳工问题。气候变化政策还特别包括技能提升和培训，以及将创造就业机会作为正式目标或作为气候变化的应对和缓解措施的成果。部门立法还将就业和体面工作问题纳入其中。的确，在对处于不同区域和不同发展水平的 40 个国家的能源立法进行分析后，我们发现其中 27 个国家的能源立法纳入了技能发展与培训等劳工问题。
>
> 发达国家和新兴国家均已制定法律和政策来促进就业的"绿色化"，而发展中国家也已采取了同样的做法。最近对撒哈拉以南非洲的 16 个国家进行的一项分析表明，自 21 世纪初以来，越来越多的国家通过法律将劳工和环境问题联系起来，尤其是在可再生能源和废物管理两个方面。
>
> 社会对话是推进公正转型具有重要价值的工具。在国际层面，环境保护和劳工标准已成为参与国际框架协议的跨国企业和全球工会联盟之间进行社会对话的主题。在国家层面，社会对话有助于增强环境治理的劳工友好性，例如，采用集体协议的治理方式。
>
> 在促进环境议程和体面工作议程之间的相互作用所需的规章和政策框架方面，各方逐渐达成共识，但要明确指出进一步发展的阻碍还为时过早。

引 言

公平地说,向低碳经济的转型需要将体面工作和社会正义考虑在内,这一点不可否认。联合国《2030 年可持续发展议程》和《巴黎协定》进一步强调了这一前提。在《巴黎协定》的序言中,各缔约方承认"务必根据国家制定的发展优先事项,实现劳动力公正转型以及创造体面工作和高质量的就业岗位"。

目前,还没有明确的法律领域涉及绿色就业。虽然法律研究人员最近已开始在环境可持续性的框架内探索"公正转型法"的可能性,但他们也承认距离这类法律的出台仍然很遥远(Doorey,2017)。① 相反,在劳工和环境领域内仍存在标准与政策两个独立分支。

第 1 章和第 2 章审视了必须向具有环境可持续性的经济转型的背后的原因,并提供证据证明了这种转型在创造就业机会上的潜力。本章的重点是分析现有的国际规则和文书,它们是"公正转型"进程中可用的政策选择的组织部分。

本章首先探讨了与劳工及环境问题相关的国际文书。本章基于国际劳工标准的广泛接受性及普遍适用性对其进行了回顾,用于促进和确保受转型影响最严重的部门的体面工作条件。② 本章还审查了多边环境协定(MEA),以期明确这些协定所包含的劳工问题,主要是职业安全与健康问题(第 1 节)。本章接着分析了如何在国家层面将劳动法和环境法整合起来。本章对 52 个国家的环境立法与劳工相关政策之间的联系进行了审查和比较(第 2 节)。最后,探讨了社会对话作为向环境可持续性经济和社会公正转型的一种手段所起的作用,并考察了社会伙伴为实现绿色进程而努力的不同方式(第 3 节)。

第 1 节 国际层面的环境保护和劳工问题的一体化

本节论述了国际劳工标准(ILS)在公正转型中发挥的作用。对国际劳工标准结构的分析表明,国际劳工组织公约和建议书中发现的整个标准体系都与绿色转型有关。此外,国际劳工组织至少有 11 项文书明确提到环境问题。如本节所述,国际劳工标准也有助于可持续发展原则的执行,从而有助于处理劳工领域对环境的影响,同时有助于对环境挑战做出反应。

与就业绿色化过程相关的国际劳工标准

国际劳工标准可确保向绿色经济的公正转型

到目前为止,尚未出台具体的有关公正转型的国际劳工标准。③ 但是,国际劳

---

① 然而,"公正转型法律"可以"为组织连贯的法律体系提供一个框架",包括其他法律领域的各个方面,包括劳动法和环境法(Doorey,2017)。

② 国际劳工标准是由国际劳工组织成员——各国政府、雇主和工作者代表制定的法律文书,确立了工作中的基本原则和权利。国际劳工标准的主要形式为公约、议定书和建议书(ILO,2014)。

③ 有提案建议将一个项目列入国际劳工会议议程,以期通过一项有关公正转型的标准。有人认为,这种文书将为该指导方针提供"强制和权威性的指导",并将成为国际劳工会议和理事会的一种手段,用于"监测与环境变化及相关政策有关的社会和劳工问题的解决情况"。到目前为止,国际劳工组织的三方成员尚未就这个问题达成共识。无论是否通过了相关问题的文书,该指导方针都将开始实施,参见第 2 章。

表 3.1

与气候适应和减缓政策相关的国际劳工标准

适应性政策	减缓政策
气候变化引发工作压力： • 有害空气质量：C148（工作环境） • 应对工作场合高温和其他压力的措施：C110（种植园），R116（减少工时） • 职业安全与卫生：C155 & P155（职业安全与健康），C187（促进职业安全与健康框架）；C171（职业健康服务）	**增强适应能力：** • 脱贫：各类国际劳工标准，包括工作中的基本权利、就业、社会保障、职业安全与健康（OSH） • 提高教育/知识和技能：C140（带薪教育假）；C142（人力资源开发）；C155 & P155（职业安全与健康） • 促进易受气候变化影响的群体的权利：C111（就业与职业歧视）；C159 & R168（（残疾人）职业康复和就业），C183（生育保障）；C169（原住民和部落民族）
受影响部门工作者的补偿和保护： • 失业：C102（社会保障（最低标准））；C168（失业保护） • 污染/环境损害受害者补偿：R181（预防重大工业事故） • 迁出传统土地的补偿：C169（原住民和部落民族） • 遭遇与工作相关的事故或疾病的工人的最低津贴：C121 & R121（工伤事故与职业病津贴）；C202（社会保障最低标准）	**预防环境损害：** • 预防和保障护措施：C162 & R172（石棉）；C176（矿山安全和健康）；R192（农业安全和健康） • 污染物和废物处理的环境无害化管理：C162 & R172（石棉）；C170 & R177（化学品）；C184 & R192（农业安全和健康） • 环境影响评估：C169（原住民和部落民族）
气候引发的移徙（迁移）： • 劳动力迁移具体标准：C97（移民就业）；C143（移民工人公约）；R100（移民工人保障）；R151（移民工人）	**减少温室气体排放：** • 农业：C184 & R192（农业安全和健康） • 矿业：C176 & R183（矿山安全和健康）
应对灾害的措施： • 面对工业灾害的准备与应对：C174（重大工业事故预防） • 面对自然灾害和其他危机情况下的准备与应对：R205（和平与复原力）	**部门政策措施：** • 农业：C184 & R192（农业安全和健康） • 化学品：C170 & R177（化学品） • 废物管理：C170 & R177（化学品）；C184 & R192（农业安全和健康）
经济多样化和纠正不平等： • 就业政策：C122（就业政策）；R189（中小型企业创造就业）；R205（和平与复原力） • 技能：C140（带薪教育假）；C142（人力资源开发）	**可持续性的生产和消费模式：** • 消除/减少可能破坏环境的生产过程，尊重生态阈值，废物最少化：C148（工作环境）；C162（石棉）；C169（原住民和部落民族）；C170（化学品）；C174（重大工业事故预防）；C176（矿山安全和健康）；C184（农业安全和健康）

注：C = 公约；R = 建议书。
资料来源：国际劳工组织汇编。

工组织理事会于 2015 年第 325 次会议通过了涉及三方的《向人人享有环境可持续经济和社会公正转型的指导方针》，确立了国际劳工组织各组成部分的角色，并提供了一份简单的关于公正转型框架的国际劳工组织文书列表，以上内容本章均有覆盖。① 正如该指导方针所示，国际劳工标准提供了一个框架，用以处理与经济绿色化相关的以及更广泛地——与向可持续发展转型相关的大多数问题。鉴于其普遍性

---

① ILO，2017a，附录 1.A，指出气候变化制度的治理结构不足以满足劳工领域的需要及应对现实问题，还指出国际劳工大会是"制定全球环境问题政策框架"的最佳机构。

第 3 章 监管框架：一体化、伙伴关系与对话

和灵活性，国际劳工标准与所有工作者、部门和工作场所相关，包括新兴的绿色部门。① 因此，国际劳工标准有助于为绿色经济的社会支柱提供监管框架，同时改善绿色部门的体面工作条件。此外，正如在第 6 章中进一步分析的那样，国际劳工标准处理对环境产生影响的问题，如缺乏就业和适当的生活标准，并为与绿色转型相关技能提供法律框架。

某些特定的国际劳工标准，特别是基本公约和治理公约②，对劳工市场的管制做出了全面贡献。它们还充当社会伙伴的工具，用以应对绿色化过程给工作场所和就业带来的总体挑战（Olsen，2009）。例如，1948 年《结社自由和保护组织权利公约》（第 87 号）和 1949 年《组织权利和集体谈判权利公约》（第 98 号）提供了指导方针，指导各方如何确保参与到影响劳工领域的环境和气候变化政策的相关决策中去。

气候变化对生计和劳动力市场的影响促使我们日益关注（或警惕）跨境人口迁移的前景（Kagan et al.，2017）。国际劳工组织认识到保护流动人口的权利对劳工领域的社会正义至关重要③，因此采取了若干面向或影响流动人口的标准（Rodgers et al.，2009）。这些标准包括 1949 年《关于移徙就业的公约》（第 97 号）和 1974 年《移民工人公约（补充条款）》（第 143 号），适用于因气候变化和自然灾害而被迫离开家园和跨境的劳动者。

近年来，国际劳工组织通过了 2017 年《关于面向和平与复原力的就业与体面劳动建议书》（第 205 号），其中包含了与恢复和培养应变能力相关的措施，用于应对环境和气候相关灾害引发的危机。向环境可持续性经济公正转型的必要性是该建议书的指导原则和所提议的战略方针之一。第 205 号建议书巩固了与建立气候引发灾害的复原力相关的主要原则，但值得注意的是，更广泛的国际劳工标准都与气候适应和缓解政策相关（见表 3.1）。

国际劳工组织文书还与经济体结构转型以及通过社会对话为工作者提供保障有关

如上所述，基本公约和治理公约对于促进公正转型特别重要。通过促进社会对话，1948 年《结社自由和保护组织权利公约》（第 87 号），1949 年《组织权利和集体谈判权利公约》（第 98 号），以及 1976 年《三方协商促进实施国际劳工标准公约》（第 144 号）在确保公众参与和协商中发挥了重要的作用，这对可持续发展至关重要。没有这些标准，社会就不可能实现包容、公平或民主（Olsen，2009，2010）。

其他文书还包括 1975 年的《农业工人组织公约》（第 141 号）和《农业工人组织建议书》（第 149 号），这些文书均包含绿色化过程中各参与方权利赋予的相关条

---

① *On universality and flexibility*，参见如 Valticos（1979）；Von Potobsky and de la Cruz（1990）；ILO（2014）；Servais（2017）。

② 八项基本公约：《结社自由和保护组织公约权利》，1948 年（第 87 号）；《组织权利和集体谈判权利公约》1949 年（第 98 号）；《关于强迫或强制劳动的公约》，1930 年（第 29 号）；《关于废止强迫劳动的公约》，1957 年（第 105 号）；《最低年龄公约》，1973 年（第 138 号）；《最恶劣形式童工劳动公约》，1999 年（第 182 号）；《同酬公约》，1951 年（第 100 号）；《就业和职业歧视公约》，1958 年（第 111 号）。四项治理公约：《劳动监察公约》，1947 年（第 81 号）；《就业政策公约》，1964 年（第 122 号）；《（农业）劳动监察公约》，1969 年（第 129 号）；《三方协商促进实施国际劳工标准公约》，1976 年（第 144 号）。

③ 《国际劳工组织章程》，经 1972 年《修正案文书》修订（生效日期：1974 年 11 月 1 日）。

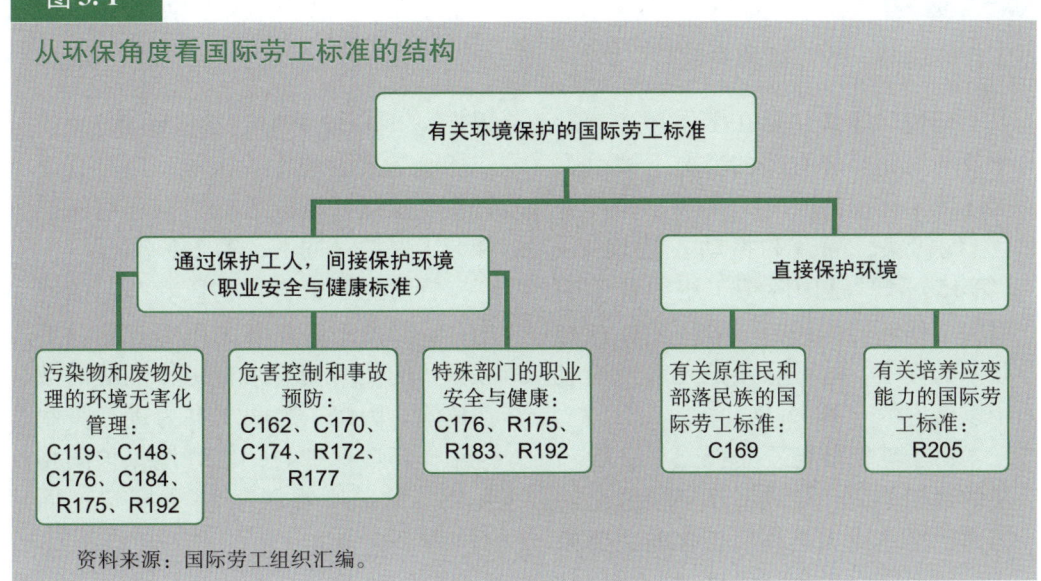

款。《农业工人组织建议书》的目标是组织农村和农业工人，并间接惠及高度参与农业的移徙工作者。① 本章第 3 节将进一步探讨社会伙伴、社会对话以及具体的协商文书在促进经济绿色发展中的作用。

国际劳工标准对环境保护的贡献和可持续发展原则的实施

国际劳工标准的作用不仅限于向低碳社会转型的社会层面。除了上文概括的社会和发展方面，国际劳工标准还支持并加强绿色经济的环境支柱，并在更广泛的范围内支持和加强可持续发展。

国际劳工标准通过不同的方式解决环境问题。国际劳工组织的部分文书直接或间接地与环境保护和维护密切联系（见图 3.1）。② 1989 年《原住民和部落民族公约》（第 169 号）直接保护了环境。它加强了原住民和部落民族在环境管理中的作用，并为环境影响评估制定了一个法律框架。③ 该公约还规定，应采取措施"保护和维持原住民居住区的环境"。另一个直接保护环境的文书是 2017 年的《关于面向和平与复原力的就业与体面劳动建议书》（第 205 号）。应当指出的是，1993 年《预防重大工业事故公约》（第 174 号）将环境保护同对工人和公众的保护放在平等的地位。

与此相反，国际劳工组织关于职业安全与健康的文书通过保护工人，间接地解决环境挑战。部分针对危害控制和事故预防的国际劳工标准也兼顾对环境和工人的双重保护。这种保护途径基于一种观点，即认为工作环境条件的恶化是环境污染和人类环境退化的主要原因之一。这一观点反映在国际劳工大会 1972 年通过的《关于国际劳工组织对保护和改善与工作有关的环境所做贡献的决议》中。④ 国际劳工标

---

① 部分国家的政府已为农业工人的环保活动提供支持性服务。例如，在奥地利，这类支持性服务包含替代能源和能源节约（ILO，2015b）。
② Olsen（2009）考察了与气候变化日程直接和间接联系的国际劳工标准的不同分类。
③ 本公约第 7(3) 条规定："政府应确保，在任何适当时间，与相关各方合作进行研究，以便评估计划发展活动给人们带来的社会、精神、文化和环境影响。这些研究的结果应被视为计划发展活动实施的基本准则。"
④ 如需了解国际劳工组织的环境事务参与度研究，参见 Olsen and Kempter（2013）。

> **专栏 3.1**
>
> **工作环境与一般环境的关系**
>
> 环境问题最初是在工作环境背景下及与工作环境有关的情况下被引入国际劳工标准的。1977 年《工作环境（空气污染、噪音和振动）建议书》（第 156 号）是国际劳工组织首个明确将工作环境保护与一般环境保护相联系的标准，这一联系是主管当局应予以考虑的（第 15 款）。
>
> 由于工作环境不是孤立于一般环境的封闭系统，导致工作环境恶化的因素也是造成人类环境恶化的主要原因之一（ILO，1987，第 344 款）。工作场所是危险产生的来源，应对其进行主要控制并采取措施协调环境保护和劳工保护（同上，第 345 款）。
>
> 针对工业中有害物质和工艺的使用，国际劳工组织有关危害控制及事故预防的文书侧重来自工作环境的潜在危险。因此，这些文书为进一步制定工作环境保护与一般环境保护间相互关系的原则提供了一个框架（同上，第 347 款）。

在这方面的作用是制定法律标准，以防止来自工作场所的环境损害。标准，特别是关于职业安全与健康标准，有助于设计在环境退化情况下的政策解决方案，并将环境问题纳入劳工领域的主流。如下节内容所示，职业安全与健康标准提供了相当一部分旨在保护环境的规则。

职业安全和健康：从劳工保护到环境保护

虽然环境问题最初是通过保护工人，间接得以解决的，但在这些标准中，保护环境已逐渐成为其本身的目标（见专栏 3.1）。例如，1990 年《化学品公约》（第 170 号）的前期工作、序言、计划和结构以及 1993 年《预防重大工业事故公约》（第 174 号）都明确指出，保护环境的目标与保护工人的目标同等重要。① 职业安全与健康标准可通过下列规则促进环境保护：（1）污染物和废物处理的环境无害化管理；（2）危害控制和事故预防；（3）保护特定部门的环境。

（1）污染物和废物处理的环境无害化管理

1986 年的《石棉公约》（第 162 号）和《石棉建议书》（第 172 号）、1990 年的《化学品公约》（第 170 号）和《化学品建议书》（第 177 号）以及 2001 年的《农业安全与卫生公约》（第 184 号）和《农业安全与卫生公约建议书》（第 192 号）解决了污染物和废物处理的管理问题。这些文书包含应对不可持续生产模式的规定。预防、防护和尊重生态阈值是所有这些文书的非常重要的内容。

因此，第 162 号公约第 19（2）条要求主管当局和雇主采取适当的措施，防止工作场所释放的石棉粉尘污染一般环境。②《石棉建议书》（第 172 号）进一步规定了具体应采取的措施，并鼓励采取环境友好型技术和工艺，以减少或消除石棉粉尘

---

① 部分国际劳工组织成员并非始终全盘接受国际劳工标准的环境保护规则。参见国际劳工组织（1995）矿山安全和健康公约。

② 公约与建议书实施专家委员会（CEACR）要求提交与陆地和船上工作相关的法律与惯例措施的相关资料，以落实预防工作场所释放的石棉污染一般环境的要求。例如，参见丹麦—公约与建议书实施专家委员会，第 162 号《公约》，直接要求，2012 年公布。

的形成和释放（第 17（c）和 28（2）款）。

《化学品公约》（第 170 号）规定，以有利于环境的方式处理和处置危险化学品（第 14 条），①同样，《农业安全与卫生公约》（第 184 号）和《农业安全与卫生公约建议书》（第 192 号）也纳入了关于农业化学品良好管理的规定。特别是《农业安全与卫生公约》（第 184 号），要求采取措施，确保建立一个适合的系统，以便化学废料的安全收集、回收和处理，并消除或尽量减少对环境的危害。建筑和采矿作业中废物处理的环境无害化管理分别通过《矿山安全与健康公约》（第 176 号）第 5（4）（d）款和第 175 号《建议书》第 41（3）款进行管理。

（2）危害控制和事故预防

除了在工作场所内、外可能发生的人员伤亡和物质损失，工业灾害也会对环境造成影响。1993 年《预防重大工业事故公约》（第 174 号）要求成员国与最具代表性的雇主和工人组织及其他可能受到影响的相关方进行协商，制定、实施并定期审查一个完整的、以保护工人、公众和环境免受重大事故危害为目的的国家政策（第 4 条（1））。②此外，《预防重大工业事故公约》要求雇主建立并维护重大危害控制的文件体系，将每个重大危险源的应急计划和程序纳入其中（第 9（d）（ii）条）。第 15 条是有关主管部门的职责，要求他们"确保制定包含保护……每个重大危险源现场外部环境的应急计划和程序，按适当间隔期更新并与有关部门和机构相协调"（见专栏 3.2）。

（3）特殊部门的职业安全和健康

环境保护也被纳入国际劳工组织关于特殊部门的职业安全与健康标准当中，其中包括一些与向可持续经济转型关联最紧密的部门，即采矿业、农业和建筑业。1995 年《矿山安全与健康公约》（第 176 号）承认，有必要预防采矿作业对环境造成的任何损害。随附的第 183 号《矿山安全与健康建议书》进一步发展了这项原则，其中指出雇主（根据《矿山安全与健康公约》第 8 条）制定的应急预案可纳入对环境的适当保护（第 19（d）款）。《矿山安全与健康建议书》还提出应适当考虑采矿可能对周围环境产生的影响（第 33 款）。③

2001 年《农业安全和健康建议书》（第 192 号）指出，在实施有关该问题的国家政策时，为预防和控制职业危害所采取的措施，应当考虑到保护总体环境不受农业生产活动影响的必要性（第 3 款）。④同样，1998 年《建筑业安全和健康建议书》（第 175 号）呼吁，在使用含有有害物质的材料以及清除和处置废物时，按照国家法律和法规保护环境（第 41（3）款）。

环境与 1989 年《原住民和部落民族公约》（第 169 号）

《原住民和部落民族公约》（第 169 号）是两项直接处理环境问题的国际劳工组

---

① 第 177 号《建议书》增加两个参量：第一，化学危险品的化学品安全数据表还应包含生态信息（第 10（1）款）；第二，"工作中化学品的使用标准……应该尽可能与保护公众和环境以及任何以此为目的制定的标准相一致"（第 17 款）。
② 该文书的起草者认为，第 174 号《公约》的制定目的是平等地保护公众和环境，因为一些国家认为工人由职业安全与健康标准保护（ILO，1992）。
③ 尽职调查的部分措施包括沉陷、振动、飞石及水、空气或土壤中的有害污染物的控制、废料安全有效的管理和矿区的复原（出处同上）。
④ 这些措施还应保护一般环境不受农业活动潜在危险的伤害（例如，农用化学废物、牲畜废物、土壤和水污染、土壤耗损和地形变化）。

> 专栏 3.2
>
> **1993 年《预防重大工业事故公约》（第 174 号）的执行情况：公约和建议书实施专家委员会的最新评论**
>
> 公约和建议书实施专家委员会（CEACR）关于第 174 号《预防重大工业事故公约》执行的评论强调了对保护环境以及工人和公众权利要同等重视。例如，在回顾第 4 条的应用时，公约和建议书实施专家委员会回顾了该公约的重点，即"不仅涉及这些危险源的事故管理和环境法，还与工人、环境和公众面对的重大行业事故的管理有关"。[1] 公约和建议书实施专家委员会还指出，国家职业安全和健康政策不足以实现公约的目标和工作重点[2]，因为"无论是劳动立法还是环境立法，都不足以发挥此公约的作用"，依据第 4 条（1），必须制定一个连贯的保护工人、公众和环境免受重大事故风险伤害的国家政策[3]，而不是分散的或单独的劳动或环境法规。[4] 因此，公约和建议书实施专家委员会强调了《预防重大工业事故公约》保护"工人、公众和环境"的目标。
>
> 公约和建议书实施专家委员会通过直接要求提出了许多问题，包括要求提供相关信息，说明在应用第 6 条保护机密信息时，如何将工作者、环境或公众所面临的风险纳入考虑[5]；并要求提供与第 15 条场外计划与程序的制定和定期更新的执行效果相关的信息[6]，以及以此为目的进行的磋商。[7]
>
> [1] 哥伦比亚—公约和建议书实施专家委员会，第 174 号《公约》，观察报告，发表于 2014 年。[2] 另见，例如，巴西—公约和建议书实施专家委员会，第 174 号《公约》，直接要求，2012 年出版。[3] 哥伦比亚，2014，前引书。[4] 巴西，2012，前引书；哥伦比亚—公约和建议书实施专家委员会，第 174 号《公约》，直接要求，2012 年出版。[5] 沙特阿拉伯—公约和建议书实施专家委员会，第 174 号《公约》，直接要求，2015 年出版；哥伦比亚，2014 年，前引书。[6] 亚美尼亚—公约和建议书实施专家委员会，第 174 号《公约》，直接要求，2014 年发表。[7] 津巴布韦—公约和建议书实施专家委员会，第 174 号《公约》，直接要求，2015 年出版。

织文书之一。其目标之一是反映原住民与其土地和环境之间的特殊关系。作为一项一般原则，该公约规定原住民有权"享有与其土地有关的自然资源"，包括"参与使用、管理和保护这些资源"的权利。它规定了批准本公约国家的一般义务，包括与原住民合作采取措施以保护和维持原住民和部落民族居住领土的环境（第 4 条和第 7 条）。

该《原住民和部落民族公约》还要求对拟定发展项目对相关人口的潜在影响进行环境评估。环境被视为原住民土地所有权、自然资源使用权及其传统生活的不可分割的组成部分。因此，第 7 条强调了原住民有权参与拟订、执行和评估可能对他们产生直接影响的发展计划，并规定环境评估的结果应当被视为执行发展活动的基本标准。

国际劳工标准为可持续发展原则的实施做出贡献

正如《公正转型的指导方针》所明确指示的，可持续发展为全球层面的转型提供了框架（ILO，2015a）。在这方面，了解国际劳工标准对可持续发展原则的贡献大有助益。表 3.2 列出了国际劳工标准趋同性的一些要点，以及其对实施可持续发展原则的贡献。

将国际劳工标准与可持续发展等同起来，可得出两个实质性结论：第一，国际劳工标准有助于广泛的可持续发展原则的实施。Olsen（2009）证实了可持续发展原则和劳工标准之间的部分联系，例如，预防性原则是职业安全与健康标准的基础。

表 3.2

国际劳工标准对可持续发展规范性框架的贡献[1]

可持续发展法律原则和政策指导方针	国际劳工标准	国际劳工标准制定的方法
能力建设与知识	《人力资源发展公约》，1975（第 142 号）；《职业安全与健康公约》，1981（第 155 号）；《职业安全与健康公约第 2002 号协定》，1981；《促进职业安全与健康框架公约》，2006（第 187 号）和《建议书》，2006（第 197 号）	• 适应不断变化的生产方式的必要技能 • 确保环境工作安全的新技能
污染/其他环境损害的受害者补偿	《预防重大工业事故建议书》，1993（第 181 号）	• 建立一项制度，专门规范重大事故后的工人补偿并充分应对此类事故对环境的影响
危险活动及有害物质	《化学品公约》，1990（第 170 号）和《建议书》，1990（第 177 号）	• 包含环境影响信息的化学品数据表[2] • 确保化学品的使用符合环保规范
	《预防重大工业事故公约》，1993（第 174 号）	• 保护环境免受重大事故风险影响的国家政策（保护工人和公众）
环境影响评估	《原住民和部落民族公约》，1989（第 169 号）	• 与原住民及部落民族合作的、以评估发展活动的环境影响为目的而实施并跟踪的研究
环境、经济和社会层面的一体化	《工作环境（空气污染、噪声和震动）公约》，1977（第 148 号）和《建议书》，1977（第 156 号） 《农业安全与卫生公约》，2001（第 184 号） 《关于从非正规经济向正规经济过渡的建议书》，2015（第 204 号） 《关于面向和平与复原力的就业与体面劳动建议书》，2017（第 205 号）	• 对成为环境风险源的工作场所的控制 • 工作场所内、外环境保护措施的协调 • 考虑到环境保护的农业职业安全与健康机制 • 可持续发展、消除贫困和包容性增长的策略 • 支持公共部门并推动履行社会、经济和环境责任的公私伙伴关系
通知和援助（自然灾害或其他紧急情况）	《预防重大工业事故公约》，1993（第 174 号）	• 雇主维护应急计划和程序的义务[3]
	《矿山安全与健康建议书》，1995（第 183 号）	• 采矿作业应急计划，包含适当的环境保护措施
环境污染/退化的预防	《石棉公约》，1986（第 162 号）和《建议书》，1986（第 172 号） 《农业安全与健康公约》，2001（第 184 号）及《建议书》，2001（第 192 号） 《矿山安全与健康公约》，1995（第 176 号）和《建议书》，1995（第 183 号）	• 消除和最小化石棉粉尘释放 • 通过控制农业危害及采取与农业和采矿活动相关的尽职调查措施，减少温室气体排放
	《矿山安全与健康公约》，1995（第 176 号）；《化学品公约》，1990（第 170 号）和《建议书》，1990（第 177 号）；《农业安全与健康公约》，2001（第 184 号）；《职业健康设施建议书》，1985（第 171 号）	• 必须预防采矿作业对环境造成的损害 • 制定适当的化学品处理和处置体系，以防止化学品用于其他目的并消除/最小化学品对环境的危害 • 将职业卫生服务纳入到措施中，防止企业从事对一般环境带来负面影响的活动
	《农业安全与健康建议书》，2001（第 192 号）；《建筑业安全与健康建议书》，1988（第 175 号）；《关于面向和平与复原力的就业与体面劳动建议书》，2017（第 205 号）	• 防止农业化学品废物、禽畜废物带来环境风险的预防措施。防止农业活动中土壤和水污染、土壤耗竭和地形变化的预防措施 • 使用有害物质情况下的环境保护，建筑业废物的移除和处理 • 为应对危机，识别并监测消极和意外后果，以避免对环境造成有害的溢出效应

表 3.2　（续表）

国际劳工标准对可持续发展规范性框架的贡献[1]

可持续发展法律原则和政策指导方针	国际劳工标准	国际劳工标准制定的方法
原住民和部落民族参与环境管理	《原住民和部落民族公约》，1989（第 169 号）	• 要求各国政府促进跨境原住民和部落民族间的联系和合作，包括在环境领域的活动
知情权	《职业安全与健康公约》，1981（第 155 号）；《建筑业安全与健康公约》，1988（第 167 号）；《农业安全与健康公约》，2001（第 184 号）	• 有关各方提供下列信息的义务：与机械和设备有关的危害；物质、生物制剂或产品的危险特性；以及如何避免已知危害的指导信息 • 工人了解和被告知可能影响其自身安全或健康的工作场所危害的权利（企业层面），获得雇主采取职业安全与卫生措施相关信息的权利以及获知新技术风险的权利
可持续的生产和消费模式	《工作环境（空气污染、噪声和振动）公约》，1977（第 148 号）；《原住民和部落民族公约》，1989（第 169 号）；《化学品公约》，1990（第 170 号）；《矿山安全与健康公约》，1995（第 176 号）和《建议书》，1995（第 183 号）；《农业安全与健康公约》，2001（第 184 号）和《建议书》，2001（第 192 号）	• 依照生态阈值，淘汰或减少可能会破坏环境的生产流程，废物最小化

[1] 可持续发展的法律原则和指导方针来自于 1992 年《里约环境与发展宣言》（《里约宣言》）。该宣言是国际社会的处理环境问题的基础。[2] 化学数据表是包含危险化学品属性信息的文件。[3]《国际劳工组织预防重大工业事故工作守则》（1991 年）指出，应急计划的目标是尽量减少紧急事件对民众、财产和环境的有害影响。

资料来源：国际劳工组织汇编。

如表 3.2 所示，国际劳工标准有助于可持续发展原则在以下各类事务中实施，包括危险活动和有害物质的控制、环境影响评估、环境、社会和经济问题的整合、紧急情况下的通知和协助、环境污染预防、环境问题的公众参与、ITP 的环境管理参与、减少温室气体排放以及可持续的生产和消费模式等。第二，国际劳工组织文书还能够扩大环境保护的范围，特别是在无管制或管制不足的地区。例如，关于有害物质，1990 年《化学品公约》（第 170 号）及其所附的《建议书》（第 177 号）等国际劳工组织文书重点规定了生产源头的废物处理。这与《里约环境与发展宣言》相反，该宣言只涉及将引起严重环境退化的物质进行转移或重新安置，下一节中分析的其他多边环境协定①主要规定了废物和其他有害物质的越境转移和贸易（Mbengue，2015）。②

国际劳工组织针对特定部门（如采矿业、农业和建筑业）的职业安全与健康问题制定的一系列标准中包含与环境保护相关的规定。例如，2001 年《农业安全与健

---

① 《控制危险废料越境转移及其处置巴塞尔公约》（1989 年）和《关于持久性有机污染物的斯德哥尔摩公约》（2001 年），通过直接限制/规范被称为持久性有机污染物的危险化学品的生产和使用，在应对危险废物在国际范围内的转移问题上更进了一步；《关于汞的水俣公约》（2013）规定要逐步停止汞矿的开采。

② 例如，《巴塞尔公约》第 4（2）条要求缔约国采取"适当措施"，最大限度降低危险废物的生成，并确保可提供足够的处置设施，实现环境无害化管理。

康公约》（第184号）要求对农业活动中的化学品废物、废弃化学品和空化学品容器进行环保无害收集、回收和处置。这是国际劳工标准对环境保护做出的规范性贡献，鉴于许多工业活动和其他活动（如运输、采矿和能源生产）可能会带来长期的重大环境威胁，并且"不受具体的重大国际环境法规的约束"（Sands and Peel, 2012, p. 516）。

多边环境协定的就业和体面工作维度

多边环境协定（MEA）是各国间缔结的有关环境问题的国际性协定，[①] 需要配合劳动法及相关实践的法律和政策影响。人们通常关注的是多边环境协定及其与国家立法的整合可能会减少就业机会，或者虽然协定可促进就业机会的创造，但其所创造的工作机会可能缺乏体面工作的成分。对多边环境协定的审查有助于确定协定的劳工维度和在环境决策中有效表达劳工问题的方式。

包括劳工问题的多边环境协定

在过去几十年里，尤其自1972年联合国人类环境会议（"斯德哥尔摩会议"）以来，多边环境协定的数目有所增加。第一代多边环境协定旨在保护特定物种或生态系统。然而，在20世纪90年代，环境条例、框架和机制逐渐与社会和经济考虑因素相结合，包括就业和体面工作。事实上，自1992年以来，在包含劳工问题的20个多边环境协定中，有18个已正式通过。[②] 如表3.3所示，包含劳动规定的多边环境协定涵盖了国际劳工组织标准制定工作的各个领域，如体面工作、就业促进和保护、公正转型、职业安全与健康，以及有关解决法律冲突相关的问题（与补偿工作者以及在较小的范围内工作中的某些环境权利保护相关的法律）（例如，见表3.3）。

职业安全与健康（OSH）是多边环境协定和国际劳工标准共同管理的领域。大部分有关有害物质和活动对环境的影响的多边环境协定参考了职业安全与健康标准。具体案例包括《乏燃料管理安全与放射性废物管理安全联合公约》（1997年），《关于汞的水俣公约》（2013年），1979年《远距离越境空气污染物公约》的《重金属议定书》附件2（1998年），以及《国际铁路危险货物运输条例》（Regulations concerning the International Carriage of Dangerous Goods by Rail）（2015年）。这些协定包括具体涉及从事放射性废物管理工作的工人的安全和健康，以及对职业性接触火法冶金生产中的汞、辐射和粉尘的工人的培训。专栏3.3介绍了《香港国际安全与无害环境拆船公约》（2009年）中劳工与环境之间的协同作用。

一些多边环境协定通过增加创收和就业机会来支持脆弱群体。[③] 其他协定，例如依据《关于在环境问题上获得信息、公众参与决策和诉诸法律的公约》缔结的《关于污染物排放和转移登记制度的基辅议定书》（2003年），包括工作场所环境权利因素，即为检举违反履行公约的国家法律的工作者提供保护。

[①] 如需了解多边环境协定的特性及其发展历史，参见Brunnée（2011）。

[②] 1963年《关于核损害的民事责任的维也纳公约》是截至今日有记载的最早的一项涉及"劳工"的协定。该《公约》规定，国家有关工作者补偿或职业病补偿制度（包括对核损害的赔偿）规定，这些制度的受益者获得补偿的权利和追索权应由所适用的国家法律确定。

[③] 1994年《联合国关于在发生严重干旱和/或沙漠化的国家特别是在非洲防治沙漠化的公约》和2006年《国际热带木材协定》。

表 3.3

多边环境协定的劳工问题

政策领域	多边环境协定
体面工作	• 《联合国海洋法公约》（1982 年） • 《保护波罗的海地区海洋环境公约》（1992 年） • 《国际热带木材协定》（2006 年） • 依据《联合国气候变化框架公约》缔结的《巴黎协定》（2015 年）
就业促进与保护	• 《联合国关于在发生严重干旱和/或沙漠化的国家特别是在非洲防治沙漠化的公约》（1994 年） • 《执行 1982 年 12 月 10 日〈联合国海洋法公约〉有关养护和管理跨界鱼类种群和高度洄游鱼类种群的规定的协定》（1995 年） • 《国际热带木材协定》（2006 年）
工作中的环境权利	• 依据《关于在环境问题上获得信息、公众参与决策和诉诸法律的公约》缔结的《关于污染物排放和转移登记制度的基辅议定书》（2003 年）
公正转型	• 《联合国气候变化框架公约》（2015 年）
职业安全与健康	• 《核安全公约》（1994 年） • 《乏燃料管理安全与放射性废物管理安全联合公约》（1997 年） • 1979 年《远距离越境空气污染物公约》的《重金属议定书》（1998 年） • 《关于在国际贸易中对某些危险化学品和农药采用事先知情同意程序的鹿特丹公约》（1998 年） • 《关于持久性有机污染物的斯德哥尔摩公约》（2001 年） • 《国际控制船舶有害防污底系统公约》（2001 年） • 《香港国际安全与无害环境拆船公约》（2009 年） • 《关于汞的水俣公约》（2013 年）
与补偿工作者相关的法律冲突的解决规则	• 《关于核损害的民事责任的维也纳公约》（1963 年） • 《国际海上运输有毒有害物质损害责任和赔偿公约》（1996 年） • 《核损害补充赔偿公约》（1997 年）

注：参见附录 3 中有关多边环境协定中就业和体面工作参量的全面分析。
资料来源：国际劳工组织汇编。

最后，其他多边环境协定虽未明确涉及诸如职业安全和健康或社会对话等具体的劳工问题，但仍给相关部门的活动及其工作条件带来了间接影响。例如，《关于消耗臭氧层物质的蒙特利尔议定书》（1989 年起生效）即是如此。该议定书于 2016 年在基加利市举行的缔约国第 28 次会议上进行了修订。在修正案中，各方同意分阶段减少氢氟碳化物的生产和使用，由于氢氟碳化物是影响重大的温室气体，因此修正案有利于减缓气候变化。通过改变特定行业的生产方法，这些协定可以带来直接和间接的影响（如需详细了解实现可持续性对整个经济的影响，参见第 2 章）。

通过多边环境协定，加强对国际劳工标准的推广

一体化的另一途径是多边环境协定对国际劳工标准的直接引用。例如，《联合国海洋法公约》（1982 年）、《国际热带木材协定》（2006 年）和《香港公约》（2009 年）将国际劳工组织文书作为执行其措施的相关法律框架。

> **专栏 3.3**
>
> **环境及劳工综合监管：《香港国际安全与无害环境拆船公约》（2009 年）**
>
> 航运业通过采用与可持续性和"生命周期法"相关的实践，实现了材料的有效回收和再利用。然而，拆船是一个伴随着危害人类安全和健康并造成环境污染的过程，特别是对于船舶回收工业可带来新的经济机会的新兴和发展中经济体。由于海事法律框架不适用于船舶生命周期的晚期，直到最近才出台关于船舶退役和处置的标准（Andersen, 2001）。
>
> 《香港国际安全与无害环境拆船公约》（2009 年，以下简称《香港公约》）是对这些拆船业问题做出的规范性回应。该公约挑战了在船舶设计中忽视生命周期安全和环境影响的旧有的生产模式。它以保护环境及人类健康为目标，尤其保护从事拆船业的工人。虽然国际劳工组织的某些公约为船厂的职业安全与健康提供了法律框架，国际劳工组织还制定了拆船业指导方针（ILO, 2004），但《香港公约》是一项将环境和劳工问题整合成单项法规的文书。
>
> 《香港公约》通过纳入国际劳工标准的重要方面，包括基本劳工标准以及职业安全与健康、社会对话、指导和培训方面的基本劳工标准，将拆船业的劳工维度纳入其中。[1] 例如，该公约包含计划制定框架，以便向工人提供适当的资料、培训和设备，进而实现安全无害环境的作业和有害物质的管理（条例第 18 条和第 20 条）；该公约还包含与拆船设施内所有工人的应急准备和响应相关的资料和培训（条例第 21 条）；工人安全（包括个人防护设备的使用）和面向所有工人的培训，包括承包商及其雇员（条例第 22 条）。
>
> [1] 这些标准载于《香港公约》的附件中（《安全与无害环境拆船条例》），根据《公约》第 1 条，这些标准均为该公约不可分割的组成部分。

为确保与劳动条件相关的海上卫生和安全（第 94 条），《联合国海洋法公约》（1982 年）参考了适用的国际法规，其中包括国际劳工标准。《关于汞的水俣公约》（2013 年）也体现了与劳动和体面工作相当的法律联系（第 16 条），对该公约缔结国和国际劳工组织各成员国之间在健康与安全问题上的机构合作做出了规定。这种参考证实了国际劳工标准对条约制定过程的影响，以及在实施国际环境条约中大量纳入国际劳工标准的开放路径。

在某些情况下，如图 3.2 所示，与国际劳工组织制定的职业安全与健康公约相比，包含职业安全与健康条款的多边环境协定得到的支持更多。例如，《关于持久性有机污染物的斯德哥尔摩公约》（2001 年）获得了 97% 的国际劳工组织成员国的批准，而 1981 年《职业安全与健康公约》（155 号）的成员国批准率仅有 35%（面板 A）。面板 B 显示了已批准职业安全与健康及其他相关公约的国际劳工组织成员国的百分比。

然而，无论批准与否，国际劳工组织公约都可能反映在国家立法、政策和惯例中。例如，21 个尚未批准第 155 号公约的国家向国际劳工组织报告，在其努力改进国内有关职业安全与健康的法律和惯例的过程中，已经或正在考虑该公约的内容，部分国家已考虑在未来批准该公约（ILO, 2009）。职业安全和健康公约获得批准的阻碍包括：难以在社会伙伴的充分支持下达成协议；需要加强政府机构在处理各种职业安全和健康问题方面的协调合作；能力不足；以及公约与现有国家立法之间的

图 3.2

国际劳工组织成员国批准包含职业安全与健康条款的多边环境协定、1981 年《职业安全与健康公约》（第 155 号）及其他国际劳工标准的对比

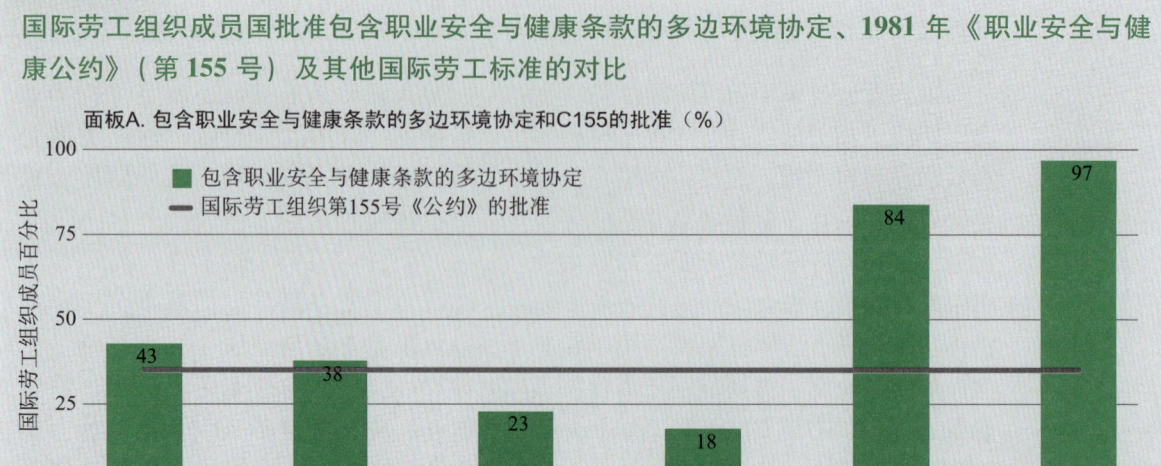

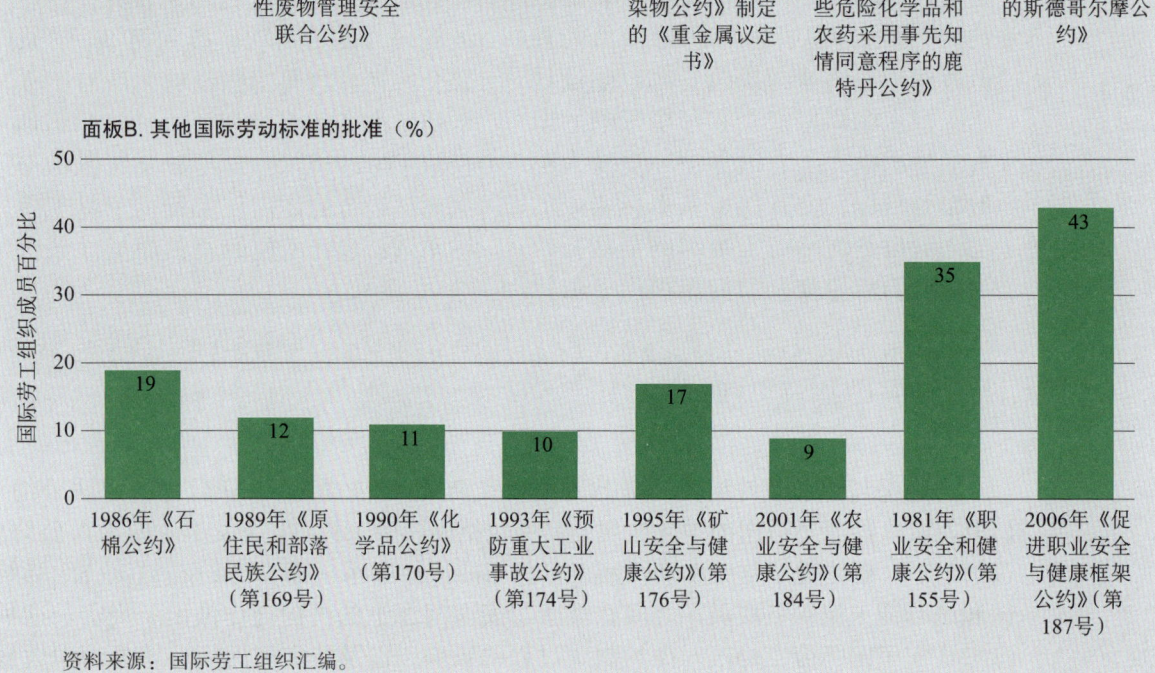

资料来源：国际劳工组织汇编。

不一致性。① 包含劳工规范的多边环境协定缔约方在实施这些规范时，也可以通过在国际劳工标准的内容中寻求指导。例如，《关于持久性有机污染物的斯德哥尔摩公约》（2001 年）规定，预防或减少某些化学品排放的适用技术必须考虑到确保工作场所职业安全与健康的需要。为了遵守这一规定，各国可参考与职业安全和健康相关的国际劳工标准。因此，涉及劳工维度的多边环境协定可通过扩大其实质及延展范围来帮助提升国际劳工标准的影响。

---

① 参见国际劳工组织（2009）第四章，关于进一步批准国际劳工组织职业安全与健康标准的影响、障碍和前景。

第 2 节 体面工作在国家法律和政策中的主流化

在国家层面，推动环境可持续性的规则和政策分散在治理具体问题或领域（如气候变化）和具体部门（包括能源、土地使用和农业、林业、废物管理和运输等部门）的规定当中。因此，虽然对"绿色经济"或"绿色增长"采取了越来越多的法律和政策框架，但尚未在所有国家和地区普及。环境立法和政策以各种形式出现，反映了不同国家的国情。本节重点讨论处于不同发展水平的国家的全国性法律和监管文书，确认了各部门的某些趋势，并记录了与绿色经济相关的各部门法制建设和重点领域（如气候变化）；还阐述了就业和体面的工作参数是如何被纳入国家监管范围并为有关转型期就业监管的新模式的讨论提供了基础。①

国家立法和政策治理向绿色经济的转型

各种类型的绿色政策和国家立法都涉及劳工问题

以绿色就业为目标的法律和政策的形式可以是多种多样的，并且可在不同情况下采用。② 本节具体论述了四个方面。第一，可将这些法律和政策作为关于转型期就业的具体法律或政策框架的组成部分加以采纳，以解决与之相关的大多数问题。一些国家已经通过或讨论了涉及所有或相关部门绿色就业的绿色就业法案（例如，2016 年加拿大新布伦瑞克省推出的《绿色就业法案》）。③

第二，各国可将转型期就业问题纳入更广泛的发展与绿色增长法律、政策和计划中。例如，韩国颁布的《低碳绿色增长框架法》（2010 年）包括了有关就业的若干条款。"绿色增长"④ 的定义包括创造新的就业机会，就业被确定为促进低碳增长的基本原则之一。此外，还要求政府提供技术支持，为绿色技术和绿色产业创造并扩大就业机会，使每个公民都能从绿色增长中获益并学习新技术（第 35 条）。

第三，各国可将劳工问题纳入具体部门或特定重点领域的法律和政策当中，如气候变化适应/减缓、可再生能源、环境保护、土地使用和林业，以及废物管理。例如，在阿尔及利亚，有关能源效率和推动可再生能源发展的立法支持创造有利的环境，从而有利于能源服务企业的创立，进而创造就业机会。⑤

第四，采取混合的办法，即将有关绿色就业的具体法律结合起来，并将劳工问题纳入部门法律和政策。例如，菲律宾通过了《2016 年绿色就业法案》（Green Jobs Act of 2016），将与就业相关的条款纳入了行业法律，如《2008 年可再生能源法案》（Renewable Energy Act of 2008）和《2011 年人民生存基金法案》（People's Survival Fund Act of 2011）。

---

① 第 2 章探讨了环境立法对就业水平和构成的影响，重点关注了温室气体（GHG）排放。
② 由于 2008 年的金融危机，许多国家已经开始启动绿色增长和绿色政策。在这种背景下，"绿色新政"（Green New Deal）的概念开始流行起来，最终在 2012 年"里约 +20"峰会上认可了绿色经济的概念。
③ 该《法案》的目的是创造就业机会，加强该省的地方经济，同时减少对化石燃料的依赖。在起草本报告时，该《法案》尚未获得通过。
④ 第 2 条对定义做出规定："'绿色增长'一词意为通过高效地储蓄和使用能源和资源实现增长，以减少气候变化和对环境的破坏，通过研究和发展绿色科技维护新的增长动力，创造新的就业机会，实现经济和环境之间的和谐。"
⑤ 《能源管理法》，第 99-09 号，1999 年 7 月 28 日，具体参考第 33 条。

> 专栏 3.4
>
> **撒哈拉以南非洲的绿色就业**
>
> 撒哈拉以南非洲是全球发展最快的地区之一。然而，由于大范围的贫困、频繁的干旱和对雨养农业的过度依赖等因素，该地区被普遍视为更容易受到环境退化影响的地区。这加剧了依赖自然资源的区域经济的脆弱性（German Federal Ministry for Economic Cooperation Development, 2015）。
>
> 在所分析的 16 个国家中，有 12 个国家的宪法保护公民在卫生和健康的环境中工作和生活的权利，大多数国家积极推动环境影响的评估。此外，行业部门法律法规加强了工人在尊重和保护环境方面的作用。贝宁的《采矿法》（2006 年）、布基纳法索的《采矿法》（2003 年）、中非共和国的《森林法》（2008 年）、科摩罗的《石油法》（2012 年）以及刚果民主共和国的《农业法》（2011 年）都是如此。
>
> 立法和政策措施还尝试将创造就业机会的目标同环境保护结合起来，具体包括工人培训和将环境问题纳入教育课程。部分国家将劳工问题纳入与气候变化相关的发展计划或国家战略中，比如乍得、布基纳法索、布隆迪、马里、尼日尔和塞内加尔。以尼日尔为例，它通过《国家气候变化政策》（2012 年）推动了"绿色就业"的创造，并为创造这些就业机会的雇主提供税收激励措施。[1]
>
> 在行业部门法律法规方面，针对可再生能源和废物管理的法律承认对新的知识领域和就业机会的需求。为了弥补电力的短缺，利用法律文本鼓励可再生能源的生产、消费、销售和进口。贝宁、布基纳法索、布隆迪、吉布提和马里等国出台了税收奖励机制，为可再生能源部门提供支持。考虑到人口的增长，还可以通过法律推动废物管理。公共机构负责确保提供足够的废物管理服务，同时鼓励私营部门为政府的公共健康保护工作提供补充。
>
> 最后，一些国家采取了绿色就业计划。例如，塞内加尔与联合国开发计划署制定联合计划，旨在推动和发展提供绿色就业机会的新兴部门，培养某些群体（包括妇女）的能力，并提供关于创造绿色就业机会的培训。自 2015 年以来，塞内加尔至少创造了 1000 个绿色就业岗位，预计未来 5 年内将再创造 10000 个（UNDP, 2015）。[2]
>
> [1] 政策对绿色就业定义如下："绿色就业是指帮助减少经济部门对环境的影响，使其保持在可接受的水平，以确保可持续发展，保护今世及后代人的利益"（非官方翻译）。
> [2] 虽然该计划未规定绿色工作的定义，但它表明了创造"体面的绿色工作"的目标。联合国开发计划署认为，国际劳工组织对绿色工作的定义是接受度最高的定义之一（参见，如 UNDP, 2013）。

不仅发达经济体通过了环境立法，各区域的发展中经济体和新兴经济体也是如此。一项针对撒哈拉以南非洲 16 国的调查。① 发现，在自 21 世纪初以来通过的所有法律中，环境问题均与就业和工作相关事务有关。专栏 3.4 给出了法律制定的概况，以及覆盖撒哈拉以南非洲特定部门或重点领域的绿色就业法规实例。

---

① 所调查分析的国家有：贝宁、布基纳法索、布隆迪、中非共和国、乍得、科摩罗、刚果民主共和国、吉布提、几内亚、马达加斯加、马里、毛里塔尼亚、尼日尔、卢旺达、塞内加尔和多哥。

国家法律和政策对"绿色就业"的不同界定

一项对国家法律的定性分析表明,各国现有监管框架尚未建立一套通用准则,用于界定绿色工作、绿色就业、就业绿色化的定义或向绿色经济公正转型的含义。目前存在多种界定方法。表3.4列举了不同国家制定的促进向绿色经济公正转型的法律和政策实例。

这项分析还揭示了一系列构成广义绿色工作概念的组成部分,其中包含对就业绿色化概念最为重要的因素:体面工作的重要性、工作中的基本权利、社会伙伴的参与、环保行动和工作权利。在就业绿色化的概念中加入环境权利具有重要意义(见专栏3.5),因为任何工作场所都能为减少环境影响和促进绿色增长贡献力量。这与减少温室气体排放不能局限于污染性工业的观点相一致。必须广泛采取办法,鼓励整个经济体的消费和生产模式的行为调整与变革。

国家法律和政策还对预测绿色转型所需技能、技能调查和技能提供计划(如2015年《法国绿色增长能源转型法案》)有具体影响。第5章探讨了技能发展政策如何考虑环境法规蕴含的要求。

表 3.4

国家绿色增长立法中的劳工问题实例

劳工维度	国家	国家法律	条款内容
体面工作	科特迪瓦	农业政策法案第2015-537号,2015年	采用一体化的方式努力实现环保和体面工作的目标。该法案的目标是发展一个"优化"的农业部门,既保护和恢复生物多样性,又有助于减轻贫困和创造就业,同时可打击强迫劳动和最恶劣形式的童工劳动。该法案重申,国家有义务保护青年和确保农业工人的安全与健康
绿色就业	菲律宾	2016年绿色就业法案	促进绿色就业机会的创造,给予激励和拨款。该法案还对"绿色"进行了全面定义,其中包括体面的工作方面(即创造生产性就业机会,尊重工人的权利,提供公平的收入,在工作场所提供安全措施,为家庭提供社会保障,以及促进社会对话)
工作场所绿色化	墨西哥	气候变化一般议定书,2012年	确定若干通过改变工作场所的消费行为以减少运输部门排放的措施。联邦公共行政管理、联邦实体和自治市的各级机构和实体在其职权范围内采取行动,必须促进政策和减缓措施的设计和发展。法律鼓励制定减少工人流失的方案(如远程工作或提供集体运输)
创造就业机会	巴西	第12.305号法令确定固体废物的国家政策,2010年	承认可再利用和可回收的固体废物是一种具有社会价值的经济商品,能提供工作和收入来源,增强公民意识。该法案还要求所有城市固体废物管理计划均应纳入通过固体废物的评估来创造业务、就业和收入来源的机制

资料来源:国际劳工组织汇编。

第3章 监管框架:一体化、伙伴关系与对话

> **专栏 3.5**
>
> **工作中的环境权利：法国《劳动法》**
>
> 法国的《劳动法》将环境因素纳入雇主和工人的权利和义务当中。第 L.4133 节确立了预警权（droit d'alerte）或早期预警权。这一权利起源于宪法保护环境的义务及 2013 年 4 月 16 日第 2013-316 号法令，该法令赋予自然人或法人公开信息的权利，这些信息如果未对外公开，可能对环境造成严重威胁。劳动者在具备以下三个累加条件时可行使预警权：环境风险存在；风险的严重性；以及其与企业使用的产品或制造过程的关系。工人代表可向卫生、安全及工作条件委员会提交一份通知。预警应以书面形式记录，雇主须将因此而采取的行动告知提交通知的工人。雇主负责决定采取何种行动。然而，有人认为沟通记录提供了一种内置跟踪系统，应当要求雇主为尽职调查以及在民事或刑事诉讼中所采取的措施提供合理的证明。预警权似乎是一项积极的发展，因为它有助于更好地将工作领域和环境融合起来。重要的是，这种预警机制可以帮助企业在面临紧急环境破坏和威胁时采取行动。

立法和政策的劳工维度对环境保护具有重要战略意义

兼顾解决就业和体面工作问题的气候变化政策

鉴于气候变化政策框架所承担的责任，包括国家自主贡献（NDC）在内，在目前向低碳经济转型的背景下，纳入与就业和体面工作有关的条款非常重要。但存在的一个问题是，当前的气候变化政策的目标（作为绿色政策的一部分）是否与经济、环境和社会目标一致。

一项针对 26 个国家进行的气候变化政策研究（包括适应性和减缓行动）发现，其中 19 个国家的政策包括劳工维度。① 在这 19 个国家中，有 10 个国家的政策涉及以适应为目的的技能、培训和能力建设，有 8 个国家的政策提到将创造就业机会作为气候政策的目标或成果，有 7 个国家认为创造就业机会是行业部门行动的一部分。其他与劳工有关的方面包括将气候变化纳入各种专业培训和适应战略的能力建设的发展（对这种现象及其技术和组织影响的认识）中，以及重新掌握特定专业群体的技能。图 3.3 详细列出了气候变化政策中劳工维度。

极少数气候变化框架（在所研究的 26 个国家中仅有 3 个国家）明确提及公正转型。同样，部分框架提到了体面工作和优质就业。相比之下，法国的气候政策规定了详细的转型措施，例如：包容性（考虑到每个受到直接或间接影响的人）；制定计划，考虑改造面临关闭的工厂；以及社会伙伴参与为受转型影响的部门设计解决方案。② 表 3.5 进一步列举了包括劳工问题在内的气候变化和绿色增长政策的设计

---

① 此次研究的政策不包括国家自主贡献。另一份对 20 国集团国家自主贡献的研究显示，就业与体面工作的融合一直非常有限。

② 气候计划（Plan Climat），2017 年 7 月 1 日。

图 3.3

一般气候变化政策中劳工维度细目

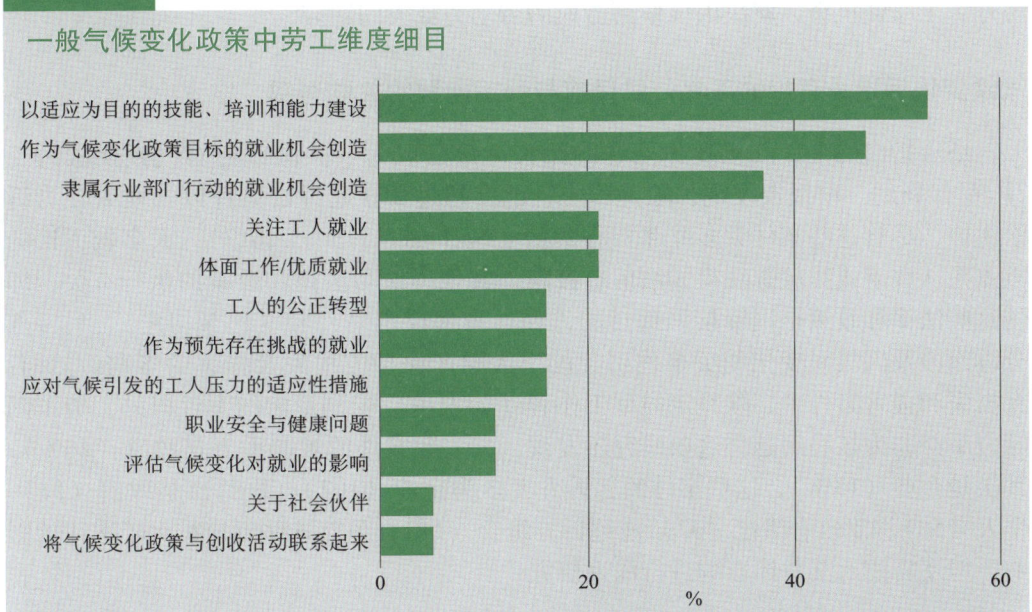

注：基于 26 个国家的数据（阿尔及利亚、阿根廷、澳大利亚、孟加拉国、比利时、巴西、布基纳法索、加拿大、中国、智利、哥伦比亚、法国、德国、印度、哈萨克斯坦、肯尼亚、墨西哥、纳米比亚、尼泊尔、俄罗斯、塞内加尔、新加坡、南非、瑞士、泰国、英国）。为明确与劳工相关的内容，目前已对这些国家的气候变化法律和政策进行了广泛的案头研究、分析和审查。

资料来源：国际劳工组织的计算。

表 3.5

包含劳工问题的绿色政策示例

国家	国家政策	政策内容
哥伦比亚	《国家绿色增长政策》，2013 年	聚焦绿色增长框架下的战略性人力资源开发。具体措施包括：将绿色增长原则纳入主流，包括绿色经济中的就业（即绿色投资、电信、交通、能源和旅游等领域的就业）；将绿色增长纳入职业培训学校的课程体系
加拿大	《清洁增长和气候变化泛加拿大框架》，2016	在提升环境绩效的同时，清洁技术可以提高企业的生产率和竞争力，促进就业机会的增长。在技能方面，加拿大应该能够获得来自全球各地有才能的工作者，并为本国工作者提供培训
斐济	《斐济绿色增长框架》，2014	到 2020 年，通过提升侧重于青年的可持续发展职业技能，努力解决失业和就业不足问题。具体包括：学徒计划；贸易技能；微型、中小型企业的奖励机制；以及职业培训计划
法国	《气候计划》，2017	为工作受到威胁的工作者制定"生态转型合同"。作为当前和未来转型的结果，各利益相关方（包括社会伙伴）都参与到能源等行业就业变化的讨论中去
蒙古	《绿色发展政策》，2014	将绿色就业[1]确定为衡量向绿色经济转型进程的战略目标和关键指标。规定了下列衡量标准：通过为至少 80% 的劳动适龄人口提供体面就业来确保收入；允许公民参与职业培训计划；创造就业安置服务；为妇女提供足够的育儿补偿；以及增强面对气候变化负面影响的恢复能力

[1] 该政策将"绿色工作"定义为满足下列条件的任何工作：有助于减少能源、原材料和水的消耗，有助于限制温室气体排放、废物和污染，有助于生态系统保护和恢复，并将通过气候变化适应实现环境保护和环境质量改善作为目标。

资料来源：国际劳工组织汇编。

第 3 章　监管框架：一体化、伙伴关系与对话和内容。此外，小岛发展中国家已采取措施，制订国家政策框架，通过先发制人的海外劳工移徙机会，解决因气候而造成的劳动力流失问题。①

气候变化诉讼是有用的工具，但目前与劳工问题的关联有限

还应指出的是，气候变化问题的相关诉讼已成为一些国家应对气候挑战的工具。② 最新的一项报告发现，除美国外，已有超过250起诉讼案件以气候变化为诉讼主体，尽管这些案件大多并非核心索赔（Nachmany et al., 2017）。大多数诉讼的重点是从政府或排放源获得详细信息披露。其他诉讼与法律和政策的执行有关，即使这些法律和政策是国际层面通过的，如《京都议定书》和《巴黎协定》，另一部分诉讼涉及因气候变化相关事件引起的个人财产保护或损失及损害的索赔。然而，在损失和损害案件中，除特定类型工作者（如农民）受到影响的案件以外，劳工问题似乎并非为核心问题。这项研究还发现，大多数案件的被起诉方是政府（46%）；其次是企业（13%），这些案件的起诉方大多为企业（102）；再其次是政府（51）、个人（56）、非政府组织（33）或起诉方组合（11）。虽然这些诉讼扩大了法律的影响，但还需要对其总体影响进行深入研究。

行业部门法律法规与政策中的就业和体面工作问题

除一般性气候变化法律和政策之外，还通过了处理劳工问题的行业部门环境和绿色增长法律与政策。与经济绿色化相关联并受全球性法规管制的主要部门包括农业、林业、生物多样性、渔业、海洋问题、水资源管理、旅游、能源、运输、建筑和建造、制造、采矿、废物处理和废物最少化。

能源立法就是一个明显的例证。一些国家通过法律、政策和方案来推动能源管理：环境无害能源生产和减少排放；低碳能源生产（包括风能、太阳能、地热、水力和核电）；能源效率；以及可再生能源在建筑物翻新和改造中的应用。能源部门管理法规也将劳工问题纳入考虑范围，包括技能发展和培训。在对40个国家能源立法的分析中，有27个国家将劳工问题（特别是技能和培训）纳入立法范围。表3.6显示了按国家收入组别划分的劳工问题分布情况。

虽然有关环境和绿色增长的法律和政策可能力求创造新的就业机会，但其创造的就业机会并非一定安全和体面。这在一定程度上是因为职业安全与健康的政策和实践有时可能是被动回应性的，并非以预防新风险为目的（EASHW, 2013）。新行业或职业中的工作者可能面临危险，包括新的风险和潜在风险，通常与新技术有关（ILO, 2017b）。图3.4提供了处于不同区域和不同发展水平的40个国家的具体部门及重点领域立法和政策的审查结果。审查结果显示，37.5%的国家在以农业和林业为重点的法律和政策中纳入了职业安全与健康维度，17.5%的国家在能源方面纳入职业安全与健康维度，70%的国家在废物管理方面纳入了职业安全与健康维度。此外，37.5%的国家将职业安全与健康问题列入一般环境法规，7.5%的国家将其列入气候变化法规。因此，不仅要加强职业安全与健康标准在经济绿色化相关法律和政策中的作用和地位，还要将这些方面作为培训的基本要素（UNFCCC, 2016）。

---

① 国际劳工组织太平洋岛屿国家办事处：《太平洋岛屿国家劳工迁移的法例和制度安排纲要》（2014年）。苏瓦，斐济。详情请见：http://www.unescap.org/sites/default/files/Compendium-of-Legislation-and-Institutional-Arrangements-for-Labour-Migration-in-Pacific-Island-Countries.pdf。

② 参见敦促基金会（Urgenda Foundation）与荷兰（基础设施和环境部）诉讼案，C/09/456689 / HA ZA 13-1396, 2015年6月24日。

表 3.6

按国家收入组别划分的能源法规中的劳工事项（40个国家的分析数据）[1]

收入组别（所考虑的国家数量）	一般劳工相关内容	就业创造	技术/培训	社会对话	参考总数
高收入（15）	8	5	9	1	23
上中等收入（13）	7	5	10	0	22
下中等收入（8）	2	2	5	0	9
低收入（4）	1	1	1	0	3
参考总数	18	13	25	1	57

[1] 阿尔及利亚、阿根廷、澳大利亚、孟加拉国、比利时、巴西、布基纳法索、柬埔寨、加拿大、智利、中国、哥伦比亚、哥斯达黎加、埃及、斐济、法国、德国、印度、印度尼西亚、意大利、肯尼亚、吉尔吉斯斯坦、卢森堡、马尔代夫、墨西哥、蒙古、纳米比亚、尼泊尔、尼日利亚、挪威、沙特阿拉伯、塞内加尔、新加坡、南非、瑞士、坦桑尼亚、泰国、特立尼达和多巴哥、土耳其、英国。

资料来源：国际劳工组织汇编。

图 3.4

与绿色转型相关的职业安全与健康立法问题（对按部门和重点领域划分的40个国家的分析）[1]

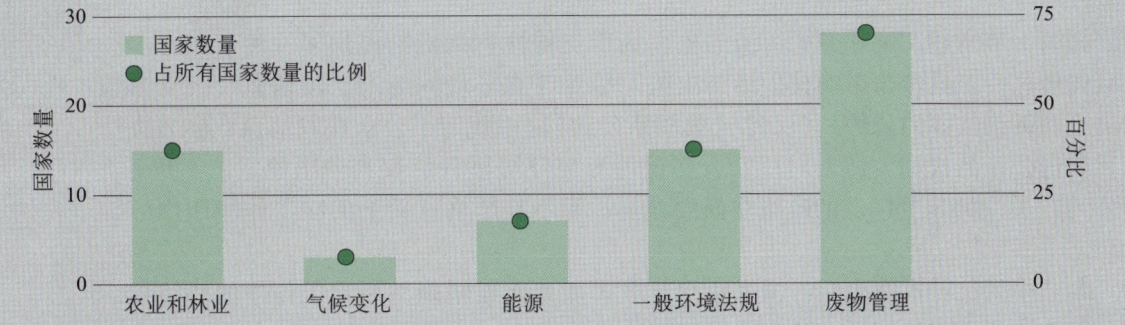

[1] 阿尔及利亚、阿根廷、澳大利亚、孟加拉国、比利时、巴西、布基纳法索、柬埔寨、加拿大、智利、中国、哥伦比亚、哥斯达黎加、埃及、斐济、法国、德国、印度、印度尼西亚、意大利、肯尼亚、吉尔吉斯斯坦、卢森堡、马尔代夫、墨西哥、蒙古、纳米比亚、尼泊尔、尼日利亚、挪威、沙特阿拉伯、塞内加尔、新加坡、南非、瑞士、坦桑尼亚、泰国、特立尼达和多巴哥、土耳其、英国。

资料来源：国际劳工组织的计算。

第3节　通过社会对话实现工作场所的绿色化

社会对话：覆盖所有气候变化行动者

企业通常被视为"气候变化行动者"，指能够为经济的绿色转型贡献力量的代理人。因此，雇主组织是变革的重要代表，能够开发出新的保护环境的工作方式。

第 2 章还强调了为改善环境可持续性而采取的各种自愿行动，特别是大企业采取的行动（如在供应商行为守则中加入环境规定，并列入合同中加以强制执行）。① 虽然这些努力应得到认可，但并非所有公司都能进行自主实践，具体原因在第 2 章中进行了叙述（包括微型、中小型企业的额外成本，或认为缺乏利益）。

工会在响应环境政策的职业影响以及识别工作者在向绿色经济转型时所面临的挑战和机会方面也发挥了一定作用。② 事实上，工会的许多工作都与气候变化对就业的影响有关，如关于解决就业与气候行动间权衡问题的政策阐述，促进工作场所环境行动的工作，都是工会为之所做的努力。③ 但是，工会单独行动的影响力可能相当有限（Glynn, Cadman and Maraseni, 2017）。

在为有利环境和所有社会行动者（包括社会伙伴）的参与提供支持的过程中，各国政府所发挥的作用至关重要，这一点在《向人人享有环境可持续经济和社会公正转型的指导方针》中得到了验证（ILO，2015a）。虽然在国际层面上将体面工作与环境问题充分结合的政策和体制倡议的数量有限④，但工人和雇主组织的参与必须与减缓及适应政策相结合。⑤ 他们是最适合履行承诺、在工作场所采取行动和减少生产活动对环境影响的群体。

举例说明，工人和雇主之间的合作有助于：（1）防止和减少企业对环境的影响；（2）在企业内执行环境政策、计划和行动；（3）改善工作条件，因为适当的环境法规和实践还有助于预防和最大化减少对工人健康的危害；（4）保持就业质量，提升新的"绿色工作"的质量；（5）在环境决策和决策过程中，提升公众参与度和发言权。

如第 1 节所述，国际劳工组织的工作场所支持性咨询机制提供了一种工具，工人可凭借这一工具参与影响其生活的决策。尽管《在环境问题上获得信息、公众参与决策和诉诸法律的公约》（又称《奥胡斯公约》）中规定了公众获取信息、参与决策和获得公正的权利，但未对社会合作伙伴参与环境事务的权利做出规定。《奥胡斯公约》关注的是更广泛的政策层面的参与，而不是严格意义上的在工作场所中的参与。

本节中的法律审查表明，国家法律几乎未能全面或明确地规定工作中的环境权利。因此，至少在短期内，社会伙伴谈判达成的协定（包括集体协议）已经成为在国家及国际层面企业内部推动环境承诺的重要社会对话工具。

关于将环境条款纳入集体协议的国家惯例

关于环境权利的社会对话在某些国家一直处于缓慢进展之中，但已渗透到国家层面的政策中。例如，经各方谈判达成的澳大利亚《绿色技能协定》（联邦政府与州和领地政府之间的协定），社会伙伴也参与其中，但参与度非常有限（见第 5

---

① 参见，例如 Beckers（2016）；Mitkidis（2014）。
② 参见 Hampton（2015），以了解详细的分析。
③ 部分重要的声明和报告包括：国际工会联盟：《工会与气候变化：对抗气候变化中的公平、公正与团结》(*Trade unions and climate change: Equity, justice & solidarity in the fight against climate change*)，工会在第 15 次缔约方会议中的声明，联合国气候变化框架公约（UNFCCC），哥本哈根（2009 年 12 月 7—18 日）；2012 年，国际工会联盟：《绿色增长和体面工作》。另参见英国劳工联合会议：《工会影响：工作场所的绿色化》(*The Union Effect: Greening the workplace*)，2014 年。
④ 尽管取得了进展，2015 年《巴黎协定》——应对气候变化的唯一最重要路线图——在前言中仅提及了工人公正转型的概念。
⑤ 此要点在欧洲工会联合会（ETUC）中有所发展（2004）。

章)。

目前,法律尚未授予在工作场所中处理环境问题的工会代表休假和培训的权利,尚未提供用以扩大工会活动的范围以涵盖环境问题的设施。这一职责通常依据与雇主协商的协议执行。在企业层面,雇主和工会共同努力确定问题领域,包括温室气体排放,在这些领域中在不造成就业、薪酬和工作条件损失的情况下减少环境影响。以意大利为例,企业层面的集体谈判协议认同可持续发展的承诺,如加强职业安全与健康、促进可持续性出行(即汽车共享)、保护弱势群体、消除废物以及采取旨在提高工作者和家庭福利等的倡议。① 其他协议在计算工作者生产率溢价时纳入了与资源消耗相关联的指标(如水或能源),在这种情况下,降低消耗可能导致更高的溢价。②

集体协议中的绿色条款是最近国家层面发展新方向的组成部分,特别是包含针对工作场所绿色化的具体和适当行动的条款。在向全球生产和消费迈进的过程中,在环境法律和政策的影响下,环境将成为社会对话的一个关键方面,这是一种趋势。的确,人们日益认识到,从长远来看,环境政策对于确保体面工作和可持续的就业至关重要。表 3.7 给出了加拿大集体协议谈判中绿色条款的部分示例。

与全球层面的团体协约相比,国家级团体谈判协约往往更倾向于向内看。这些协约中的绿色条款往往主要集中于工人和企业可以采取的具体行动,以促进工作场所的绿色化,并最终改善总体环境。

在比利时,雇主和工人谈判达成且经政府批准的《国家团体协约 98》(CCT 98)提供了一种被名为"生态支票"(éco-chèques)的福利,旨在帮助工人获得和购买生态服务和产品。本协约包括一份附件,列明了可用该支票购买的产品和服务;具体包括节能电器、提供环保出行的交通工具、生态旅游、可持续园艺及二手和回收产品。

英国环境和气候变化协议范本③包括能源使用条款(具有生态效益的能源使用和节能措施),回收和资源使用(生态采购,节能设备,尽量减少不可回收材料的使用,选择重新利用或可重新利用的材料,低成本节水措施),食品(本地采购,非过度包装或过度加工及避免使用一次性包装的食物),交通(设计采用可持续交通方式的旅行计划,鼓励远程会议)和其他杂项条款(比如,考虑使用植物来提高二氧化碳的吸收)。

全球社会对话中的绿色条款

环境条款("绿色条款")日益成为全球工会联盟(GUF)和跨国企业之间社会对话的主题,最后,环境问题与劳工权利和原则一并被列入国际框架协议(IFA)。

---

① 参见,如 Luxottica 与 Luxottica 联合协调组织间的协议(2015 年 10 月 30 日)。
② 参见 Marposs S. p. A 与 R. S. U. 和 OO. SS 之间的协议(2017 年 9 月 1 日)。
③ 一般意义上讲,示范协定是作为谈判基础的团体谈判协约的范例。

表 3.7

国家背景下的绿色条款：加拿大集体谈判实践示例[1]

行动领域	良好实践/绿色条款
绿色采购	国际机械师及航空航天工人协会（2010）：通过谈判达成的绿色条款阐明了雇主的承诺，即为员工提供合理的环保产品和服务，如纸张、油墨、肥皂和清洁用品。在雇主提供产品时，应尽量做到：当地种植并生产、无公害、非转基因、以道德和公平贸易方式生产的产品 加拿大政府雇员工会（CUPE, 2012），不列颠哥伦比亚省社区社会服务谈判工会（CSSBA, 2014）和不列颠哥伦比亚省政府和服务雇员工会（BCGEU, 2012）：在条款中，雇主承诺调查环保产品的使用或尽可能使用环保产品 加拿大政府雇员工会（CUPE, 2008）：该条款包括成立联合审查委员会（雇主—工人），其任务是识别任何具有潜在危险的化学品/设备的替代产品，并推广工作设施环保产品
绿色出行	不列颠哥伦比亚省政府和服务雇员工会（BCGEU, 2012）：协议规定雇主应积极参与环境可持续性员工上下班交通管理计划 加拿大公共服务联盟（Public Service Alliance of Canada, 2013）通过谈判达成了一项协议，鼓励员工及其家属使用公共交通工具，雇主将报销50%的城市运营的公共交通系统通行费用。曼尼托巴省政府和一般雇员工会（2014）以及其他工会经过谈判也做出了类似的安排 国际机械师及航空航天工作人员协会（2010）：协约规定，雇员使用公共交通工具或其他替代工具时，每月领取的交通奖励金额可达月交通通行证费用的85%。每月开车上班（包括拼车）超过四天的雇员均无资格领取此奖励 加拿大政府雇员工会（CUPE）与西蒙弗雷泽大学谈判达成的一项集体协议（2014）规定，定期轮班将依据某些公共交通时间表进行 卡莫森学院教师协会和卡莫斯学院协议（2014）实施一项替代交通红利计划，以减少校园内单独占据机动车停车位的比例。拒绝享受停车特权的员工将获得分红
减少浪费，节约资源	2012年，不列颠哥伦比亚省政府和服务雇员工会（BCGEU, 2012）和不列颠哥伦比亚省政府经谈判达成的协议中包含一项条款，对雇主减少工作场所不可再生和可再生资源消耗的方式进行审查，在工作场所中增加重复利用材料的数量，并实施回收计划 加拿大国家汽车、航空航天、运输和一般工人工会（2011）经谈判确定的绿色条款规定雇主将努力实现下列目标：在工作过程中使用消除环境影响或最小化环境影响的物质；评估使用或生产的所有物质，使用危险性更小的物质取代当前物质；并且，当物质无法取代时，采用如下方法评估和处理：重复使用；回收；以消除或最大化减少环境损害的方式加以处置；或以环境无害的方式储存 加拿大公共服务联盟（2011）通过谈判达成了一项协议，针对节能、保温、夏季节能、适当供暖和无须电力时熄灯制定了一套指导方针
拒绝工作的权利	根据国际机车司机联盟（2010）谈判的条款，员工可拒绝执行省级环境法规规定的违法行为 加拿大国家汽车、航空航天、运输和一般工人工会（2011）与加拿大太平洋铁路公司达成协议，雇主承诺通知雇员，他们有权拒绝可能危害环境的危险工作，并在工作场所张贴告示，将这项权利告知工作者。根据本协议，任何员工均不得因行使此权利而受到处罚。2013年，加拿大工会谈判达成的协议也纳入了类似条款
检举人保护	加拿大国家汽车、航空航天、运输和一般工人工会（UNIFOR）和加拿大政府雇员工会（CUPE）在双方集体协议的一项条款中规定，员工有责任将违反环保法规的行为或将有害物质释放到空气、土地和水系统的情况告知主管机构。如果公司和健康、安全及环境委员会事先得到通知，任何员工都不因此受到纪律处分

[1] 基于《加拿大工作和工作场所应对气候变化的适应性调整》（ACW），绿色团体协约数据库，网址：https://www.zotero.org/green_agreements。

> **专栏 3.6**
>
> **国际框架协议**
>
> 国际框架协议（IFA），又称全球框架协议，指跨国企业和全球工会联盟（GUF）之间的协议。国际框架协议是通过跨国界社会对话达成的自愿性文书，推行跨国企业及其全球供应链的最低劳工标准，有时参考国际劳工标准（Papadakis, 2008 and 2011）。国际框架协议的出现在一定程度上是对现实情况的响应：缺乏一套管理跨国公司行为的有约束力的综合性国际标准，以及在某些情况下确保尊重劳动者权利方面，国家法规相对低效（Drouin, 2015）。
>
> 国际框架协议是跨国界社会对话的重要文书，原因有很多。绝大部分国际框架协议参考了1998年《国际劳工组织关于工作中基本原则和权力宣言》、《国际劳工组织公约》和《国际劳工组织关于关于多国企业和社会政策的三方原则宣言》（于2017年3月修订）中所包含的权利和原则。国际框架协议还为企业在全球范围内的机构提供了一套可向其供应商推荐的劳工标准。在某些情况下，还就有力的执行和监测机制进行谈判。有人认为，国际框架协议是新兴的跨境工业关系框架的基石（ETUC, Syndex and Sustainlabour, 2010; Papadakis, 2008）。

国际框架协议包含的条款范围广泛，可以对绿色转型和工作场所绿色化的相关讨论做出有益的贡献，并可以通过提供关于环境问题的具体内容（包括语言）为进一步的谈判提供信息。将绿色条款纳入国际框架协议是谈判的结果，是在谈判中达成的共同承诺，在某些情况下，反映了跨国公司的已有环境政策或全球工会联盟的谈判议程（ETUC, Syndex and Sustainlabour, 2010）。尽管取得了一些积极成果，但我们必须认识到国际框架协议的局限性。与国家谈判达成的团体协约相比，国际框架协议会在其执行和生效，以及供应链各环节合规性方面容易出现问题（Hadwiger, 2015）。

国际框架协议包含"绿色"条款

一项针对104个国际框架协议的审查明确阐述了纳入或推动绿色条款的实践案例。[①] 大多数国际框架协议由总部位于欧洲的跨国公司签署。但是，最近——从21世纪初开始——一些亚洲、非洲、北美和拉丁美洲的公司也签署了国际框架协议。共有约20个国际框架协议由非欧洲跨国公司谈判达成。

对这些国际框架协议的分析揭示了多个趋势：第一，其中59%（61项协议）在协议序言、共同谅解声明中加入了绿色条款或将绿色条款作为协议执行部分的具体承诺。约6%的国际框架协议由非欧洲跨国公司缔结。这些跨国公司缔结的国际框架协议也纳入了绿色条款。

第二，对1995—2017年期间的国际框架协议的审查显示，这些协议的环境条款

[①] 国际框架协议的数量以全球工会网站上公开提供的协议为依据（BWI签署的21个国际框架协议，IndustiALL全球工会联盟签署的46个国际框架协议，UNI全球工会联盟签署的30个国际框架协议，IUF签署的8个国际框架协议，PSI签署的3个国际框架协议）。

第3章　监管框架：一体化、伙伴关系与对话

在性质和内容上发生了变化。最初提及可持续性发展和环境的一般性内容已发展成为更加详细和复杂的条款，包括与协议的执行和监测、透明度和支持公正转型相关的条款。目前的趋势是，近年来签署的国际框架协议在内容及适用范围方面更加具体和精确。[①]

国际框架协议中的绿色条款通常包含跨国公司和/或工会为环境保护目标而做出的一般性承诺，但并未明确规定工人及其代表的具体目标、权利或行动。一些国际框架协议确实制定了具体的环境目标，如与水、废物处理和自然资源的保护相关的目标。这些目标的制定更为详细，考虑到了更好的执行框架、监控和审查。

第三，早期的国际框架协议往往同时应对职业安全与卫生和环境问题，但最近的国际框架协议针对环境问题制定了专门条款。这一趋势可归因于：（1）对气候变化和环境政策越来越重视；（2）工人更多地参与到工作场所环境问题的阐释和监测中去（ETUC, Syndex and Sustainlabour, 2010）；（3）认识到环境条款对于确保体面工作及可持续的就业的重要意义。

第四，部分协议明确表示环境是社会对话的主题。例如，在一项国际框架协议中，跨国公司承诺"与员工代表进行建设性的社会对话，以确定公司的卫生、安全、环境和质量政策"。[②] 另一份协议规定："全球社会对话将继续以本协议为基础，面向……在具体领域达成的协议，例如……可持续发展/气候变化领域"。[③] 随着环境政策对生产相关决策的影响更来越大，环境在跨国界社会对话中及国家背景下扮演的角色将更加突出。

绿色条款涵盖的问题

国际框架协议中最常见的"绿色"承诺之一与可持续发展有关。更确切地说，这一承诺由国际框架协议的跨国公司缔约方在其拟定的一般性声明中阐述，即"可持续发展是商业经营的一部分"。在国际框架协议确定的 216 项绿色承诺[④]中，约有10%包括这项声明。[⑤] 其次是承诺尊重和/或促进环境，将其作为企业目标和社会责任（约占所有绿色规定的9%）。

在所研究和审查的协议中，其他受到广泛支持的重要承诺包括：（1）跨国公司了解其活动对环境的影响；（2）承诺遵守国际协定、标准和原则以及国家环境立法；（3）减少或管理企业活动对环境的影响；（4）将对环境的适当考虑（或尽职调查）作为一项整体政策，特别是在开展企业活动时。

表3.8列出了国际框架协议中受到最广泛认可的绿色承诺。其中，大多数均为外向型承诺，从某种意义上说，它们是针对企业活动的环境影响，而不是工作场所的环境行动。虽然较为笼统，但这些承诺可以作为"认可工人在环境问题上的责任和权利"的切入点。[⑥]

[①] 参见，例如：跨国企业——永旺（2014），卢克石油（2014），道达尔（2015），奇堡（2016），标致雪铁龙（2017）——缔结的国际框架协议。

[②] 道达尔公司签署的国际框架协议。

[③] 法国燃气苏伊士集团签署的国际框架协议。

[④] 作为分析基础的承诺数量与国际框架协议中发现的绿色条款数量不符。这是因为一个绿色条款实际上可能包含两个或多个不同性质的承诺。

[⑤] 如需查阅国际框架协议中可持续发展问题的整合的相关评论文章，参见 ETUC, Syndex and Sustainlabour（2010），第35页。

[⑥] 出处同上，第41页。

表 3.8

国际框架协议中的主要绿色承诺列表

国际框架协议中绿色条款的类型	国际框架协议数量（个）
可持续发展是"营商环境"的一部分	22
尊重或促进环境是企业的目标/社会责任	19
企业意识到其活动对环境的影响	17
尊重国际协议、原则和标准以及国家环境法	15
承诺减少或管理公司运营对环境的影响	14
在日常工作中和开展企业活动时，要充分考虑环境	10
努力并/或实现环境绩效的改善	9
在运营时对环境采取预防性和预警性措施的一般承诺	9
环保科技的推广及发展，或推广此类技术的意向声明	8
尊重或保护环境和/或自然资源，以及保护/维护生物多样性	8
承诺采取措施减少或控制温室气体	7
确保产品和生产过程展现环境友好性或符合环保标准	7
自然资源（水、矿产资源、农产品、化石燃料等）的可持续利用及相关认知	7
提高员工对适用环境标准的认识	6
废物管理及循环再造	6

资料来源：国际劳工组织汇编。

其他绿色条款更加具体，主要针对工作场所的行动，包括鼓励员工采取生态行为，如工作场所的节能和绿色出行（使工作相关的旅行和通勤合理化）。然而，与绿色条款的总体数量相比，涉及工作场所相关行动的创新条款数量仍然不多（见表3.9）。

表 3.9

创新的但较不常见的绿色承诺列表

国际框架协议中绿色条款的类型	国际框架协议数量（个）
能源生态效率（包括替代能源资源的使用和开发）	4
鼓励员工采取生态行为	4
在不遵守环境法规的情况下，终止与承包商或供应商的关系	3
工人权利是可持续发展的要素	2
透明度，有关公司环境活动的对话，公布环境评估报告或造成的损害	2
审查环境承诺的执行情况	2
支持"公正转型"	1
确定环境政策的社会对话	1
培养员工应对环境挑战的能力	1
以保障劳动者权益的方式采取适应性措施	1

资料来源：国际劳工组织汇编。

因为工作场所燃烧能源、消耗资源、产生废物以及出行方面的需求，所以解决与工作场所有关的环境问题至关重要，因其可提升就业的可持续性。只有一项绿色国际框架协议的条款提到了"公正转型"和劳动力调整措施。具体规定如下："签署协议的全球工会联盟应支持减少碳排放，并将配合跨国企业以确保采取任何必要的适应方式保护工人的权益，同时确保任何此类变更的影响（原文如此）以协议的、公平的方式进设计和实施；跨国企业积极支持'公正转型'原则。"①

针对国际框架协议中具体部门的分析显示，对环境影响较大的部门可能纳入更多的环境承诺。众所周知，石油和天然气、能源、化学品、纸浆和纸张（包括文具和印刷）、采矿和制造部门是最大的温室气体排放部门，这些部门（包括航空航天和国防）中包含绿色条款的国际框架协议总数达37个。

分析表明，越来越多的绿色承诺被纳入国际框架协议中。② 有关这方面的深入研究应继续进行做出对这类承诺影响的评估。此外，如前所述，一些公司通过其他自愿倡议并在国家层面以分散管理的方式推行环境政策。

国家与国际两个层面的实例表明，社会对话可以为减少工作场所的环境影响及对抗气候变化做出实质性贡献。然而，随着环境工会主义的不断兴起，企业也参与其中，人们呼吁逐步将社会对话纳入环境讨论，进一步向全球生产和消费模式的现状发起挑战（Barry，2012）。为改善环境，社会对话可以更多地关注支持生活水平的质量改善，而不是在这个资源有限的世界里维持一个"持续生产增长"的普遍框架（Maria-Tome Gil，2013）。

结束语

本章探讨了现有法律和政策框架是否以及在何种程度上认为劳工和环境是相互依存的盟友，以便为社会、经济和环境的可持续发展提供必要的物质资源。本章首先承认"公正转型法"并不存在，但重要的是要利用劳动法中所包含的原则，以便更好地利用环境法的优势，包括优先促进集体行动和对话。此外，由于气候灾害可能是罕见事件，因此很难计算与绿色转型相关的成本和收益，与保险型覆盖相比，保护性投资可以更好地覆盖这些风险。因此，作为劳动法基础的公正理论可以作为一种工具，用于确保这些投资以公平的方式分配（Doorey，2017）。

国际劳工组织的公约、建议书和议定书提供了政策、工具、措施和框架，推动行为改变，进而改进可持续发展的规范性框架。国际劳工标准采取了一种双重方法，将社会和经济目标与环境政策相协调。首先，国际劳工标准会处理可能导致环境紧张的问题，如缺乏就业和生活水平不高。其次，在环境恶化的情况下，国际劳工标准也有助于政策解决方案的设计。随着时间的推移，国际劳工标准，特别是与职业安全与健康相关的标准，已经从仅关注保护工人发展到纳入环境的保护和维护。因此，国际劳工标准普及是经济绿色化的关键。

本章还指出，虽然部分国际劳工标准纳入了环境规定，但目前还没有专门应对公正转型相关问题的单一型国际劳工标准。然而，国际劳工组织的其他行动方式也可以用于促进公正转型，包括能力建设以及与其他国际和区域组织的合作（Olsen and Kemter，2013）。

---

① 与法国燃气苏伊士集团缔结的国际框架协议。
② 如需了解全球框架协议对全球供应链的影响的具体案例研究，参见 Hadwiger，2015。

部分国际劳工标准为尚未按照多边环境协定行使管制权利或管制不足的地区提供了环境保护工具。例如，第 170 号公约和第 184 号公约纳入了自源头起处理废物的标准，这是一个国际环境协定尚未充分解决的问题。同样，虽然目前尚不存在包含农业规定的其他重要的专门国际环境法规，但国际劳工组织标准，特别是第 184 号公约，规定了以环境无害的方式实施农业过程。不可否认的是，国际劳工标准并未实现环境法所设想的保护环境的直接作用，但它反映了一个事实，即工作环境与一般环境间存在着密切的联系。

国家层面的法规越来越有助于更好地理解立法和政策如何推动就业的绿色化转型。在社会目标一体化方面，与劳工有关的气候变化政策（适应和减缓）的主要重点是技能（53%）、再培训和创造就业（42%）。我们仍然需要进一步了解和认识对不同法律、政策和体制设计的影响及其给就业和体面工作方面带来的实际变化。在一些国家中，气候政策的实施开始与法院工作相关联，因此我们需要开展进一步的研究，调查气候诉讼中公正转型维度的纳入方式。社会对话等其他关键问题也不容忽视。

法律和法规是有利环境的组成部分。对于向绿色增长转型所需的国家结构变化、精心设计的有效监管框架能够促进和鼓励各方对此采取合理的计划性方法。有效且妥善执行的法律框架对确保国内和国际投资也至关重要。

最后，社会对话可以发挥关键作用。由于与生产相关的决策日益受到环境政策的影响，环境将成为跨国和国家社会对话中更加突出的问题。社会对话可以作为促进工作场所环境行动制度化的有用工具。工作场所的行动有助于推动政策和结构以及个人行为的变化，并且在减少碳排放方面，工作场所的行动可能证实比个人层面采取的措施更加有效。

参考文献

Andersen, A.B. 2001. *Worker safety in the ship-breaking industries*, Sectoral Working Paper No. 167 (Geneva, ILO).

Aust, A. 2010. *Handbook of international law,* 2nd edition (New York, NY, Cambridge University Press).

Barry, J. 2012. "Trade unions and the transition from 'actually existing unsustainability': from economic crisis to a new political economy beyond growth", in N. Räthzel and D. Uzzell (eds): *Trade unions in the green economy: Working for the environment* (London, Routledge), pp. 227–241.

Beckers, A. 2016. *Regulating corporate regulators through contract law? The case of corporate social responsibility codes of conduct*, EIU Working Papers No. MWP 2016/12 (San Domenico di Fiesole, European University Institute). Available at: http://cadmus.eui.eu/bitstream/handle/1814/41485/MWP_2016_12.pdf?sequence=4 [9 Jan. 2018].

Brunnée, J. 2011. "Environment, multilateral agreements", in R. Wolfrum (ed.): *Max Planck Encyclopaedia of Public International Law* (Oxford, Oxford University Press).

Doorey, D.J. 2017. "Just transitions law: Putting labour law to work on climate change", in *Canadian Journal of Environmental Law and Practice*, Vol. 30, No. 2. Also available at: SSRN: https://ssrn.com/abstract=2938590 [9 Jan. 2018].

Drouin, R.-C. 2015. "Freedom of association in international framework agreements", in A. Blackett and A. Trebilcock (eds): *Research Handbook on Transnational Labour Law* (Cheltenham, Edward Elgar), pp. 217–229.

European Agency for Safety and Health at Work (EASHW). 2013. *Green jobs and occupational safety and health: Foresight on new and emerging risks associated with new technologies by 2020* (Luxembourg). Available at: https://osha.europa.eu/en/tools-and-publications/publications/reports/summary-green-jobs-and-occupational-safety-and-health-foresight-on-new-and-emerging-risks-associated-with-new-technologies-by-2020 [9 Jan. 2018].

ETUC (European Trade Union Confederation). 2004. *Climate change: Avenues for trade union action* (Brussels).

—; Syndex; Sustainlabour. 2010. "Environment and occupational health and safety clauses in the International Framework Agreements. A study", 14 June (Brussels).

German Federal Ministry for Economic Cooperation Development. 2015. *Benefits of a green economy: Transformation in sub-Saharan Africa* (Bonn, GIZ).

Glynn, P; Cadman, T.; Maraseni, T.N. 2017. *Business, organized labour and climate policy: Forging a role at the negotiating table* (Cheltenham, Edward Elgar).

Hadwiger, F. 2015. "Global framework agreements: Achieving decent work in global supply chains?", in *International Journal of Labour Research*, Vol. 7, No. 1–2, pp. 75–94.

Hampton, P. 2015. *Workers and trade unions for climate solidarity: Tackling climate change in a neoliberal world* (London, Routledge).

ICFTU (International Confederation of Free Trade Unions). 2005. "Preventing disruption and enhancing community cohesion: Social and employment transition for climate change", Trade Union Statement to the 11th Conference of the Parties to the United Nations Framework Convention on Climate Change (UNFCCC), Montreal, 29 Dec.

ILO (International Labour Office). 1987. *Safety in the working environment*, General Survey by the Committee of Experts on the Application of Conventions and Recommendations, Report III (Part 4B), International Labour Conference, 73rd Session, Geneva, 1987 (Geneva).

—. 1992. *Prevention of industrial disasters*, Report V (1), International Labour Conference, 79th Session, Geneva, 1992 (Geneva).

—. 1995. *Safety and health in mines*, Report IV (2A), International Labour Conference, 82nd Session, Geneva, 1995 (Geneva).

—. 2004. *Safety and health in shipbreaking: Guidelines for Asian countries and Turkey*, Code of practice (Geneva).

—. 2009. *Occupational safety and health*, General Survey concerning the Occupational Safety and Health Convention, 1981 (No. 155), the Occupational Safety and Health Recommendation, 1981 (No. 164), and the Protocol of 2002 to the Occupational Safety and Health Convention, 1981, Report III (Part 1B), International Labour Conference, 98th Session, Geneva, 2009 (Geneva).

—. 2014. *Rules of the game: A brief introduction to international labour standards,* third revised edition (Geneva).

—. 2015a. *Guidelines for a just transition towards environmentally sustainable economies and societies for all* (Geneva).

—. 2015b. *Giving a voice to rural workers*, General Survey concerning the right of association and rural workers' organizations instruments, Report III (Part 1B), International Labour Conference, 104th Session, Geneva, 2015 (Geneva).

—. 2017a. *Agenda of the International Labour Conference*, Governing Body, 331st Session, Geneva, Oct.–Nov., GB.331/INS/2 (Geneva).

—. 2017b. *Addressing the impact of climate change on labour*, Governing Body, 329th Session, Geneva, Mar., GB.329/POL/3 (Geneva).

Kagan, S.; Byrne, M.; Leighton, M. 2017. "Organizational perspective from the International Labour Organization", in B. Mayer and F. Crépeau (eds): *Research handbook on climate change, migration and the law* (Cheltenham, Edward Elgar), pp. 316–330.

María-Tomé Gil, B. 2013. "Moving towards eco-unionism: Reflecting the Spanish experience", in N. Räthzel and D. Uzzell (eds): *Trade unions in the green economy: Working for the environment* (London, Routledge), pp. 64–77.

Mbengue, M. 2015. "Principle 14: Dangerous activities and substances", in J.E. Viñuales (ed.): *The Rio Declaration on Environment and Development: A commentary* (Oxford, Oxford University Press).

Mitkidis, K.P. 2014. "Sustainability clauses in international supply chain contracts: Regulation, enforceability and effects of ethical requirements", in *Nordic Journal of Commercial Law*, No. 1. Available at SSRN: https://ssrn.com/abstract=2457586 [9 Jan. 2018].

Nachmany, M.; Fankhauser, S.; Setzer, J.; Averchenkova, A. 2017. *Global trends in climate change legislation and litigation: 2017 update*, Grantham Research Institute on Climate Change and the Environment (London, London School of Economics and Political Science). Available at: http://www.lse.ac.uk/GranthamInstitute/wp-content/uploads/2017/04/Global-trends-in-climate-change-legislation-and-litigation-WEB.pdf [9 Jan. 2018].

Olsen, L. 2009. *The employment effects of climate change and climate change responses: A role for international labour standards?*, Global Union Research Network (GURN), Discussion Paper No. 12 (Geneva, ILO).

—. 2010. "Supporting a just transition: The role of international labour standards", in *International Journal of Labour Research*, Vol. 2, No. 2, pp. 293–318.

—; Kemter, D. 2013. "The International Labour Organization and the environment: The way to a socially just transition for workers", in N. Räthzel and D. Uzzell (eds): *Trade unions in the green economy: Working for the environment* (London, Routledge), pp. 41–58.

Papadakis, K. (ed.). 2008. *Cross-border social dialogue and agreements: An emerging global industrial relations framework?* (Geneva, International Institute for Labour Studies, ILO).

—. 2011. *Shaping global industrial relations: The impact of International Framework Agreements* (Geneva, ILO).

Rodgers, G.; Lee, E.; Swepston, L.; Van Daele, J. 2009. *The International Labour Organization and the quest for social justice, 1919–2009* (Geneva, ILO).

Sands, P.; Peel, J. 2012. *Principles of international environmental law*, 3rd edition (Cambridge, Cambridge University Press).

Schröder, M. 2014. "Precautionary approach/principle", in R. Wolfrum (ed.): *Max Planck Encyclopaedia of Public International Law* (Oxford, Oxford University Press).

Servais, J.M. 2017. *International labour law*, 5th edition (Alphen aan den Rijn, Kluwer Law International).

UNDP (United Nations Development Programme). 2013. *Green jobs for women and youth: What can local governments do?* (New York, NY). Available at: http://www.undp.org/content/undp/en/home/librarypage/poverty-reduction/participatory_localdevelopment/green-jobs-for-women-and-youth--what-can-local-governaments-do-.html [10 Jan. 2018].

—. 2015. *Programme du gouvernement du Sénégal* (Dakar). Available at: https://info.undp.org/docs/pdc/Documents/SEN/PRODOC_PACEV.pdf [1 Mar. 2018].

UNFCCC (United Nations Framework Convention on Climate Change). 2016. *Just transition of the workforce, and the creation of decent work and quality jobs*, FCCC/TP/2016/7 (New York, NY).

Valticos, N. 1979. *International labour law* (Deventer, Kluwer Law International).

Von Potobsky, G.W.; Bartolomei de la Cruz, H.G. 1990. *La Organización Internacional del Trabajo: El sistema normativo internacional: Los instrumentos sobre derechos humanos fundamentales* (Buenos Aires, Astrea).

第 4 章 保护工作者和环境

> **重要发现**
>
> 气候变化和其他形式的环境退化会对人们的生计造成损害，要保护工作者及其家庭，就必须制定有效且有针对性的措施。
>
> 要确保实现公正转型，就需要提供一系列的福利和服务。收入支持措施应辅以就业安置、技能再培训和搬迁支持。尤其需要指出的是，失业保障计划可以在帮助失业工作者转向更加环境可持续的经济形式方面发挥关键作用。
>
> 对于因不良环境事件或因绿色政策造成的结构性变化而遭受收入损失的家庭，可使用现金转移支付计划进行补偿。
>
> 公共就业计划已成为结合经济、社会和环境目标的关键政策工具，有助于适应和减缓环境退化和气候变化。
>
> 通过精心设计和实施，生态系统服务付费计划可以为环境提供经济有效的保护，同时支持家庭收入。
>
> 预测表明，促进转移支付（如失业补助、现金转移支付、公共就业计划和生态系统服务付费），加强社会保障和支持绿色投资的政策在财政上是可行的，有助于促进经济增长、创造就业和实现公平的收入分配。

引 言

社会保障政策能够保障和促进人权，是确保向绿色经济公正转型和保护工作者免受气候变化和其他形式的环境退化的有害影响的重要基石。正如可持续发展目标（SDG）所认定的，无论在国家或国际层面，社会保障政策对经济和社会发展战略都至关重要。社会保障包括社会和经济措施，这些措施为人们提供跨越整个生命周期的保护，在人们获取收入或基本服务的能力受到侵害时发挥作用①（ILO，2017）。普惠的社会保障强调将缴费型计划和非缴费型计划相结合的重要性，整合一套政策，以确保收入安全，并给所有人提供跨越整个生命周期的支持——特别关注贫困人口和弱势群体（ILO and World Bank，2015）。全面社会保障与就业政策相结合，可以确保人们在整个生命周期中享有收入保障。

由于气候变化的持续不利影响，如气温上升、降水模式的变化以及自然灾害发生的频率和程度的增加，对全面和综合社会保障体系的需求很可能也会增加（见第1章）。这将体现在大多数家庭收入停滞不前，以及消费、投资和税收方面的一系列通缩效应上。社会保障体系通过收入支持和一般经济保障两种不同的方式，促进向绿色经济和环境行动的公正转型。

第一，社会保障有助于个人和家庭适应环境退化和气候变化。"适应"一词是指旨在防止环境退化造成过多环境损害的措施（例如，通过公共就业计划修建水坝），或旨在减轻环境灾害的社会和经济后果的措施（例如，通过现金转移支付提供财政援助）。例如，社会保障可用于保护遭受干旱、台风、热浪或洪水等不良环境事件的人群。现金转移支付和公共就业计划可以帮助受极端气候事件或环境逐渐恶化（例如，水土流失和生物多样性丧失）影响的家庭。本章提供的证据表明，许多国家正在调整其社会保障体系或制定新的计划，以确保其提供的支持与受环境灾害或气候事件影响的人们的情况相适应（ILO and AFD，2016a，2016b）。此外，获得工伤补助是在工作中受到环境危害（包括热浪）的工作者的基本权利，这一点早在国际劳工组织成立之初的国际劳工补偿标准中就有论述（见第3章）。例如，在气温极高的国家，某些建筑工人的健康状况受损，因而需要治疗，在造成残疾或无法工作的情况下，还需要提供替代收入。若干多边环境协定都制定了相关的政策和措施来确保工人享有获得补偿的权利。

第二，社会保障有助于减缓环境退化和气候变化。如第2章所示，绿色政策和向可持续经济增长形式的转型将不可避免地造成失业，并导致一些家庭的收入来源减少。例如，菲律宾目前关闭多家矿山的计划，或者中国20世纪末实施的限制森林开发的措施，必然会导致成千上万的家庭的主要，甚至唯一收入来源减少或受限（ILO and AFD，2016c，2016d）。同样地，埃及等地近期取消了燃料补贴，这一做法当然对环境有利，但它对依赖这些补贴购买自身所需燃料的贫困家庭却造成了长期的负面影响（ILO and AFD，2016e）。因此，这些绿色政策可能无法为社会所接受，除非配合相应的社会保障措施（如失业保障和社会援助），以支持向环境更可持续的经济的公正转型。

除了社会保障政策工具，本章还分析了生态系统服务付费计划。精心设计和执

---

① 社会保障包括：（1）家庭补助，以确保家庭有足够资源为子女提供良好的营养、教育和照顾；（2）社会医疗保障，以确保人们不会因病致贫；（3）失业补助，在就业机会减少的情况下，保障家庭收入；（4）养老补助，以确保老年人能够有尊严地生活；（5）工伤补助，保障工作者因工作而发生意外或疾病时的权益。

行这些环境计划，就可以在保护环境的同时支持家庭收入。这与第3章探讨的包括体面工作议程在内的环境法律法规和政策是一致的。

在此背景下，本章首先讨论贫困、社会保障、收入保障与环境之间的密切关系。然后，分析了四个有助于适应和减缓措施的政策领域：失业保障、现金转移支付计划、公共就业计划和生态系统服务付费。对失业保障和现金转移支付计划的研究表明，需要制定强大的社会政策来保护人们免受不良环境影响，并确保向绿色经济公正转型，而公共就业计划和生态系统服务付费则提供了探索如何把经济、社会和环境目标结合到一项政策措施内的可能性。在研究了这些领域的经验之后，本章还将利用宏观经济模拟项目，预测环境导向型的社会保障增长对全球经济的影响。

第1节 贫困、社会保障、收入保障和环境之间的联系

正如第1章所指出的，贫困人口、原住民和部落民族以及其他弱势群体特别容易遭受与环境退化有关的风险和损害，因为他们减轻社会、物质和经济损害的能力往往较低。此外，他们通常比其他人更依赖生态系统服务来维持生计和社会福祉，因此直接依赖于稳定的环境。农村地区尤其如此（Suich, Howe and Mace, 2015）。

这些群体中的一些人还经常不得不从事破坏环境的活动，比如，对于某些群体来说，砍伐森林是他们唯一的收入和燃料来源。因此，社会保障可以帮助保护弱势群体免受环境退化的影响，并减少他们对有害于环境的活动的依赖（Duraiappah, 1998；ILO，即将发表）。

由于面临着各种类型的不安全情形并在环境因素的作用下进一步恶化，以及农村地区得不到充分的社会保障，许多男性和女性都在向城市地区迁移，以寻求创收的机会。虽然迁移可以是一项适应策略，但它也可能意味着流动人口在目的地地区容易受到歧视和剥削，特别是在城市地区，他们往往从事非正规的经济活动。此外，迁往城市地区往往也意味着生活在缺乏基本社会服务和基建设施的贫民区内。在许多城市中心，贫民区或非正式定居点极易受到环境冲击和气候变化的影响。在这方面，为城市地区的工人提供充分的社会保障对减少灾害风险有着至关重要的作用，并有可能进一步加强适应能力、提高恢复能力、确保收入保障和产生积极的健康效应。

图4.1显示了社会保障和环境可持续性是密不可分的。社会保障减少了环境退化、自然灾害以及环境法律和政策造成的经济影响。它还能提供稳定的收入，提高适应能力，减少贫困和保护环境，同时增加税收和社会保障金。例如，如果农村家庭有了稳定的收入保障，他们就能更好地投资于对土壤和水质产生积极影响并能增加碳汇的工具和土地使用方式。反过来，良好的保护生态系统使他们更不容易受到环境效应、冲击和灾难的负面影响（Schwarzer、Van Panhuys and Diekman, 2016）。

Hallegate等人（2016）做了一个前瞻性的设想：到2030年，如果气候变化没有减缓，可能将使1亿人陷入贫困。通过采取考虑了气候因素的发展方式和"亲贫式"的社会保障政策，这一数字可大幅减少到2000万人（同上）。根据这一分析，以下各节批判性地评价了四种政策工具的优缺点。这四种政策工具可以专门用来处理环境和社会问题，从而为实现可持续发展目标所包含的环境、社会和经济可持续性目标提供有效的手段。如上所述，这四种政策工具是：失业保障、现金转移支付计划、包含环境成分的公共就业计划（PEP），以及包含社会成分的生态系统服务（PES）。

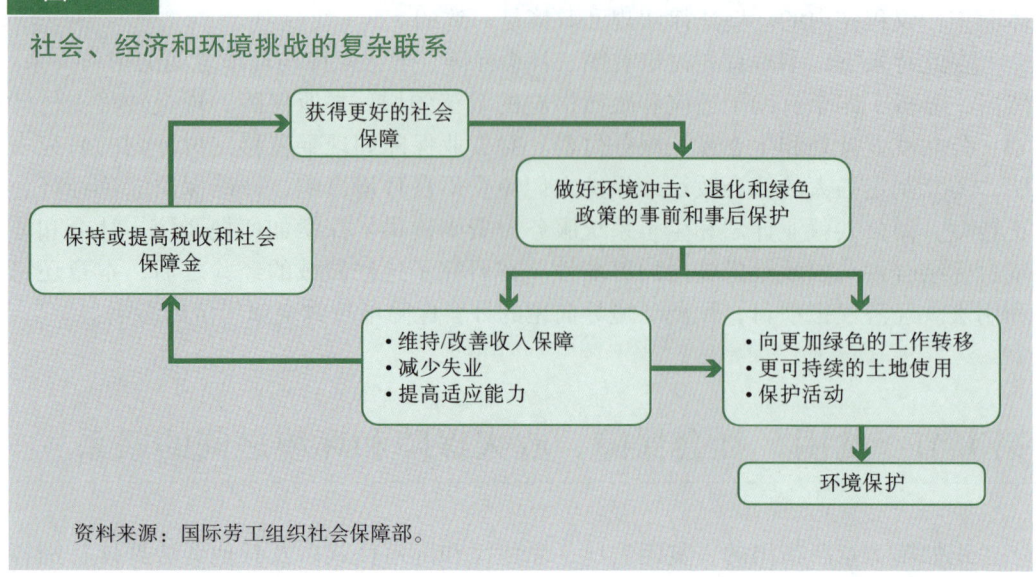

图 4.1 社会、经济和环境挑战的复杂联系

资料来源：国际劳工组织社会保障部。

第 2 节 气候变化背景下的失业保障与结构转型

正如第 2 章所讨论的，努力减缓气候变化的根源，特别是减少温室气体排放，不仅有可能提高能源和资源效率，还有可能使某些行业从绿色转型中获益，从而创造新的就业机会。然而，各国在逐步淘汰碳密集型活动时面临着艰难的选择。同时，对于那些从事不那么环保的工作的人来说，要转向更可持续的生产方式，就需要获得积极的支持。因此，必须采取措施让工人们掌握适当的技能（见第 5 章），通过就业安置服务和搬迁补助促进再就业，并通过失业补助、社会援助或公共就业计划等形式的收入补偿措施保护那些失去工作的人。关于筹资这一关键问题，各国政府应同社会伙伴协商，在考虑现有的经济和财政能力的情况下，明确长期筹资需要，并为执行这些措施建立可持续的筹资机制。

失业保障能在一定时期内提供收入支持，并为失业人员或正在寻找新工作的人提供技能培养和就业安置服务（ILO, 2017）。其中包括由于禁止森林砍伐、实行休渔期或关闭污染性和不可持续的企业（例如，矿业部门）等环境法律法规和政策而失去工作的人。通过保障失业人员及其家庭在失业期间的收入，失业保障计划有助于其预防贫困、改善弱势地位并向新工作过渡，特别是配合技能培养、就业安置支持和搬迁补助时效果更佳。正如国际劳工组织 2012 年发布的《社会保障最低标准建议书》（第 202 号）所述，失业保障是任何社会保障体系中的一项基本措施。撇开资源、覆盖面和有效实施等方面的问题，各地的失业保障计划都涉及职业匹配和咨询、创业支持，以及帮助工作者提升、更新和培养从不可持续的谋生方式转向新职业时所需的技能等方面的就业服务条款（ILO, 2014, 2017; Peyron Bista and Carter, 2017）。

失业保障不仅在个人层面发挥着重要作用，而且有助于稳定就业和总需求，提供防范不正之风的保障，促进经济结构的变化（Berg and Salerno, 2008）。在各国进行结构转型的过程中，可能会出现大范围的人口迁移，包括从农村到城市的迁移以及从低生产率和劳动密集型部门（例如，自给农业和非机械化农业）到高生产率和技能密集型部门（工业和服务业）的就业转移。这些类型的移居和部门转移往往导致城镇失业率和非正规就业的增加。因此，调动充足的资源并有效地实施失业救助制度可以支持结构转型，使经济向更加绿色、更高生产率水平和更具包容性的方向发展（Behrendt，2013），并有助于实现向更加环境可持续的经济的公正转型。

近年来，失业保障计划已经通过加强收入保障和支持失业人员再培训，减轻了不可持续的行业的失业问题所带来的影响。以几个国家的情况为例。例如，1998年中国政府为了抑制滥砍滥伐，实施了禁止砍伐天然林的法令，并采取了失业保障措施，向受影响的人提供财政援助。相关人员获得了一次性的补贴，并接受了创业培训。那些仍然无法在其他地方找到工作的人还拿到了基本失业补助（ILO and AFD，2016d）。波兰的情况也是如此，该国为了减少温室气体排放并促进向可再生能源的转型，目前正在按照欧盟的援助规定关闭没有竞争力的煤矿，以期向更可持续的能源过渡。由于波兰煤炭行业的从业者大约有10万人，因此波兰目前向受失业影响的人提供了大量的财政支持（19亿欧元），帮助他们适应不断变化的劳动力市场需求，以实现向更具环境可持续性的经济的转型。[①] 同样，罗马尼亚决定到2018年关闭两家不具竞争力的煤矿单位，财政支持的总额为5400万欧元，专门用于向即将失业的人员提供收入支持，并对失业人员进行再培训，使他们能够在环境更可持续的行业中找到工作。[②] 菲律宾推迟了原定的关闭矿山的计划，直到商定和执行适当的补偿措施，以帮助受影响的人过渡到新的工作或地点为止。这些例子表明，如果不事先明确缓冲社会成本的资源，就无法实现向绿色经济的转型。

然而，失业保障计划支持向绿色经济转型的潜力受到了很大的限制，因为许多国家还没有这种计划。即使名义上存在，这样的计划很可能只覆盖了小部分工作者，往往不包括失业人员和/或从事非标准形式职业的工人、原住民和部落民族、老龄人口和小农户等，因此，他们不得不依赖非正式的团体或家庭支持体系。图4.2显示，全球大约只有1/3（38.6%）的劳动者享受国家立法下的失业保障，主要是通过强制缴费的形式。法律覆盖范围从撒哈拉以南非洲的4.2%到欧洲、大洋洲和北美的80%以上不等，在东亚、北非和南亚，女性获得法律保障的可能性较低。在这种情况下，增加现金转移支付（我们将在下节对此进行讨论）等非缴费型的社会援助，可以在向绿色经济转型期间，至少在某种程度上，弥补失业保障缺失或覆盖率低的问题，同时还有利于加强家庭对缓慢发生或突发的自然灾害的适应能力。需要采取对性别敏感的办法来弥补现有的差距，并首先要防止这种差距的出现。

第3节 现金转移支付计划

第二套政策工具是现金转移支付计划，可以在加强个人适应气候变化的能力和恢复能力方面发挥重要作用。这些计划还可以保护人们免受可能因执行环境政策而造成的收入损失，从而有利于实现向绿色经济的公正转型。这一概念指的是向个人或家庭提供现金福利的非缴费型计划，其资金来源通常是税收、其他政府收入、外部捐赠或贷款。获得此计划提供的现金的家庭必须满足具体的行为要求，因此，此项计划被称为有条件现金转移支付计划。

---

① 见 https://www.reuters.com/article/us-poland-coal-subsidies-eu/eu-clears-1-9-billion-polish-support-for-mine-closures-idUSKBN13D16Y。

② 见 http://europa.eu/rapid/press-release_IP-16-3981_en.htm。

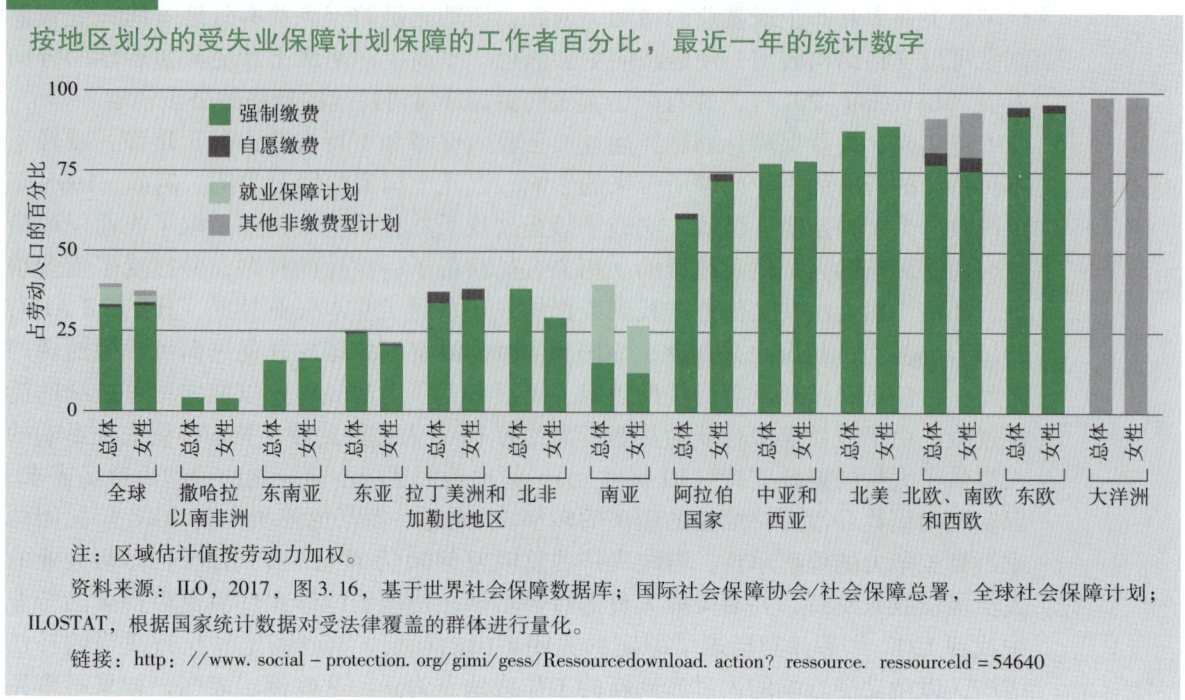

图 4.2 按地区划分的受失业保障计划保障的工作者百分比,最近一年的统计数字

注:区域估计值按劳动力加权。
资料来源:ILO,2017,图 3.16,基于世界社会保障数据库;国际社会保障协会/社会保障总署,全球社会保障计划;ILOSTAT,根据国家统计数据对受法律覆盖的群体进行量化。
链接:http://www.social-protection.org/gimi/gess/Ressourcedownload.action? ressource. ressourceId = 54640

现金转移支付计划和适应策略

近几十年来,特别是在低收入和中等收入国家,现金转移支付计划已经得到了良好的推广。其设计目的通常是为了解决贫困家庭或某些类型的普通人群所面临的日常贫困问题。在气候变化和环境退化的背景下,人们广泛认识到现金转让支付在加强个人和家庭的适应能力和复原能力方面所能发挥的作用,现有社会保障不足的发展中国家尤其如此(Wood,2011;Béné et al.,2014)。

Wood(2011)指出,在气候变化的背景下,现金转移支付计划可以通过多种渠道帮助人们提高适应能力。首先,现金转移支付可以帮助贫困人口满足其基本需要,从而降低其短期脆弱性。其次,该计划可以为受极端天气事件和环境缓慢退化等气候影响的家庭提供支持。再次,当人们迫于压力不得不采取资产消耗型策略时,就会削弱长期适应能力,而现金转移支付有降低这种压力的潜力,同时还能通过帮助弱势家庭制定投资决策和鼓励创新来提高他们的适应能力。最后,在某些情况下,当气候变化使生计难以为继时,临时或永久性迁移可能是唯一的应对措施。在这种情况下,通过减少迁移的成本和向迁移者提供一定程度的保险,现金转移支付可以促进流动,使弱势家庭拥有更多选择,从而提高其适应能力。另一种促进人口流动和加强其适应能力的方法是确保雇主和各国之间社会保障的可转移性。

近期,肯尼亚和埃塞俄比亚等国家在其原有的亲贫式转移支付计划中加入了一些气候敏感型的内容。肯尼亚饥饿安全网计划(HSNP)是一个无条件的现金转移支付计划,目的是加强该国北部四个干旱县的恢复能力并减少极度贫困。截至 2017 年 11 月,饥饿安全网计划定期向 100883 户家庭提供无条件的电子现金转移支付①,约占该地区家庭总数的 27%。转移支付的金额约为 50 美元,每两个月支付一次。

---

① 总目标是 101354 户家庭(见 http://www.hsnp.or.ke/index.php/dashboards/at-a-glance)。

自 2014 年以来，肯尼亚政府已开始建立系统，加强扩大现金转移支付的能力，以减轻干旱的影响。政府使用卫星监测干旱情况。如果情况在任何一个月里达到严重水平，受干旱影响地区另外 25% 的家庭将获得一次性的紧急补贴。如果情况恶化到极端水平，那么覆盖范围将扩大到 75% 的家庭。2015 年，饥饿安全网计划扩大了 4 倍，向常规受益户以外的 20.7 万户家庭提供了紧急现金转移支付。前三笔支付针对干旱，后一笔支付是出于对厄尔尼诺现象的预期。根据效果评估，大多数受益人使用转移支付来购买粮食和满足基本需求，还有些人将其用来偿还债务，适度投资小型牲畜，并负担子女的教育费用。有证据表明，这些转移支付能够提高较贫困的常规受益人的生活水平，从而增强其抵御冲击的能力。但是，紧急受益人获得的转移支付几乎完全用于满足基本需求，而不是投资于可能提高复原力的生产性资产。由于 62% 的受助人是女性，该计划提高了她们的购买力，从而提高了她们作为经济行为主体的存在感，并提升了她们在家庭中的地位（Farhat, Merttens and Riungu, 2017; Otulana et al., 2016）。

同样，埃塞俄比亚的亲贫式生产安全网计划（PSNP）[①] 中也包含现金转移计划。当预测到干旱或洪水将要发生时，该计划会根据气象数据所显示的受益人将遭受的粮食安全方面的预期影响，来为其提供及时的逐步递增的转移支付。最近一项关注埃塞俄比亚生产安全网计划对干旱长期影响的研究表明，干旱对粮食安全的负面影响在干旱结束后可持续 4 年之久。该研究还表明，获得生产安全网计划支持可使干旱的初始影响降低 57%，并在两年内消除其对粮食安全的不利影响（Knippenberg and Hoddinott, 2017）。针对特定气候风险的现金转移支付计划对那些寻求制定适应措施以保护家庭免受气候变化和环境退化造成的经济损失和损害的国家而言尤其重要。

现金转移支付计划和减缓策略

除了帮助适应气候变化外，现金转移支付计划也是政府为解决气候变化根源而做出的部分努力。此外，关闭污染产业和碳密集型产业会对就业造成负面影响，一些减少或隔离温室气体排放的应对措施也可能会对那些依靠不可持续模式生活或消费的人们产生不良影响。因此，要把现金转移支付计划与对气候有利的改革相结合，以部分或全部补偿受经济活动或能源消费新限制影响的人们的收入损失。

例如，当中国实施上述禁止不可持续砍伐的禁令时，近 100 万名国有林场职工失去了工作，1.2 亿名其他农村工作者的生计受到影响。然而，由于中国在已有的保障措施之外还采取了现金转移支付和其他社会保障措施等补充措施，4 年之后，受影响的近 100 万名职工中有 2/3 找到了其他工作或办理了退休，大约 3200 万个农村家庭开始收到支持从事环保活动的现金支付。在这些措施的作用下，之前的农田和森林砍伐区（将近 2700 万公顷）开展了植树造林（ILO and AFD, 2016c, 2016d）。几年后，到 2013 年，由于埃及政府在化石燃料补贴上的支出占到其财政预算的 20%，因此面临着严重的财政负担。于是政府削减了此类补贴，以平衡预算、减少浪费和排放。根据官方表示，取消化石燃料补贴可能会使埃及的二氧化碳排放量减少 13%。政府在逐步取消化石燃料补贴的同时，启动了两项新的现金转移支付计划，以帮助抵消燃料价格大幅上涨对贫困和弱势家庭的影响。这两项计划部分由政府储蓄提供经费，目标是两个弱势群体：一项针对贫困家庭和儿童（*Takaful* 项目），另一项为残疾人或 65 岁及以上的老人提供社会养恤金（*Karama* 项目）。Taka-

---

[①] 生产安全网计划的主体部分是公共就业计划（将在下文第四节中进行讨论）。然而，现金转移支付的部分能为因残疾、疾病或年龄原因而无法工作的人提供直接支持。

第 4 章 保护工作者和环境

ful 项目每月提供 40.50 美元的福利，每个孩子的补助费从 7.5 美元到 12.5 美元不等，而 Karama 项目为每个符合条件的家庭成员提供 43.50 美元的补贴。到 2017 年，据世界银行估计，这两项计划覆盖了 170 万个目标家庭中的 150 万个（600 万名埃及人）（ILO，2017；ILO and AFD，2016e；World Bank，2017）。

第 4 节 公共就业计划

公共就业计划的社会和环境潜力

公共就业计划（PEP）的概念包括任何直接创造就业而不扩大常规行政部门的政府计划，主要包括紧急公共工程计划（PWP），如海地的戈纳伊夫计划；就业保障计划（EGS），如印度的圣雄甘地国家农村就业保障计划（MGNREGA）；以及一系列中间方案。公共工程计划通常是对特定冲击和危机的临时反应（尽管它们也有较长期的考虑），而就业保障计划是长期的、以权利为基础的就业计划，使人们能够通过工作获得可预期的、稳定的收入，同时创造所需的公共资产和服务（Lieuw-Kie-Song et al.，2010）。由此可见，公共就业计划有助于实现公平和公正的转型。

公共就业计划是一项有吸引力的政策工具，因为它可以同时针对多个目标。公共就业计划的目标可以有多种组合，但通常是：（1）创造就业和保障收入；（2）扶贫；（3）提供公共和/或社会商品和服务，如基础设施或环境资产。此类环保计划中有很多计划通常被称为"绿色工程"，它们有助于建设更能抵御气候变化的基础设施，从而降低灾害风险。

近年来实施的绝大多数公共就业计划，尤其是低收入和中等收入国家的公共就业计划，把重点放在了最弱势群体上，侧重于加强收入保障和发展医疗保健、教育、环境和其他公共服务。一般而言，公共就业计划是社会保障工具，其目标是提供临时就业和投资于劳动密集型基础设施，以支持提供社会服务（Subbarao et al.，2013；McCord，2012）。与此同时，社会保障计划正逐步向社会保障覆盖面不足或缺失的国家延伸。国际劳工组织 2012 年发布的第 202 号《社会保障最低标准建议书》指出，公共就业计划是提供基本社会保障的一种手段。然而，虽然所有的公共就业计划都包含社会化的内容，但往往需在多种目标（就业、扶贫和提供资产和社会服务）之间进行权衡。因此，政策的设计和执行需要优先考虑某一种职能（ILO，2014），同时不破坏实现第二或第三目标的潜力。

近年来，人们对公共就业计划重新产生了兴趣，主要有两个原因：第一，它是复苏计划的一部分，许多国家在大衰退后把它用作反周期措施（ILO and World Bank，2012）。因此，国际劳工组织 2009 年的《全球工作协定》把公共就业计划作为针对长期失业和缺乏正式工作的风险的应对措施，以及社会保障体系的组成部分。第二，公共就业计划在规划和执行方面有了一系列创新，其社会、经济、环境和制度表现都更加完善。这些创新带来了长期的方案、更广阔的规模，并且能与社会保障计划更好地进行互补，该计划下的工作类型的创新开启了与其他政策领域融合的新机会。特别是在环境部门开展工作的公共就业计划有可能为减缓和适应气候变化做出贡献（Lieuw-Kie-Song et al.，2010；Philip，2013）。

公共就业计划对减缓和适应气候变化做出贡献的主要方式是通过所做的工作。例如，环境项目的减缓措施通常包括重新造林、水土保持方面的工作，而适应措施可以通过在防洪和减少侵蚀措施方面的就业来实现。考虑到它们的当地属性，适应措施也可以整合到提高社区适应能力项目之中。在受到自然灾害和气候变化影响严重的脆弱地区，紧急就业计划可以提供社会保障，同时减少负面冲击的影响。自然灾害后的恢复和重建工作所产生的就业是反向适应。公共就业计划对环境目标做出贡献的第三种方式是通过预期适应。由于大部分公共就业计划涉及基础设施建设，因此可以将公共就业计划与改善灌溉和排水系统、道路和运输等气候适应措施结合起来。以基础设施的资源效率为目标的工作还可以实现减缓气候变化的效果。重要的是，这些类型的就业机会为绿色转型提供了提高技能的机会（见第 5 章）。最后但也同等重要的是，这些就业密集型计划通过实践培训帮助人们认识到气候适应能力的重要性和环境退化风险。因此，公共就业计划可以将适应和缓解措施与社会保障和扶贫相结合，同时加强地方参与和自然资源的恢复（Harsdorff, Lieuw – Kie – Song and Tsukamoto, 2011）。许多的此类计划还包括生产性部分，使其具有吸引力，以确保其可持续，并提供所需的生计。

由此，公共就业计划是通过绿色就业整合经济、社会和环境目标的关键政策工具（见专栏 4.1）。未来几年，随着气候变化和其他形式的环境退化加剧已有的环境挑战，公共就业计划的使用可能会增加。预计与减缓和适应气候变化有关的活动将越来越多。

专栏 4.1

以环境为导向的公共就业计划产生的高影响力机会

Lieuw – Kie – Song（2009）指出了六种环境公共工程计划单独或与其他活动结合时可以成为特别有效的政策选择的情形。

环境压力严重的情形

森林砍伐、水土流失、山洪暴发和外来物种入侵威胁等严重的环境退化会消耗自然资本，从而降低贫困人口的生产力水平。在这种情况下，可以通过公共就业计划来恢复退化的自然资本，这样的投资可以创造就业机会并长期提高生产率。

补充其他农村发展战略和计划

公共就业计划可以通过提高农业生产率和创造谋生方式来补充农村发展计划。自然资本的投资机会可以是多种多样的，如集水、增加旅游的吸引力、维护集水区以改善当地社区以及下游社区或城市的供水等。

为从事破坏/过度开发的人提供替代方案

公共就业计划可以为从事森林砍伐和过度开发的贫困人口提供其他就业机会，提供更好的工作条件和收入。公共就业计划可以把他们的工作引向对环境无害的活动，例如重新造林和其他农林活动，而不是环境破坏。

贫困和失业高度集中的城市地区

在贫困高度集中的城市地区，包括环境活动和其他组成部分在内的公共就业计划可以改善卫生、雨水收集、家庭隔热和提供太阳能热水器等。其他机会包括植树、废物处理和回收利用等。

应对自然灾害

为应对自然灾害而实施的公共就业计划既有短期影响，也有长期影响。在短期内，公共就业计划可以用来修复灾害带来的破坏，而在长期内，它可以恢复环境，这有助于限制未来类似灾害的影响。例如，红树林可以帮助减少洪水和海啸的影响，同时作为许多鱼类的繁殖地发挥着关键作用。

适应气候变化

包括适应措施在内的公共就业计划可以最大限度地减少气候变化的影响，并通过就业为直接受到影响的贫困人口提供额外收入。虽然目前仍在寻找应对气候变化的有效措施，但这一领域正在迅速发展，一些机会已经出现，例如流域管理、堤坝建设或防止海平面上升和采水的生态适应性措施。

举例说明环保公共就业计划的潜力

我们将用三个例子来说明公共就业计划如何将社会和环境效益结合起来：印度的圣雄甘地国家农村就业保障计划（MGNREGA）、南非的水资源工作计划和埃塞俄比亚的生产安全网计划。所有这些计划都促进了环境风险的适应和减缓。

印度的圣雄甘地国家农村就业保障计划（MGNREGA）的目标是为贫困的农村人口提供社会和经济保障，加强抗旱和防洪管理，并增强边缘社区的能力。该计划为每个农村家庭提供了每年100天的就业机会，雇人从事非技术性的体力工作，如社区基础设施的建设或改善，或维护保护环境资源的生态系统服务。根据农村发展部的数据，该计划2012年的工作时间中有60%涉及水资源保护，12%涉及灌溉设施的供给（Das, 2013）。该计划还通过提供比其他农村就业机会更高的工资，提高了女性劳动参与率，在某些情况下，女性在家庭决策方面的自主权也提高了（ILO, 2017）。

1995年，南非实施了水资源工作计划，以应对外来植物物种入侵的问题。这一问题对南非经济及其生物多样性造成了很大的损害，威胁着南非的水资源安全，并加剧了水土流失。自2003年以来，水资源工作计划一直是扩大公共工程计划的一部分。这是一项与水资源清洁有关的公共就业计划，通过短期公共合同雇用失业人员来清除当地集水区的耗水的外来树种和植物。水资源工作计划的目标还包括扶贫，并且特别针对弱势群体，计划雇用60%的女性、20%的青年和5%的残疾人士。自1995年以来，该计划已经清除了超过100万公顷的外来入侵植物，每年多释放出5000万立方吨的水资源（Schwarzer, Van Panhuys and Diekman, 2016）。

生产安全网计划（PSNP）通过恢复土地和重新造林加强了埃塞俄比亚的粮食安全，并已成为非洲最大的抵御气候变化的计划。该计划已使780万人受益，并为当地环境的恢复提供了支持。2015—2020年，生产安全网计划的总开支达40亿美元。

有证据表明，生产安全网计划公共工程将土地生产率提高了3—4倍，从而改进了其种植粮食的能力，对社区的恢复力产生了积极的影响。因土壤侵蚀和泥沙流失减少了50%，作物产量得以提高。家庭平均粮食缺口（家庭无法满足其粮食需求的天数）从3.6个月下降到2.3个月。生产安全网计划还通过增加碳汇的土地使用方式，为减缓气候变化做出了贡献（Fortun, 2017）。

许多公共就业计划包含环境目标

由于大多数文献关注的是国家经验层面的综合公共就业计划的社会和环境表现，其在全球层面的执行情况不甚明了。根据Subbarao等人（2013）提供的安全网类公共就业计划的可用跨国数据，本章对其进行了粗略的估计。[①] 可用数据涉及5个区域62个国家的86个公共就业计划的信息。

据图4.3显示，在所调查的公共就业计划中，50%涉及与减缓或适应环境风险有关的环境成分。其中，26%同时包含减缓和适应措施，12%只涉及减缓措施，另外12%只涉及适应措施。不出所料的是，88%的公共就业计划把重点放在基础设施。结果还显示，26%的公共就业计划提供诸如医疗保健和教育服务等社会服务。由于每个公共就业计划往往有多个组成部分，百分比数字加起来并不等于100%。

[①] 这些数据来自对过去20年实施的具体公共工程计划的已有研究的回顾。补充材料有，坦桑尼亚阿鲁沙2010年举行的题为"让公共工程发挥效力"的南南学习论坛中的公共就业计划执行情况调查。此外，正如Subbarao等人2013年所述，调查的重点是安全网络类的公共就业计划。

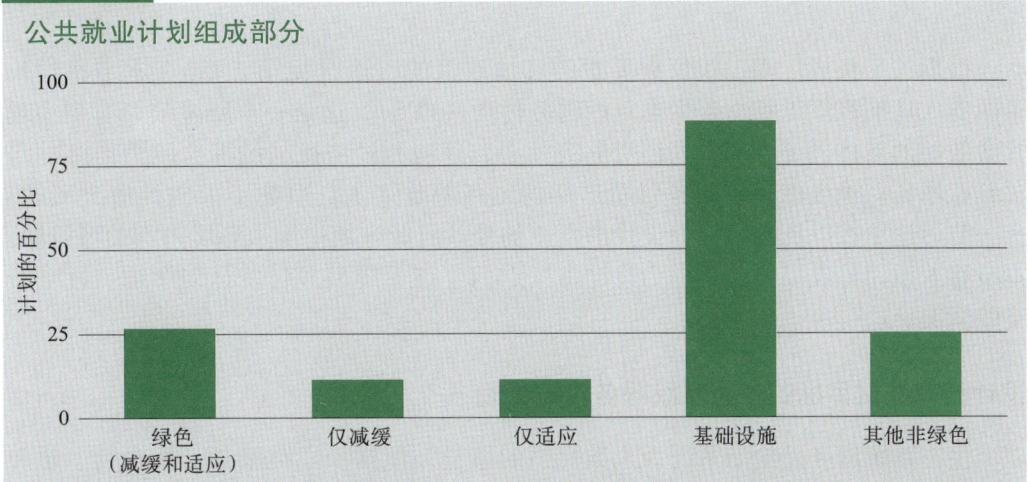

图 4.3

公共就业计划组成部分

注：国际劳工组织基于数据库中各个公共就业计划下的工作或项目的描述所做的估计。由于数据中描述的各个公共就业计划下进行的工作或项目的信息有限，因此采用了保守的方法，只有在明确提到减缓或适应措施时才纳入考虑。例如，如果没有提到减少干旱影响的目标，则把修建灌溉渠算作基础设施工作。因此，带有环境成分的计划的百分比可能被低估。

资料来源：国际劳工组织基于来自 Subbarao 等人 2013 年的 86 个公共就业计划的数据的计算。

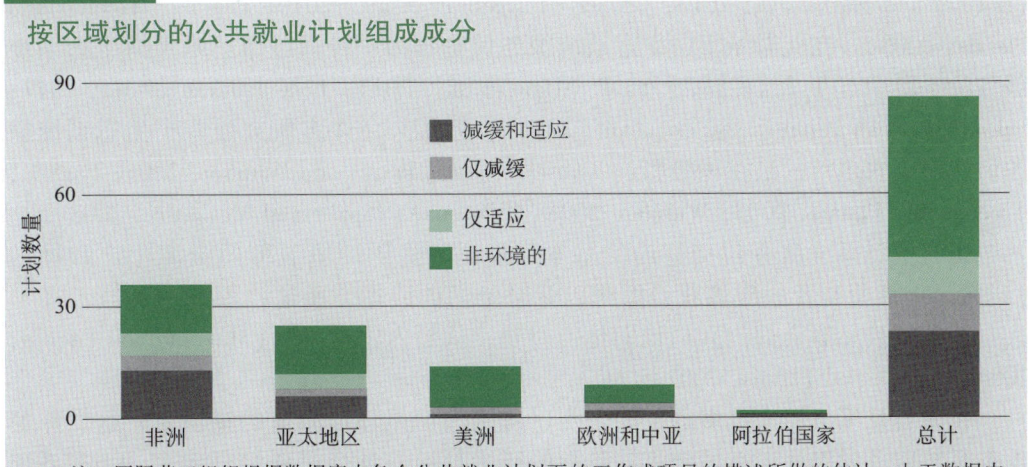

图 4.4

按区域划分的公共就业计划组成成分

注：国际劳工组织根据数据库中各个公共就业计划下的工作或项目的描述所做的估计。由于数据中描述的各个公共就业计划下进行的工作或项目的信息有限，因此采用了保守的方法，只有在明确提到减缓或适应措施时才纳入考虑。例如，如果没有提到减少干旱影响的目标，则把修建灌溉渠算作基础设施工作。因此，带有环境成分的计划的百分比可能被低估。

资料来源：国际劳工组织基于来自 Subbarao 等人 2013 年的 86 个公共就业计划的数据的计算。

据图 4.4 显示，在区域层面，包含环境内容的公共就业计划在非洲采用的频率最高，36 个公共就业计划中有 23 个包含减缓或适应活动。非洲也是可以获得最多公共就业计划数据的区域。在亚太地区，所调查的 25 个计划中有 12 个包含环境内容，其中 6 个计划同时具备减缓和适应措施，2 个计划只涉及减缓措施，还有 4 个计划只涉及适应措施。在拉丁美洲和欧洲，环境内容的普及性较低，14 个涉及环境成分的公共就业计划中有 3 个在拉丁美洲，9 个中有 4 个在欧洲。阿拉伯国家只有两个计划的数据，其中只有一个计划同时包含减缓和适应措施。

第 4 章 保护工作者和环境

第5节 生态系统服务付费

根据关于构成体面工作议程要素的环境政策的讨论（见第3章），本节将讨论第四项入选的政策工具，即生态系统服务付费（PES），这是一个环境政策有望实现社会效益的具体例子。随着人们对解决社会、环境和经济挑战的综合政策措施的需求日益增长，像生态系统服务付费这样的创新型政策工具引起了人们的极大兴趣。上一节讨论了在以社会目标为设计出发点的公共就业计划中加入环境内容的可行性，本节将着重讨论在以环境目标为设计出发点的生态系统服务付费计划中加入社会维度的情况。

设计具有扶贫目标的生态系统服务付费计划

生态系统服务是生态系统为人类提供的惠益，包括：供给服务（如食物、水和木材的供应）、调节服务（包括空气质量、气候和洪水风险的调节）、文化服务（如生态系统的娱乐、美学和精神效益）以及支持服务（包括土壤形成、授粉和养分循环）（MEA, 2005）。如第1章所述，环境退化会限制生态系统提供这些服务的能力，威胁个人健康、社会福祉和经济活动。由于大多数生态系统服务没有定价，因此它们构成了对享受它们的人的隐性补贴，如果停止提供这些服务，则不承担任何责任（Smith et al., 2013）。适当的定价可以将生态系统服务给就业带来的好处纳入考虑，除了为个人和社区提供收入外，还可以在很大程度上为维持服务提供动力（Barbier and Markandya, 2013; Gómez - Baggethun et al., 2010; Pagiola, Arcenas and Platais, 2005）。在此背景下，生态系统服务付费作为一种通过市场来维持生态系统服务的手段引起了人们的极大兴趣（Daw et al., 2011; Jayachandran et al., 2017; Schwarzer, Van Panhuys and Diekman, 2016）。近年来，许多研究强调了生态系统服务付费对小农生计的潜在积极影响（Grieg - Gran, Porras and Wunder, 2005; Pagiola, Arcenas and Platais, 2005; Wunder, 2008; Zilberman, Lipper and McCarthy, 2008）。

所有生态系统服务付费背后的基本原理是，提供环境服务的资源用户和社区（通常是土地所有者）应该获得报酬以弥补他们的成本，而这些服务的受益者（私人、公共或公私联合部门）应该向他们付费，从而内化惠益[①]（Mayrand and Paquin, 2004; Pagiola and Platais, 2002）。

在此背景下，越来越多的证据表明，贫困人口是环境服务的提供者，这意味着生态系统服务付费计划有可能将其最初的环境目标与社会目标结合起来。生态系统服务付费的具体特点（见专栏4.2）及其实施领域可能在生态系统服务付费与贫困的关系中发挥关键作用（Pagiola, Arcenas and Platais, 2005）。虽然在某些情况下，生态系统服务付费可以以具有成本效益的方式实现这两个目标，但在另一些情况下，其社会经济和体制背景使扶贫和环保目标互相对抗。如果生态系统服务付费计划的扶贫部分以牺牲环境服务为代价，计划可能会失败，在这种情况下，无论是环境保护还是扶贫目标都无法实现（Wunder, 2005）。例如，当贫困人口和弱势群体被纳入生态系统服务付费计划时，他们通常是相对低成本的环境服务提供者。由于缺乏其他可行的经济机会，贫困的参与者的经济机会成本低于其他参与者。这使他们成

[①] 近几十年来，生态系统服务付费计划的定义一直是人们激烈争论的话题。Wunder（2015）重新审视了他的工作，考虑文献中的批评和分析。根据新定义，生态系统服务付费计划是"服务使用者与服务提供者之间针对异地服务的自愿交易，以自然资源管理协议规则为条件"。在实践中，许多生态系统服务付费计划并没有达到所有这些标准。在生态系统服务付费计划的定义上难以达成共识，反映了生态系统服务付费计划在设计上的多样性。

专栏 4.2

生态系统服务付费（PES）计划的特点

提供的环境服务的种类：

- 碳汇和碳储存，通常符合减缓气候变化的目标。例如，工业地区的污染企业可以付费给热带地区的农民，让他们种植更多的树木并维护森林，以抵消他们的碳足迹。
- 生物多样性保护，旨在保护或增加生物多样性，避免其他土地使用活动的侵害。例如，向农民支付报酬，让他们留出土地作为保护用地，或减少他们在这些土地上的农业活动。这种类型的环境服务的购买者通常是保护组织、生态旅游或野生动物相关的企业或政府（Wunder，2005）。
- 流域保护，减少上游用水户对水量和水质的负面影响。例如，下游用水户（可能是企业或家庭）付费给上游农民，让他们采用可持续的土地使用方式。
- 景观美，保持生物多样性和生态系统质量有利于保护自然风光。这种类型的生态系统服务付费计划的需求方通常是旅游公司，供应方是农民或林业人员。

大多数生态系统服务付费计划只针对一类环境服务，但也有一些针对多类服务。例如，哥斯达黎加的国家环境服务付费计划同时针对上述四类服务给予林场主奖励（Schwarzer, Van Panhuys and Diekman, 2016）。

出资部门：

- 公共生态系统服务付费计划由地方或国家中央公共行政部门管理和出资。这些部门代表公众或私人终端用户充当买家，通常是通过税收购买。此类计划往往是全国性的大规模计划，涉及生活水平、社区发展和亲贫行动等方面的次要目标。
- 私人计划的规模往往较小，主要集中在地方层面，购买者直接向服务供应商付费（或通过中介机构，如林业基金、商品基金或非政府组织）。
- 捐助者主导的计划由国际捐助者支持和出资，例如全球环境基金、世界银行、国际农业发展基金和国际救助贫困组织。这些计划往往支持大举措（覆盖一个国家以上）下的规模较小、更注重地方的方案，例如农发基金生态系统服务与奖励山地穷人行动项目（RUPES）。

在实践中，公共生态系统服务付费计划往往是上述几种方案的结合。政府出资的公共生态系统服务付费计划可能会得到国际组织的部分资助和技术支持，而捐助者主导的计划往往会吸收私人公司，目的是在捐赠减少后由私人用户接手合同（Ezzinede-Blas et al., 2016）。

土地使用形式：

- 限制使用，即留出处于养护或保护之下的区域不用，服务提供者因不使用资源而获得机会成本的补偿。例如，在中国的坡地改造计划（SLCP）中，易受侵蚀地区的农民自愿留出部分农田，并获得高于机会成本的补偿。
- 资产建设生态系统服务付费计划，即支付费用以努力达到改善环境服务的目的（例如，通过植树造林和再造林）。

虽然"限制使用"按照定义可以通过补偿产生额外收入，但它限制了新经济活动的创造。相比之下，"资产建设"可以创造新的就业岗位和创新价值聚合链，从而开发出可持续的"出口"，并为家庭提供更好的安全网（Schwarzer, Van Panhuys and Diekman, 2016）。

付费方式：生态系统服务付费计划可以是现金支付或实物支付，或两者兼有：

- 现金支付可以是买家一次性把款项支付给中介基金，然后在合同期内分配给服务提供者，或者以更有规律的方式支付，如作为支付给环保人士和林业工人的工资。
- 非现金支付可以采取多种形式，从提供种植材料和工具到能力建设、培训和技术援助。更间接的非现金支付渠道是通过教育、医疗保健和基础设施建设等社会服务来进行的。

在空间上，计划的执行范围从地方（从非常小的计划到中型和大型的计划）到国家，范围不等。

第 4 章 保护工作者和环境

为生态系统服务付费计划中有吸引力的参与者。然而，与机会成本高得多的生态资产（如阻止工业规模的土地开发）相比，他们提供的服务的生态影响可能有限。如果社会经济和体制环境允许，环境目标和社会目标之间的权衡问题可以通过生态系统服务付费计划的设计和执行来解决。

将经济、生态和社会标准整合到生态系统服务付费计划的设计和实施中，使其更加复杂，但在某些情况下，该计划也可能因此对经济复原力、环境完整性和社会发展起到促进作用，从而为可持续性发展提供支持（FAO，2011）。设计这类计划时的一个关键问题是，是否存在任何阻止贫困人口进入这些计划的限制。如果没有得到正式的土地所有权，对土地所有权或参与的最小土地面积有要求的生态系统服务付费计划可能会将无土地的穷人和小农排除在外（Pagiola, Arcenas and Platais, 2005；Wunder, 2005）。同样，复杂和/或昂贵的申请过程可能将贫困人口排除在外。因此，尽量保持申请流程简单化，并在必要时提供免费（或实惠的）帮助是很重要的。如果该计划要有效地减少贫穷，所支付的费用必须足以增加参与者的总收入。要做到这一点，净付费必须超过机会成本，机会成本包括以前的土地使用收入、交易和投资成本。对于这一点，人们通常是有共识的，因为提供者一般都是在自愿的基础上签订生态系统服务付费合同。然而，为了确定适当的付费水平，需要仔细考虑和估算机会成本（Schwarzer, Van Panhuys and Diekman, 2016）。生态系统服务付费计划还可以加强（或创建）社区协会，特别是当合同是与社区签订的，或者协议是通过集体方式谈判达成的。在后一种情况下，社区的潜在供应者之间互相协调，使个人拥有更多议价能力，并降低交易成本（Grieg-Gran, Porras and Wunder, 2005；Pagiola, Arcenas and Platais, 2005；Schwarzer, Van Panhuys and Diekman, 2016；Wunder, 2005）。

另一个需要解决的问题是：生态系统服务付费计划对不参与的贫困人口的潜在负面影响。首先，如果该计划推行的替代土地使用方式的劳动密集程度不高（Wunder, 2005），就业机会可能会减少。但是，第2章已经论证了可持续的生产方式可能具有更高的劳动密集程度。其次，那些不参与生态系统服务付费计划的人可能会因高昂的费用而无法享受其提供的服务。也就是说，他们现在可能不得不为这项服务付费，因为现在已经对这种服务进行了定价，而这个价格可能是他们无法承担的。他们还可能受到由食品价格上涨导致的生活成本上升的间接影响（Schwarzer, Van Panhuys and Diekman, 2016）。

具有社会目标的生态系统服务付费计划日益引起关注

近年来，政策制定者对生态系统服务付费计划在处理环境退化和扶贫方面的潜力越来越感兴趣，一些国家已经开始改变生态系统服务付费计划的设计。例如，哥斯达黎加的环境服务付费计划（PPSA）和墨西哥的水文环境服务付费项目计划（PSAH）最初并没有设定扶贫目标，但随着时间的推移，它们已经变成了亲贫计划。在其他国家，从一开始就将社会维度纳入了现有的生态系统服务付费计划，例如厄瓜多尔的社会丛林计划（Social Forest programme）和巴西的绿色补助金计划（*Bolsa Verde*），将现有的社会保障计划与生态系统服务付费计划联系起来。

全球和区域层面有几项多国行动和学习举措，能够促进发展当地以减贫为核心的生态系统服务付费计划。最重要的是全球举措，如减少滥伐和毁林所致排放、保护与增强森林碳储量以及加强森林可持续管理（REDD+）和生态系统服务与扶贫（ESPA），还有一些区域举措，如东南亚的生态系统服务与奖励山地穷人行动项目

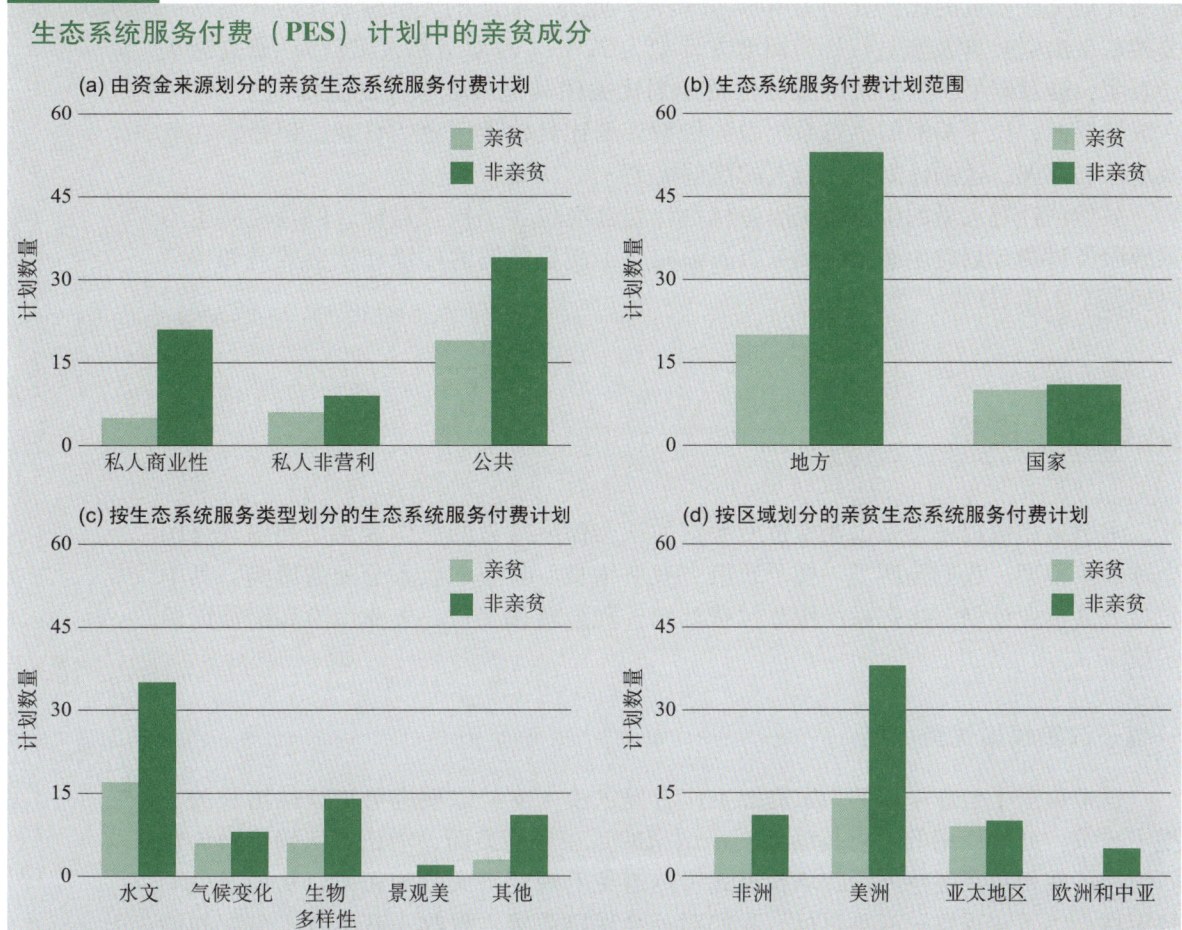

图 4.5

生态系统服务付费（PES）计划中的亲贫成分

注：由 Schwarzer、Van Panhuys 和 Diekman，2016 年，以及 Ezzine‐de‐Blas 等人 2016 年整理的 94 个生态系统服务付费计划的数据。两种来源所列的计划结合在一起。有亲贫目标的计划是那些明确提到扶贫目标的计划，或经本文评估，认为在社会和经济方面有亲贫影响的计划。由于文献综述收集的数据有限，采用了一种保守的方法来计算亲贫计划，因为并不是所有的文献都分析了社会经济的影响。由于两个数据集之间的出资分类有差异，按照 Ezzini‐de‐blas 等人 2016 年的标准，将出资部门分为公共、私人商业性或私人非营利性。Schwarzer、Van Panhuys 和 Diekman（2016）归类为捐赠的计划被归类为公共（如果大部分资金来自国际组织或援助）或私人非营利（如果大部分资金来自非政府组织、基金会或基层组织）。

资料来源：国际劳工组织基于来自 Schwarzer、Van Panhuys 和 Diekman（2016）和 Ezzine‐de‐Blas 等人 2016 年的 94 个生态系统服务付费计划的计算。

（RUPES），以及非洲的环境服务扶贫奖励（PRESA）。这些举措覆盖了不同国家的区域行动地点，它们都关注研究，并通过平台交流经验，以及为今后的项目提供经验教训。还有一些国际和地区性的交流集团关注生态系统服务付费，例如：卡通巴集团设立了一个国际网络论坛，用于交流关于生态系统服务付费计划的思想和信息，以及促进生态系统服务付费计划和项目的实践者之间的合作。还有东非生态系统服务付费论坛，这是一个交流知识、想法和经验的互动区域论坛，它也为东非和其他地区正在进行的和新出现的项目提供了支持（Schwarzer, Van Panhuys and Diekman, 2016）。

根据这些最近的趋势，图 4.5 显示，由政府和非营利组织出资的生态系统服务付费计划比私人出资的计划更有可能实现亲贫目标。在所研究的私人出资的生态系统服务付费计划中，有19%涉及亲贫目标，而非营利性和公共资助的生态系统服务付费计划关注扶贫的比例分别为40%和36%。此外，47%的大型国家计划（通常由公共基金出资）涉及亲贫目标，而地方计划为27%（通常是私人出资）。研究结果还表明，涉及碳汇的生态系统服务付费计划比关注其他环境服务的更倾向于亲贫①。在区域层面，拉丁美洲的生态系统服务付费计划比其他地区更为普及。但是，在亚太地区和非洲，这些计划关注穷人的比例更大。

虽然估计有大量的生态系统服务付费计划已经包含了扶贫目标，但是监测生态系统服务付费计划对生态系统和贫穷的影响对于衡量他们的环境和社会效益和持续时间是至关重要的。

第6节　模拟

本节运用模拟模型来说明本章所考察的社会保障政策的总体效果。利用联合国全球政策模型，我们预测了一揽子政策方案对增长、就业和收入分配的影响，其中包括公共就业计划、生态系统服务付费计划、现金转移支付、失业保险和清洁能源的投资。

一揽子政策模拟优势尽显

模拟覆盖了全球采取的为家庭和工作者提供收入支持以促进可持续性增长的一揽子政策。此处使用的"可持续性"一词指的是在环境方面，增长不依赖于增加化石燃料的使用；在经济方面，增长模式可以避免宏观经济失衡的积累，从而避免不稳定性。为了实现这一双重目标，我们对社会保障政策、税收、基本收入分配和能源政策等方面的变化进行了研究。

我们对社会保障政策做了两个假设（见图4.6）。第一，假设社会转移支付由于环境服务付费、公共就业计划和现金转移支付而增加，并且转移总额占GDP的比率较低的国家（假定该比率每年增加1.5%）增加速度更快，其他国家较慢（每年0.75%）。为了证明这一假设是合理的，有人可能会说，那些已经实施并将推广有关计划的国家在扩大覆盖范围或福利水平方面的需求较低。而发展中国家通常增长水平较高，社会保障制度覆盖较低，在具备财政空间和制度能力的情况下，其扩大社会保障的需求和潜力就更大。在短期内，这种支出的增加是通过直接增加税收补偿的，更强调边际税率。边际税率的进一步提高涉及直接收入支持对总消费的影响。事实上，推动消费增长可能导致不可持续的、短期的、高利率的借贷，这可能会产生金融泡沫。从长远来看，社会支出的增加是有回报的，因为更高的增长和就业带来更高的税收收入。

第二，假设增加社会保障金能加强失业保险等社会保险政策，并且意味着有更大比例的工作者获得各种风险保障（养老、贫困、工伤事故、失业等）或更多福利。劳动收入占比增加的模拟中体现了这一点，其中包括雇员的报酬和雇主的社会

---

① "环境服务的性质经常决定了穷人是否能参与。在水文服务的情况下，一旦确定了提供水文服务的特定集水区，该计划必然会与生活在该集水区的社区合作，不论其社会经济地位如何。另一方面，世界各地的土地使用者可以提供碳汇服务。依赖边缘土地的贫困农民可以比工业化国家的农民更便宜地提供碳汇服务，因为后者的土地价格和机会成本要高得多。因此，许多碳项目，如世界银行的生物碳基金，都可以针对贫困社区提供碳汇服务。"（Jindal and Kerr, 2007, p. 4）。

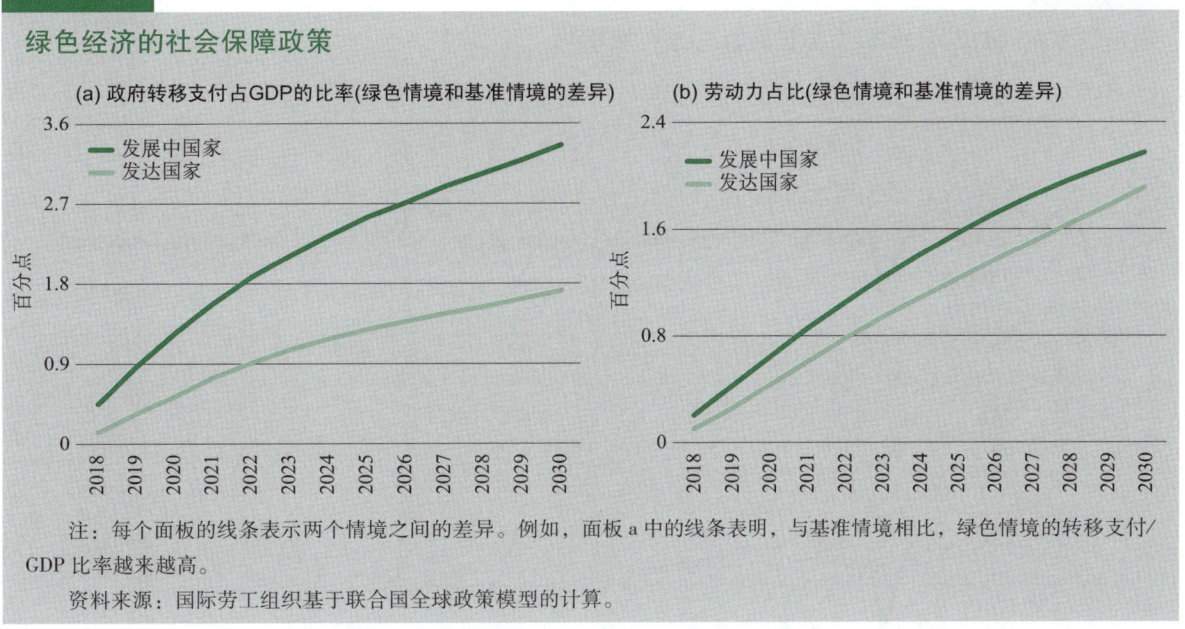

图4.6

绿色经济的社会保障政策

(a) 政府转移支付占GDP的比率(绿色情境和基准情境的差异)

(b) 劳动力占比(绿色情境和基准情境的差异)

注：每个面板的线条表示两个情境之间的差异。例如，面板a中的线条表明，与基准情境相比，绿色情境的转移支付/GDP比率越来越高。

资料来源：国际劳工组织基于联合国全球政策模型的计算。

保障金。虽然增税很少得到公众的支持，但是近年来有很多例子表明，视国家不同情况，增加社会保障金是可行的。在巴西和其他新兴经济体，针对中小企业的专门措施增加了社会保障覆盖的劳动者人数。西班牙2007年通过了《自营职业者条例》(*Estatuto del Trabajador Autónomo*)，此后自营工作者获得了享受失业福利补偿的权利。通过研究77个国家应对2008年金融和经济危机的措施得知，这些国家通常在一个有限的时间范围内采取了扩张性的措施，如扩大现有失业补助的可得性和覆盖面，延长补助的最长发放时间，提高福利水平，以及采用轮班安排（也称为部分失业补助）（Bonnet, Saget and Weber, 2012）。乌拉圭和越南这两个国家在危机期间采用了新的失业保险计划。

在模拟中，能源政策用碳能源使用与非碳能源使用的比例来表示。不可否认的是，这一测量方式的范围很窄，但有了它，人们才可能为扩大碳能源使用和相关排放设置上限，这反映了《京都议定书》和《巴黎协定》等国际协定中所达成的协议。但是，对于这些协定的应用没有做出具体的推论。该模拟要求减少二氧化碳总排放量和减少总能源需求。假设通过增加非碳能源的供应和减少碳能源的供应来满足总能源需求。这些假设的一般含义是要求经济体提高能源效率，扭转长期以来的趋势。

最后，有必要指出，激励措施（如增加社会支出和鼓励绿色投资）要与反补贴措施（如增加税收）相平衡，以确保经济增长至少超过基准水平的0.25%。

结果令人鼓舞。确实，在一揽子计划实施12年后，预计GDP增长、就业、收入分配和能源效率都将得到改善。到2030年，也就是预测的最后一年，所有地区和几乎所有国家都显示出其GDP增长受到积极影响（见图4.7）。在同一时期内，预计发达国家的就业增长率约为0.2%，发展中国家为0.55%（见图4.8）。鉴于这些发展中国家的失业率高，其增长更快是有道理的。根据对劳动力的预测，这些成效意味着在发达国家净创造约200万个就业机会，在发展中国家净创造2900万个就业机会。与2030年约37亿名工作者的预期相比，这些数字并不高，但它们表明"绿色经济"可以逐步实现，而无须牺牲劳动力。

图 4.7

所选国家的 GDP 增长率（基准情境与绿色情境）

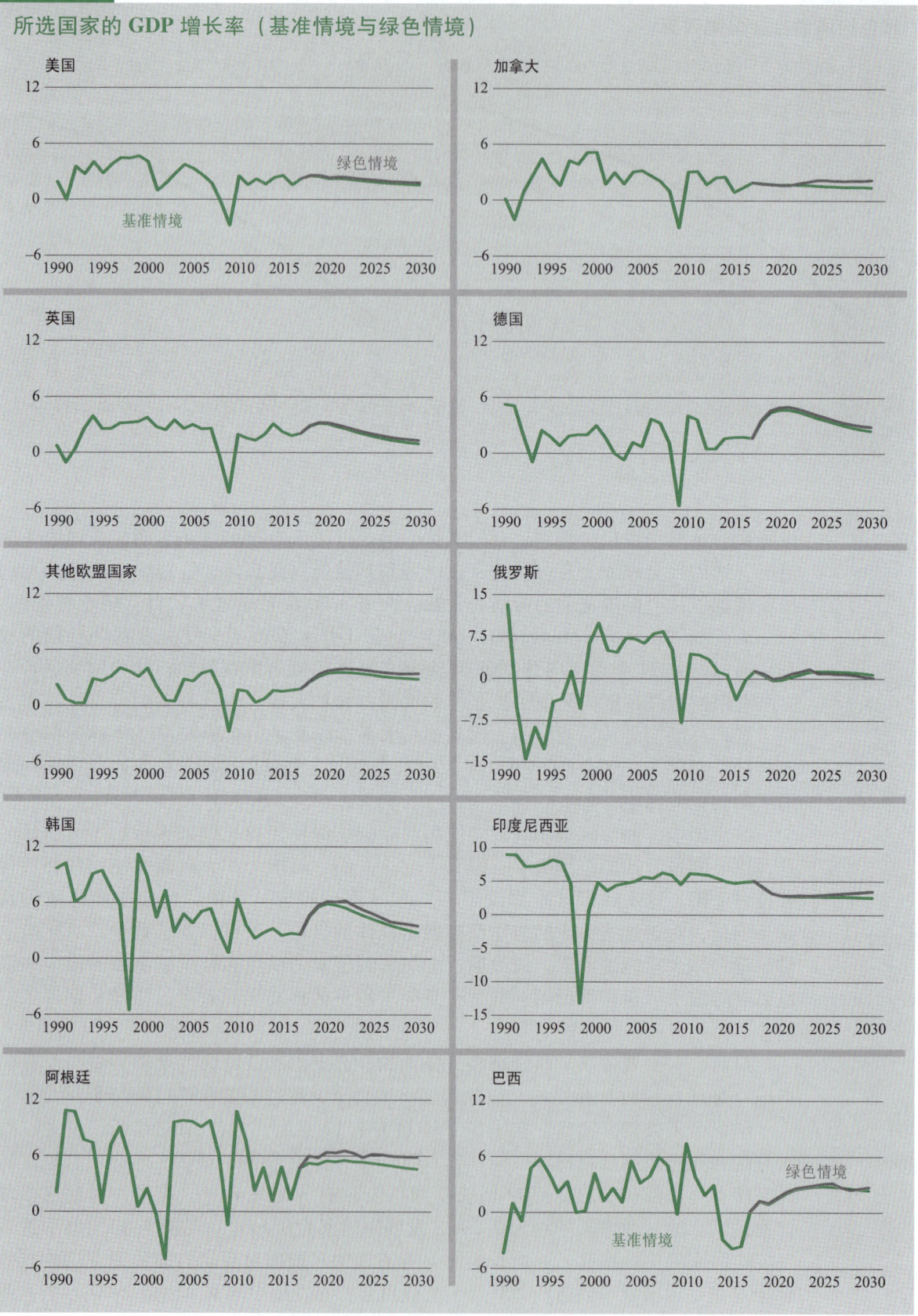

图 4.7 （续）

所选国家的 GDP 增长率（基准情境与绿色情境）

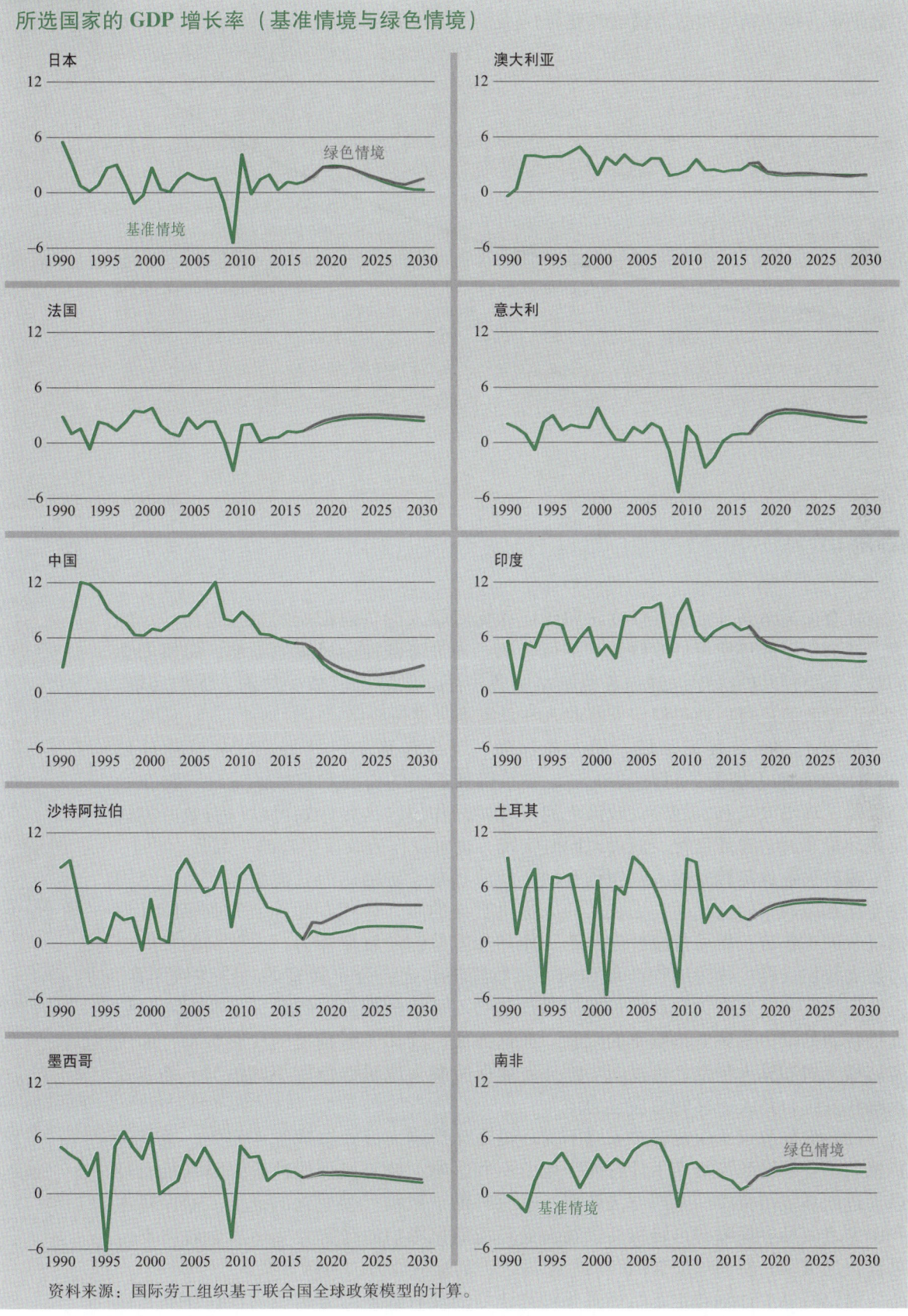

资料来源：国际劳工组织基于联合国全球政策模型的计算。

第 4 章 保护工作者和环境

图 4.8

就业率（绿色情境和基准情境的差异）

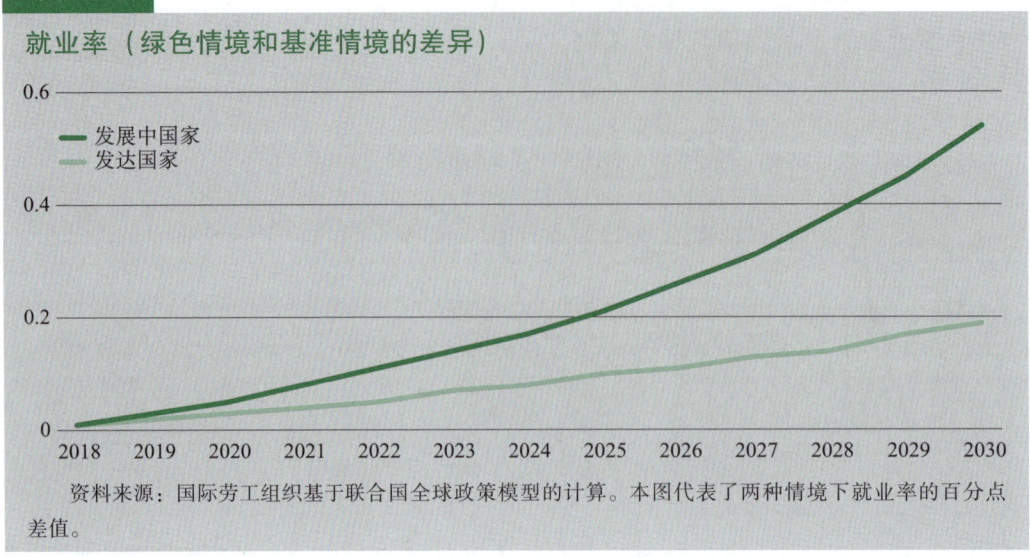

资料来源：国际劳工组织基于联合国全球政策模型的计算。本图代表了两种情境下就业率的百分点差值。

结束语

社会保障体系是抵御气候变化和环境恶化对收入的负面影响的第一道防线。的确，社会保障和环境可持续性是密不可分的。通过降低社会风险的影响，提供安全的收入和更便利的医疗保健和其他基本服务，社会保障可以减少贫困、保护环境。社会保障政策还可以通过稳定家庭收入和总需求来支持经济。

特别是，四个政策领域，即失业保障、现金转移支付计划、公共就业计划（PEP）和生态系统服务付费（PES），如果得到适当的资源和有效的设计，将在社会保障、环境政策和宏观经济政策之间发挥协同作用。这些计划可以以有效的方式实现环境和社会保障目标，既可以同时实现，也可以作为政策组合的一部分。

通过失业保障计划向人们投资有助于预防和减少贫困，因其能为那些由于结构性变化和减轻气候变化而失去收入的人提供直接的收入替代。此外，失业保障计划通过帮助工作者获得可持续部门的新工作和加强他们的就业能力，为他们的长期能力发展提供支持。作为结构改革和向可持续经济和社会公正转型的一个关键因素，失业保障是与气候有关行动的长期战略规划必不可少的部分。然而，失业保障计划支持转型的潜力受到低覆盖率的限制。在这方面，增加非缴费型的社会援助，如现金转移支付和私人捐助，可以同时弥补失业保障缺失或覆盖范围小的情况，并加强家庭在发生自然灾害时的适应能力。

社会保障政策不仅能保护家庭不受环境退化影响而导致造成收入损失，也能保护他们不受环境政策对其生计可能产生的不利影响。精心设计的社会保障系统也可以促进向环境可持续的生产方法转型，从而有助于减缓气候变化的速度。确保雇主和国家之间社会保障的可转移性以及为受环境退化影响的受害者实施现金转移支付可以促进流动，从而增加贫困和弱势家庭改善其适应能力的可选方案。

对公共就业计划和生态系统服务付费计划的现有数据的分析表明，在环境和社会政策工具中整合社会和环境目标正在引起许多国家和地区的兴趣。结果显示，在62个国家的86个公共就业计划中，有一半含有与减缓或适应环境风险有关的环境内容。此外，尽管公共就业计划的目标通常是基础设施投资，但它们通常还提供医疗保健、教育和其他福利。它们是解决气候变化对工作者及其收入影响的有力工具，同时也有助于缓解气候变化。同样，有研究表明，尽管最初的设想是为了实现环境目标，但生态系统服务付费计划也能有效地支持家庭收入。在超过 1/3 的非营利和公共出资的生态系统服务付费计划项目中，这种情况已经出现，它们的目标是同时扶贫和保护环境。鉴于贫困与环境之间联系的复杂性，以及人口中弱势群体被排除在外或因价格原因被排除在外的危险，监测生态系统服务付费计划的环境和社会影响，以确保其持久性，这一点很重要。

除了受益人以外，社会保障制度也有可能使整个经济和社会受益。一项建模演习表明，包含转移支付（如现金转移支付、公共就业计划和生态系统服务付费计划），更强有力的社会保险和对化石燃料使用的限制在内的政策组合，将加快经济增长、提升就业创造和实现更公平的收入分配，同时降低温室气体排放。

如上所述，向绿色经济和社会的转型需要更有力的社会保障，包括基于生命周期方法的收入保障和健康保障。因此，加强社会保障制度，包括社会保障最低标准，是支持人人向环境可持续的经济和社会进行公正转型的综合性政策响应的重要组成部分。

参考文献

Barbier, E.; Markandya, A. 2013. *A new blueprint for a green economy* (London, Routledge).

Behrendt, C. 2013. "Investing in people: Implementing the extension of social security through national social protection floors", in D. Kucera and I. Islam (eds): *Beyond macroeconomic stability: Structural transformation and inclusive development* (Basingstoke and Geneva, Palgrave Macmillan and ILO), pp. 228–261.

Béné, C.; Cannon, T.; Davies, M.; Newsham, A.; Tanner, T. 2014. *Social protection and climate change*, OECD Development Co-operation Working Papers No. 16 (Paris, OECD).

Berg, J.; Salerno, M. 2008. "The origins of unemployment insurance: Lessons for developing countries", in J. Berg and D. Kucera (eds): *In defence of labour market institutions: Cultivating justice in the developing world* (Basingstoke and Geneva, Palgrave Macmillan and ILO), pp. 80–99.

Bonnet, F.; Saget, C.; Weber, A. 2012. *Social protection and minimum wages responses to the 2008 financial and economic crisis: Findings from the ILO/World Bank Inventory,* Employment Working Paper No. 113 (Geneva, ILO).

Das, S.K. 2013. "A brief scanning on performance of Mahatma Gandhi National Rural Employment Guarantee Act in Assam, India", in *American Journal of Rural Development,* Vol. 1, No. 3, pp. 49–61.

Daw, T.; Brown, K.; Rosendo, S.; Pomeroy, R. 2011. "Applying the ecosystem services concept to poverty alleviation: The need to disaggregate human well-being", in *Environmental Conservation*, Vol. 38, No. 4, pp. 370–379.

Duraiappah, A.K. 1998. "Poverty and environmental degradation: A review and analysis of the nexus", in *World Development*, Vol. 26, No. 12, pp. 2169–2179.

Ezzine-de-Blas, D.; Wunder, S.; Ruiz-Pérez, M.; Moreno-Sanchez, R. del P. 2016. "Global patterns in the implementation of payments for environmental services", in *PLOS ONE*, Vol. 11, No. 3, p. e0149847.

FAO (Food and Agriculture Organization of the United Nations). 2011. *Payments for ecosystem services and food security* (Rome).

Farhat, M.; Merttens, F.; Riungu, C. 2017. *Evaluation of the Kenya Hunger Safety Net Programme Phase 2: Emergency payments deep dive study* (Oxford, Oxford Policy Management).

Fortun, P.R. 2017. *Ethiopia's PSNP: A social protection programme building climate-resilient communities* (Brussels, European Commission). Available at: https://europa.eu/capacity4dev/public-environment-climate/blog/ethiopia%E2%80%99s-psnp-social-protection-programme-building-climate-resilient-communities [10 Apr. 2018].

Gómez-Baggethun, E.; de Groot, R.; Lomas, P.L.; Montes, C. 2010. "The history of ecosystem services in economic theory and practice: From early notions to markets and payment schemes", in *Ecological Economics*, Vol. 69, pp. 1209–1218.

Grieg-Gran, M.; Porras, I.; Wunder, S. 2005. "How can market mechanisms for forest environmental services help the poor? Preliminary lessons from Latin America", in *World Development*, Vol. 33, No. 9, pp. 1511–1527.

Hallegatte, S.; Bangalore, M.; Bonzanigo, L.; Fay, M.; Kane, T.; Narloch, U.; Rozenberg, J.; et al. 2016. *Shockwaves: Managing the impacts of climate change on poverty* (Washington, DC, World Bank).

Harsdorff, M.; Lieuw-Kie-Song, M; Tsukamoto, M. 2011. *Towards an ILO approach to climate change adaptation*, Employment Working Paper No. 104 (Geneva, ILO).

ILO (International Labour Office). 2014. *World Social Protection Report 2014–15: Building economic recovery, inclusive development and social justice* (Geneva).

—. 2017. *World Social Protection Report 2017–19: Universal social protection to achieve the Sustainable Development Goals* (Geneva).

—. Forthcoming. *Social protection for indigenous women, men and children* (Geneva).

—; AFD (Agence Française de Développement). 2016a. *Social protection and climate change: Greener economies and just societies* (Geneva and Paris). Available at: http://climatechange.social-protection.org [8 Dec. 2017].

—; —. 2016b. *How can social protection address regular climate-related risks in the Sahel?* Social Protection and Climate Change Country Briefs Series (Geneva).

—; —. 2016c. *How did the Philippines combine emergency relief with lasting protection after Haiyan?* Social Protection and Climate Change Country Briefs Series (Geneva).

—; —. 2016d. *How are rural workers and residents in China faring with conservation efforts?* Social Protection and Climate Change Country Briefs Series (Geneva).

—; —. 2016e. *How has the removal of fuel subsidies in Egypt affected its people and the climate?* Social Protection and Climate Change Country Briefs Series (Geneva).

—; —. 2016f. *Can Brazil pursue twin social and environmental objectives together?* Social Protection and Climate Change Country Briefs Series (Geneva).

—; World Bank. 2012. *Inventory of policy responses to the financial and economic crisis,* Joint synthesis report (Geneva and Washington, DC).

—; —. 2015. *A shared mission for universal social protection*, concept note, 2015 (Geneva and Washington, DC).

Jayachandran, S.; de Laat, J.; Lambin, E.F.; Stanton, C.Y.; Audy, R.; Thomas, N.E. 2017. "Cash for carbon: A randomized trial of payments for ecosystem services to reduce deforestation", in *Science*, Vol. 357, No. 6348, pp. 267–273.

Jindal, R.; Kerr, J. 2007. *Lessons and best practices for pro-poor payment for ecosystem services,* USAID Payments for Environmental Services (PES) Sourcebook (Blacksburg, VA, Sustainable Agriculture and Natural Resources Management CRSP, Office of International Research, Education and Development, Virginia Tech).

Knippenberg, E.; Hoddinott, J.F. 2017. *Shocks, social protection, and resilience: Evidence from Ethiopia*, ESSP Working Paper No. 109 (Washington, DC, International Food Policy Research Institute (IFPRI)).

Lieuw-Kie-Song, M.R. 2009. *Green jobs for the poor: A public employment approach*, Poverty Reduction Discussion Paper No. PG/2009/002 (New York, NY, UNDP).

—; Philip, K.; Tsukamoto, M.; Van Imschoot, M. 2010. *Towards the right to work: Innovations in Public Employment Programmes (IPEP)*, Employment Working Paper No. 69 (Geneva, ILO).

Mayrand, K.; Paquin, M. 2004. *Payments for environmental services: A survey and assessment of current schemes* (Montreal, Unisféra International Centre).

McCord, A. 2012. *Public works and social protection in sub-Saharan Africa: Do public works work for the poor?* (Tokyo, United Nations University Press).

MEA (Millennium Ecosystem Assessment). 2005. *Ecosystems and human well-being: Synthesis* (Washington, DC, Island Press).

Otulana, S.; Hearle, C.; Attah, R.; Merttens, F.; Wallin, J. 2016. *Evaluation of the Kenya Hunger Safety Net Programme Phase 2: Impact evaluation, qualitative research study – round 1*, Summary report (Oxford, Oxford Policy Management).

Pagiola, S.; Arcenas, A.; Platais, G. 2005. "Can payments for environmental services help reduce poverty? An exploration of the issues and the evidence to date from Latin America", in *World Development*, Vol. 33, No. 2, pp. 237–253.

—; Platais, G. 2002. *Payments for environmental services*, Environment Strategic Notes No. 3 (Washington, DC, World Bank).

Peyron Bista, C.; Carter, J. 2017. *Unemployment protection: A good practices guide and training package, experiences from ASEAN* (Geneva, ILO).

Philip, K. 2013. *The transformative potential of public employment programmes*, Occasional Paper Series No. 1/2013 (Cape Town, Graduate School of Development Policy and Practice, University of Cape Town).

Schwarzer, H.; Van Panhuys, L.C.; Diekman, L.K. 2016. *Protecting people and the environment: Lessons learnt from Brazil's Bolsa Verde, China, Costa Rica, Ecuador, Mexico, South Africa and 56 other experiences*, Extension of Social Security (ESS) Working Paper No. 54 (Geneva, ILO).

Smith, S.; Rowcroft, P.; Everard, M.; Couldrick, L.; Reed, M.; Rogers, H.; Quick, T.; et al. 2013. *Payments for ecosystem services: A best practice guide* (London, Department for Environment, Food and Rural Affairs).

Subbarao, K.; del Ninno, C.; Andrews, C.; Rodríguez-Alas, C. 2013. *Public works as a safety net: Design, evidence, and implementation* (Washington, DC, World Bank).

Suich, H.; Howe, C.; Mace, G. 2015. "Ecosystem services and poverty alleviation: A review of the empirical links", in *Ecosystem Services*, Vol. 12, pp. 137–147.

Wood, R.G. 2011. "Is there a role for cash transfers in climate change adaptation?", in *IDS Bulletin*, Vol. 42, No. 6, pp. 79–85.

World Bank. 2017. "Transforming livelihoods through cash transfers to more than 1.5 million families in Egypt", online feature story, 30 Mar. (Washington, DC).

Wunder, S. 2005. *Payments for environmental services: Some nuts and bolts*, CIFOR Occasional Paper No. 42 (Bogor Barat, Center for International Forestry Research (CIFOR)).

—. 2008. "Payments for environmental services and the poor: Concepts and preliminary evidence", in *Environment and Development Economics*, Vol. 13, No. 3, pp. 279–297.

—. 2015. "Revisiting the concept of payments for environmental services", in *Ecological Economics*, Vol. 117, pp. 234–243.

Zilberman, D.; Lipper, L.; McCarthy, N. 2008. "When could payments for environmental services benefit the poor?", in *Environment and Development Economics*, Vol. 13, No. 3, pp. 255–278.

第 5 章　绿色转型所需的技能

> **重要发现**
>
> 一些国家已经成功将技能发展与环境政策整合起来，特别是在可再生能源和能源效率等关键优先部门。然而，大多数国家均未能在其环境可持续性计划和技能政策之间建立良好的联系。
>
> 在所调查的大多数国家中（27 个国家中的 21 个），技能不匹配被认为是阻碍经济绿化的主要障碍。缺乏关于环境—技能间联系的知识，缺乏定期执行的就业预测，缺乏促进对绿色转型技能发展投资的财政机制，以及社会伙伴缓慢参与仍然阻碍着有效转型的实现。
>
> 部分国家出现了政策一致性的迹象。在这些国家中，环境可持续性政策明确提到为绿色转型制定的技能和/或人力资源开发或成熟的技能开发政策和法律。然而，政策中提到的情况往往限于特定领域，如技能需求鉴定以及初步的技术和职业教育与培训（TVET）。
>
> 所调查的多数国家（27 个国家中有 22 个）一般都建立了预测技能需求以及适应技术和职业教育与培训系统的平台。在这 22 个国家中，有 19 个国家解决了与发展绿色转型技能相关的问题。4 个国家已设立专门机构，旨在研究绿色转型的技能问题。绿色转型技能的相关讨论往往由政府主导，雇主在一定程度上参与其中，而工会的参与度较低。社会伙伴的参与改善了技能需求供给的匹配度，同时也改善了包括性别平等在内的公平性成果。
>
> 与绿色转型技能相关的政策和计划往往采取行业部门性的做法。根据法律规定的对职业资格认证和培训的要求，已在可再生能源和能源效率方面实施技能干预。正如第 3 章所讨论的，技能干预强调了监管框架与整合环境成果和体面工作成果的相关性。其他具有绿色潜力的部门通过更多的专设技能发展项目得以发展，这些项目往往依靠国际支持。
>
> 绿色转型所需技能的不断演变、对绿色就业的定义缺乏共识以及缺乏劳动力市场信息和分析，使得决策者难以设计出一套长期的、适用于整体经济的技能政策组合。
>
> 政策的可持续性需要利益相关方之间的协调和国家层面的全面政治稳定。因此，社会对话和有效的治理势在必行。此外，需要提高一般公众和政策制定者对环境问题的认识，以确保中长期政策的可持续性。

引 言

可持续发展目标（SDG）和国际劳工组织《向人人享有环境可持续经济和社会公正转型的指导方针》（ILO，2015a）均为推进体面工作与环境可持续性的工具，同时也是将二者纳入主流的工具。除综合性法律框架（见第3章）和社会保障（见第4章）之外，技能发展也是环境挑战应对措施的关键组成部分，对体面工作的发展也有促进作用。技能发展可以促进创新、投资，提升竞争力，并反过来回馈社会发展，从而创造一个良性循环（ILO，2010）。通过绿色就业（见第2章），技能发展可以加速向绿色经济转型的步伐。

向绿色经济转型需要生产系统的变革，其规模相当于一场工业革命。技术进步、创新和生产流程的变革是绿色转型的主要驱动力，因此它们对就业的影响吸引了全球决策者的关注。如第2章所指出的，某些部门将创造就业机会，而另一些部门的就业机会将会减少，正如任何结构性转型一样，保留下来的就业机会也将发生彻底的变革。技能需求的预测和监测，提供适当的技能组合和对工作者技能的认可将帮助工作者更轻松地转换到出现就业增长的行业和更好的工作岗位上，进而提升恢复力以面对可能出现的裁员和经济变化造成的收入损失（OECD，即将发表），包括向绿色经济转型。

技能是向绿色经济转型的关键，绿色经济能促进体面工作。我们调查了27个国家中与绿色转型所需技能相关的法规和政策，发现这些国家面临着大量政策挑战，如缺乏收集绿色转型技能相关数据的能力，环境可持续性意识水平低，决策及社会对话的体制机制薄弱等，这些挑战妨碍了技能发展在公正转型中发挥更大的作用。

为了有助于技能发展措施的有效制定与执行，本章对27个国家所执行的法规、政策和方案进行了全球性回顾和评估，它们代表了不同程度的发展和环境挑战。本章通过国家研究，采取了大量现有措施，在《绿色工作技能：全球视野》（Strietska–Ilina et al.，2011）中，更新了国际劳工组织和欧洲职业培训发展中心（Cedefop）共同开展的一项研究中所分析的21个国家[①]的信息，并添加了另外6个国家的信息[②]（见附录4，以了解详细的方法论）。

本章共分3节。第1节分析了自2010年以来国家、地方和部门层面在经济增长、环境可持续性和技能发展方面的法规与政策的一体化。第2节详细介绍了个别计划，包括为执行第1节所述法规和政策而开展的活动及其他特别倡议。第3节就两类计划展开讨论，即技能需求鉴定和培训规定；分析了促进或阻碍监管及政策连贯性与计划执行的体制机制；还着重指出了成功的要素和障碍。本章最后评价了以促进公正转型为目标的技能发展措施的现状，并提出了政策建议。

[①] 在包含对21个国家研究中，有15项研究由国际劳工组织协调（澳大利亚、孟加拉国、巴西、中国、哥斯达黎加、埃及、印度、印度尼西亚、韩国、马里、菲律宾、南非、泰国、乌干达和美国），有6项研究由欧洲职业培训中心发展协调（丹麦、爱沙尼亚、法国、德国、西班牙和英国）。更多详情请参见附录4。

[②] 这6个国家是巴巴多斯、圭亚那、吉尔吉斯斯坦、毛里求斯、黑山和塔吉克斯坦。

第 1 节　技能发展方面的法规和政策

如第 1 章所述，环境可持续性是就业的关键，与此同时，通过一般经济活动和绿色就业机会，就业也是实现环境可持续性的关键。向低碳和资源节约型经济的转型需要环境政策，但也需要生产方式的改变，这种改变通过就业机会创造、就业机会衰减和职业变化直接影响就业。这些变化导致了整个经济体技能需求的重大转变，使技能政策成为成功过渡的关键要素（Bowen, Duff and Frankhauser, 2016；Bowen and Kuralbayeva, 2015；ILO, 2012；Strietsk – Ilina et al., 2011）。为了给政策讨论提供相关资料，本节阐明了国家、区域和部门层面的技能发展法规和政策的现状，揭示了在被调查国家中观察到的模式。

在促进环境可持续性方面，从国家层面来看，取得了很大进展，但发展转型所需技能方面的进展滞后

与 2010 年相比，制定了全面环境政策的国家数量有所增多。[①] 然而，不变的是受调查国家的大多数政策均未明确提到国家层面的技能发展。巴巴多斯、中国、哥斯达黎加和吉尔吉斯斯坦都是致力于发展环境可持续性的国家，但这些国家均未提到实现他们的目标所需的技能发展。马里、毛里求斯和塔吉克斯坦的情况也是如此。

以巴巴多斯为例，该国四个主要利益相关团体之间的强大伙伴关系不断推进该国向绿色经济转型的步伐。这些利益相关方包括政府机构（包括各部委、巴巴多斯技术和职业教育与培训理事会和国家培训机构），私营部门企业，国际机构和非政府组织。尽管巴巴多斯采取了有效的转型行动，但该国缺乏针对公正转型所需的绿色就业机会或技能发展的国家技能发展政策，也缺乏能够将强大的伙伴关系效应转化为工作场所技能培训的机构。然而，虽然该国尚未制定将环境可持续性与相应技能发展联系起来的国家级政策倡议，但在部门层面，此类政策倡议的制定正在进行中（见部门政策一节所述）。

近十年来，中国在制定环境政策、战略和法规方面做出了相当大的努力。然而，这些努力在很大程度上缺乏技能发展方面的规定，主要集中在以适应为目的的"能力建设"上，如第 3 章所示，并未明确提及技能方面的内容。

哥斯达黎加确立了成为中美洲"绿色枢纽"的目标，在中美洲，脱碳是一项增强国家竞争力的战略。为此目的，国家学徒协会（INA）在环境管理、碳中和管理和环境友好型运输部门进行了一系列技能需求评估。[②] 然而，对于为其他与转型相关的部门执行评估，或根据已确定的技能需求调整培训规定，目前该国尚未制定具体的技能政策或战略。因此，该国仍处在为绿色转型制定技能政策和制度的进程中。吉尔吉斯斯坦的情况与之相似。该国以可持续发展为导向，通过了"生态安全概念"和"2013—2017 年可持续发展国家战略"（Djakupov et al., 即将发表），尽管这些战略和技能发展计划之间的关联有限。同样，2012 年成立的国家职业技能发展委员会（National Council for Job Skills Development）并未提及环境可持续性或公正转型所需的技能发展。塔吉克斯坦通过了多项法规、概念和计划，旨在实现以土地、水和其他自然资

[①] 例如，2013 年孟加拉国国家环境政策（NEP）将环境问题纳入发展议程；《2013 年孟加拉国水资源法》规定了水资源的开发和保护（Mondal，即将发表）；2011 年塔吉克斯坦《环境保护法》以林业、水资源、渔业和放射性废物管理等行业的行业部门级法律为补充（UNECE, 2017）；2015 年圭亚那《气候适应战略和行动计划》（CRSAP）确定了 15 个行业部门的气候适应性行动（Small and Witz, 2017）。

[②] 例如，参见 Sánchez Calvo and Alfaro Trejos, 2014。

源的合理利用为重点的可持续发展。该国近期制定的文书包括《2009—2019 年塔吉克斯坦共和国国家环境计划》和塔吉克斯坦共和国《人口环境教育法》（On Environmental Education of the Population）。然而，这些文书并未将与绿色转型有关的职业技能发展明确指定为优先发展事项（Saidmurodov and Mahmud，即将发表）。

虽然总体进展缓慢，但某些国家的环境可持续性和技能发展之间出现了政策一致性的迹象

在丹麦、爱沙尼亚、法国、德国、印度、韩国、菲律宾和南非等国，一些环境政策和国家发展战略都提到了以绿色转型为目标的技能发展。同样，在上述国家部分中，技能发展战略、技术和职业教育及培训（TVET）政策及其执行机构也承认，目前对经济绿色化所需技能的需求日益增加。

自 2010 年起，菲律宾通过了一系列向绿色经济转型的国家法规和政策，其中多项规定明确承认了技能发展在转型中的作用（例如，见专栏 5.1 中的《2016 年绿色就业法案》）。菲律宾最近通过了其 2017—2022 年发展计划，该计划强调技术和职业教育与培训项目需要通过提供优质培训和认证来达到国际水准、匹配技能需求（NEDA，2017）。这项发展计划将把绿色需求纳入课程和培训系统，作为《绿色就业法案》实践的组成部分。此外，目前国家绿色就业人力资源开发计划正在制定当中，此计划聚焦 12 个关键的经济部门：农业、建筑、林业、渔业、可再生能源、制造业、运输、固体废物和废水管理、旅游、批发和零售贸易、卫生、信息技术（Fernandez‑Mendoza and Lazo，即将发表）。

专栏 5.1

菲律宾《2016 年绿色就业法案》

《绿色就业法案》（GJA）是菲律宾第一部旨在创造和维持绿色就业机会的法律。该法案包含了一些提升绿色工作技能的条款，具体措施包括确定技能需求、维护绿色职业数据库、制定培训规则、技能评估和认证、课程开发、实施技能培训计划、鼓励企业提供培训的财政激励措施。在广泛协商和三方参与的基础上，该法案制定了《实施细则和条例》（IRR）并于 2017 年获得正式通过。

该法案分别授权技术教育和技能发展管理局（TESDA）及其 2015 年成立的绿色技术中心（GTC）和职业监管委员会（PRC），制定了培训法规和资格框架。气候变化委员会与其他机构合作颁发培训证书。绿色技术中心是一个新的培训中心，成立于 2015 年，提供绿色转型技能的培训课程，以满足新兴绿色就业岗位的需求。该中心负责制定和交付优质的绿色技术和职业教育与培训计划；发展环保工作环境和工作场所的模式；制定绿色部门的培训规则[1]；通过建立机构和研究人员网络，举办绿色活动来促进绿色技术的研究和适应，同时也作为绿色部门企业家中心。该中心在光伏系统、水栽培、垂直园艺、园林绿化、逆变技术和电动三轮汽车维修等领域提供技术和职业教育与培训培训（Usman，2015）。

[1] 培训规范是技术教育和技能发展管理局颁布的文件。这些文件规定了特定国家级资格的能力标准，以及获得、评估和认证这种资格的方式。它们是开发以能力为本的课程、培训材料和能力评估工具的基础。截至 2017 年，共有 26 条绿色培训法规制定完成（TESDA，2011）。

自 2007 年通过"格勒诺尔环境圆桌会议承诺"以来，法国已经实施了若干环境政策和补充手段。各级政府（国家和区域[①]）、工作者及雇主代表以及非政府组织始终参与上述政策与文书的制定和执行，同时推动劳动力市场和技能问题的一体化（Cedefop，即将发表 b）。2010 年，为监控就业趋势，法国制定了全面的技能发展战略，启动了绿色就业动员计划，建立了国家绿色经济就业技能观测站（Onemev）和区域观测站。观测站召集各类机构，基于所有参与者所接受的绿色职业的定义，分析绿色经济中的职业和就业转移。技能鉴定的大多数关键参与者均在其活动中纳入了与绿色经济有关的就业和技能发展趋势。定期更新或改编技能课程，以兼顾绿色经济的发展。现在，许多文凭和证书都致力于提升对环境可持续性有关问题的认识，部分文凭和证书已经过更高级、更具体的调整，以期与生态过渡所需的技术、知识和技能相适应。技能的作用已被纳入环境法规，如 2016 年《生物多样性、自然和景观恢复法》，其中涉及对职业培训、研究和教育以及中小企业创新的支持。

印度在其"十二五"规划（2012—2017 年）中将环境可持续性作为其发展战略的中心目标，在国家层面也建立了面向关键部门的绿色转型技能发展的综合框架。因此，新能源和可再生能源部（MNRE）以及印度工业联合会（CII）为部分机构的建设提供了支持，包括 2015 年成立的绿色就业技能委员会。该理事会的目标是确认可再生能源、能源效率和废物和水管理方面的技能需求（见专栏 5.2）。基于已确定的部门技能需求，从水处理厂助理到太阳能光伏项目经理和改良炉灶安装工，该理事会为各类职业开发了 26 门新技术和职业教育与培训课程（NISTADS，即将发表）。各私营机构开设了 70 门面向环境可持续性的课程（例如，服装和鞋类制造，以及银行业）。

专栏 5.2

印度可再生能源就业的全国调查

印度确立了到 2022 年利用可再生能源发电 175 千兆瓦的目标，相当于全国总发电量的一半左右。能源、环境和水资源理事会（CEEW）和自然资源保护理事会（NRDC）对这一变化给部门就业带来的影响进行了估算。通过对太阳能和风能企业、开发商和制造商进行调查，研究发现：太阳能和风能部门将雇用超过 30 万名工人，方能实现 2022 年的发电目标（CEEW, NRDC and SCGJ, 2017），而 2009 年这两个部门的工人总数仅为 15.4 万人（IRENA, 2011）。为了实现这个目标，地面太阳能、屋顶太阳能和风电项目所需的工人数量必须增加。表 5.1 显示了印度 2017—2018 年按职业分类的所需的额外工作岗位。创造就业的潜力取决于国家制造太阳能电池组件的能力，以及职业培训方案和认证计划的建立。

表 5.1

印度：2017—2018 年太阳能和风能部门所需的额外劳动力估算 （单位：万名）

职业	部门			
	地面装配太阳能	屋顶太阳能	风电	总量
业务发展	99	765	36	900
设计和前期建设	395	4425	66	4886
施工和调试	5330	6920	360	12610
运营和维护	3835	250	3000	7085
工作机会总数	9659	12360	3462	25481

资料来源：CEEW, NRDC and SCGJ, 2017。

[①] 法国分为 18 个行政区域。

韩国的环境法规和政策也在一定程度上考虑了人力资源开发的重要性。这有可能促进主管环境、劳工、贸易、工业和能源的政府各部门执行各种技能需求鉴定、预期调查和专家协商。因此，韩国确立了第三项环境技术人力资源开发计划（2013—2017 年），高度重视高技能人才。此外，部分特定绿色部门已经制定了新的国家级技术资格，以支持国家为实现环境目标所做的努力。但是，韩国仍然缺乏专门针对加强技术和职业教育与培训的全面的技能发展政策，用于实现绿色转型、鉴别技能需求、调整培训课程、编写教材和制定民间倡议的激励措施。

在南非，中央政府和一些国家政府部门采取了与环境可持续发展相关的若干政策和战略。《2011 年国家应对气候变化白皮书》承认了劳动力市场在绿色转型中的作用，并对青年给予了特别关注（DEA，2011）。

爱沙尼亚修订了与转型相关的现有职业的资格标准（例如，能源审计员和钢铁工人），或增加新的资格标准，以应对新职业的出现（例如，沼气技术技师）。这表明相关技能正在被纳入爱沙尼亚的技能发展系统。然而，该国缺乏一个全面的框架来发展绿色转型所需的技能（Cedefop，即将发表 c）。丹麦制定了新的技术和职业教育与培训计划，以反映对新技能的需求，如 2010 年开展的风力涡轮机操作员培训和 2013 年环境技师培训（Cedefop，即将发表 d）。最后，在德国，依据"可持续发展教育"（ESD）框架，绿色转型所需的技能已被纳入初期和继续职业培训。2017 年，由 37 位来自政治、科学、工业领域和民间社会的代表组成的"可持续发展教育"国家平台通过了一项名为"可持续发展的教育"的国家行动计划。然而，尽管德国通过可持续发展教育框架努力将环境可持续性变成国家教育体系的主流，但该国尚未制定关于绿色转型所需技能的具体战略（Cedefop，即将发表 e）。

在那些限制推进环境可持续性的国家中，绿色转型所需技能的提升速度也有所减缓。澳大利亚、巴西和美国的情况皆是如此。然而，在澳大利亚和美国，地方政府和私营部门已认识到环境可持续性以及制定各自的技能政策和技术的重要意义（Fairbrother et al.，即将发表；Garrett-Peltier，即将发表；Rabe，2002；Saha and Muro，2016）。

地方政府在整合技能和环境政策方面发挥关键作用

在中国、法国、韩国、英国和美国等国，凭借对地区经济和劳动力市场的深刻认知，当地政府将技能需求与政策的制定和实施融为一体（对于法国和英国，见 Cedefop，即将发表 a）。实际上，地方政府的自主权以及技能发展领域的决策授权可在向绿色经济的公正转型中发挥重要的促进作用。

在美国，加利福尼亚州于 2013 年通过了五年期《清洁能源就业法案》。政府机构和培训机构参与了该法案的设计和执行。[①] 该法案提出了一项财政改革，规定将企业所得税转入加州一般基金（California General Fund）和清洁能源创造就业基金（Clean Energy jobs Creation Fund），每年带来高达 5.5 亿美元的收入（CEC，2017），这些资金已投入能源效率和可再生能源领域。这种投资可能会显著增加可再生能源和能源效率部门的投入品需求，进而为能源和建筑业创造直接和间接的就业机会（Zabin and Scott，2013）。为了满足对该法案带来的技能需求，加州已实施了主要依靠雇主和工作者自行出资的三年期和五年期的国家认证学徒计划。此外，当地还推行了学徒预备训练计划，使没有具备所需技能水平的学员也可参加学徒训练计划。

---

① 为实施这项法案，加州能源署与国家教育部、社区学院校长办公室、自然资源保护队、公共事业委员会、劳动力发展委员会、劳资关系部以及隶属总务厅的国家建筑师司展开合作。

为确保学徒训练计划的质量，劳工部制定了训练及课程的标准，注册学徒伙伴依据此标准对培训和课程进行审批。在韩国，首尔人力资源开发区域委员会①制定并执行了关于绿色转型以及技术和职业教育与培训的政策，并依此制定了新的培训计划。英国对绿色经济转型所需的技能发展采取分散管理，将决策权从中央政府转移到地方政府。这种本地化的方法便于地方政府通过当地机构与企业密切合作，如英格兰、苏格兰企业和北爱尔兰投资局之间的地方经济伙伴关系，而且技能发展措施更倾向于以需求为主导（Cedefop，即将发表 f）。

尽管地方政府发挥了积极作用，如果不能同时实行有效的机制，将本地化的方法与国家环境结合起来，权力下放也会造成区域差异和分裂。例如，在中国，由于对绿色就业的定义缺乏共识，地方政府在为绿色转型技能构建完善的发展政策框架方面面临困难（IUES，即将发表）。同样地，在缺乏全国性统一方法的情况下，为了达到欧盟指令所规定的标准，英国各地方政府制定了不同的办法；因此，不同的来源使用的转型所需技能的定义和分类也不同，技能预测活动也有所不同（Cedefop，即将发表 f）。

在行业部门一级，特别是在能源、废物管理和资源效率方面，转型所需技能政策制定的进展更加突出

正如第 1 章所强调的，能源部门是温室气体排放的主要部门之一。各国已采取了直接针对能源部门的政策、战略和法规，其中多项具体提到了技能发展。然而，如表 5.2 和下文深入研讨的，部门层面所做的努力并不仅限于能源部门。

巴巴多斯通过了《2017—2037 年国家能源政策》，其中确认了技能对可再生能源部门发展的贡献。该政策概述了技能发展的具体要素，如资格标准；针对不同学历，强调创新的课程；技术和职业教育与培训计划；教育机构与能源部门之间的信息共享系统；以及一般与能源以及石油和天然气部门的可持续性相关的奖学金计划。

英国已经建立了能源和公用事业技能伙伴关系（2017 年）。这一伙伴关系是可再生能源部门制定部门战略和技能评估机制的平台，预计这一平台将增强该部门对工作者的吸引力（Cedefop，即将发表 f）。

除了政策和战略之外，监管工具还可以促进企业和消费者在环境方面的可持续行为，同时为减缓环境压力提供助力。技能发展有助于能源部门的法规执行，因为遵守能源法规需要专门的技能和知识，以及对环境可持续性的高度认识。事实上，我们所研究的 27 个国家全部采纳了可再生能源或能源效率的相关法规，包括技能认证和/或专业人员培训的相关规范。这些规则通常针对特定职业制定，如能源审计员、检查员、评估员、能源经理、设备和建筑的安装和操作人员。其中，部分条例比其他条例更详细地说明了执行机制，包括权力机构（限定了明确的职能和责任）、培训机构和基金的确立。

例如，印度尼西亚要求每年消耗 6000 吨以上石油当量的能源使用者实施能源管理制度。根据这一规定，2010 年能源和矿产资源部制定了《工业能源管理者的强制性素质标准》。这些发展促使该国人力和运输部通过了针对能源管理人员和能源审计员的《印度尼西亚标准工作能力》等其他法规。面对这种情况，两家专业认证机构（*Lembaga Sertifikasi Profesi*（LSP））促进了能源部门的技能发展和认证。

---

① 首尔人力资源开发区域委员会是韩国 16 个区域委员会之一。

表 5.2

受绿色经济转型影响的优先部门和职业

国家	与绿色转型关联最大的部门	新职业鉴定/原有职业绿色化（举例）
孟加拉国	能源、废物管理、建筑（制砖）、运输、电信（环保手机的推广）、农业、渔业（捕虾业）和林业	制砖业，烟囱窑操作员
巴巴多斯	可再生能源	电工、电气和机械工程师、太阳能光伏设计人员、现场评估人员、光伏安装人员、能源审核员、节能和效率专家、水管工、建筑标准专家、项目经理培训师、卫生和安全培训师
中国	农业、制造业、能源、建筑与施工、交通运输、环境保护与污染治理、专业服务	风力涡轮机制造、设备操作人员、可再生能源管理、研究和培训、工程、电力技术、太阳能发电、风力发电、建筑生态设计、建筑工人、建筑改造工人、电工、屋顶工、建筑检查员、电动车制造商、高铁施工工人、地铁和电动巴士司机、回收和废物管理、废物管理、洗煤和制备，脱硫脱硝设备制造、研发和培训、节能服务、财务顾问
哥斯达黎加	农业、食品、建筑、石板印刷、木材、金属加工、塑料、化工、纺织、服务业	环境工程师、食品科学和技术人员、环境土木工程师、环境设计师和纳米技术人员、可持续发展专家、机电技术人员、软件开发人员、商业和工业设计师、工业工程技术人员、农学家、生物技术学家、生物学家、林业工程师、兽医
埃及	可再生能源/太阳能和风能、能源效率、废物管理、农业、制造/皮革	太阳能安装工、太阳能维修技师、太阳能电厂管理者、太阳能技术电工、水管工、高压交流技师、风力涡轮机技师、风电厂管理者、质量工程师、能源效率经理、能源效率审计师、清洁生产电厂管理者、清洁生产（CP）审计师、技师、主管、废物管理专家、有机农场审计师和认证机构、杀虫剂操作员、机器操作员（生物燃料发电机）
爱沙尼亚	农业、林业、工业、废物和循环经济、建筑、可再生能源和维护、技术开发、风水、交通、教育部门、绿色公共采购	工程师、技术人员、建筑专家、绿色建筑师和设计师、收割者、货运代理操作员、木工、处理破坏臭氧层物质的人员、生物教师和科技人员
圭亚那	生物多样性、农业、能源、水、固体废物管理、环境教育、气候变化教育、灾害风险管理	能源部门的新职业，以及为圭亚那能源署确定的新职业
印度尼西亚	能源、建筑	工业能源审计师和管理者，施工建筑能源管理者和审计师
吉尔吉斯斯坦	农业、建筑、采矿、金属加工、生态旅游	农艺师、农业工程师、机械操作员、估算工程师、焊工、起重机操作员、采矿工程师、喷枪工、金属工人、铸模工、铸钢机、炼钢工
毛里求斯	可再生能源、旅游业、私营部门/绿色企业、公共部门	技术人员、光伏安装工、能源审计师、生态旅游经营者、生态向导、生态企业家、绿色公职人员
黑山共和国	旅游、农业和能源部门	节能门窗的生产和安装、有机生产、山区导游
菲律宾	公共部门/绿色采购、固体废物管理和垃圾收集、可再生能源、旅游	绿色采购经理、卫生垃圾填埋场操作员、项目工程师、环境和社会保障重点人员、可再生能源专家、水文专家、风能、太阳能和生物质能专家、生物学家、化学家和处理官员、太阳能光伏安装人员、航空航天技术人员、风力涡轮机技术人员、海上石油/风能维护技术人员
西班牙	林业、废物、服务、能源	森林和环境代理人、狩猎活动领域的合格工人、森林消防工人、林业和自然环境活动领域的合格工人、劳动和环境风险预防代理人、废物分类工、环境和森林技术人员、汽车清洁工、清扫工人、发电厂技术人员、电力技术人员
塔吉克斯坦	可再生能源/水利、农业、生态旅游、建筑	有机农民、管理者、能源审计师、工程师、水利、太阳能和生物质能领域的操作和维护专家、太阳能电池板安装人员；旅游经营商、生态导游
泰国	能源	与碳相关的项目分析师、绿色标记官、公共人员、绿色工程师、绿色建筑师
乌干达	农业、工业、能源、城市/交通	有机产品的生产和加工、土壤肥力管理、除草和收割后处理

资料来源：国际劳工组织基于国家研究进行的汇编。

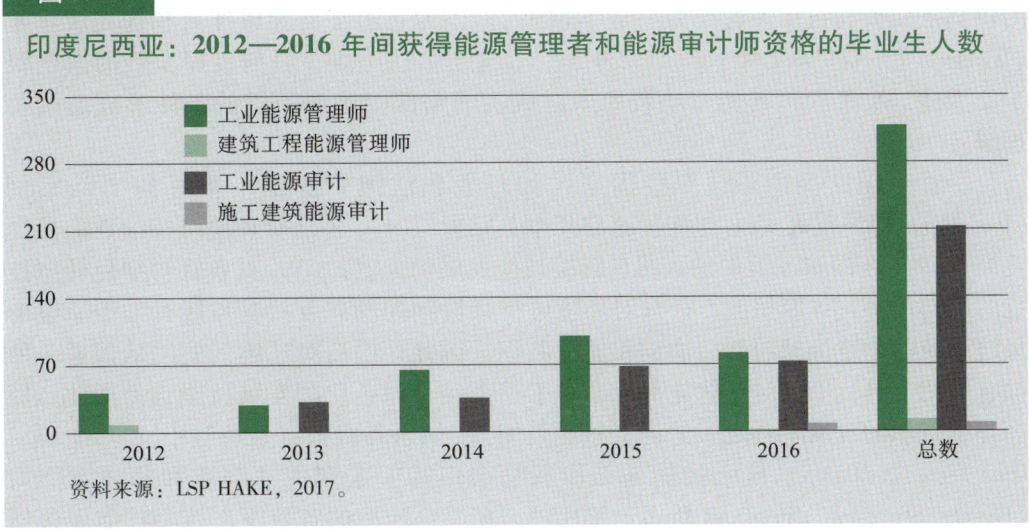

图 5.1

印度尼西亚：2012—2016 年间获得能源管理者和能源审计师资格的毕业生人数

资料来源：LSP HAKE，2017。

虽然技能发展措施对能源使用的影响很难量化，但有证据表明，如果法规的针对性强并且其认证和培训措施得到良好的贯彻执行，那么该国的合格专业人士通常会增加，能源消耗则会降低。例如，印度尼西亚的专业认证机构之一——能源保护专家协会（*Himpunan Ahli Konservasi Energi*，HAKE）自 2012 年起为能源管理者和审计师提供了越来越多的能力测试；截至 2016 年，该协会已为约 550 名员工颁发了证书（见图 5.1）。同样，在澳大利亚，2010 年《建筑能效信息公开法》确立了商业建筑能效信息公开（CBD）计划，并对 2000 平方米以上的建筑的能效信息公开提出了法律要求。该法案包含了能源评估员培训和认证的详细规则，并建立了审计机构。此外，还编制了培训材料并采用了网上考试的方式。一项影响评估得出结论称，2010—2014 年该法律有效地降低了能源消耗和温室气体排放，并产生了经济效益（ACIL Allen Consulting，2015）。因此，可再生能源和能源效率法规展示了环境可持续性和技能发展的结合方式，鼓励决策者考虑在农业和废物管理等其他部门采取类似的做法。

埃及于 2015 年成立了废物管理监管局（WMRA），其职责是识别环境挑战，负责所有省市的环境挑战识别和法律执行。因此，废物管理监管局提供下列各领域的培训：废物管理、危险废物管理、危险废物合规性、废物的处理和处置、废物设施操作、废物转化为能源、化学废物管理、废物管理法规、卫生保健领域的废物管理和废物的追踪和运输（Amin，即将发表）。埃及国家清洁生产中心（ENCPC）成立于 2005 年，负责协调和推动埃及工业中的清洁生产、废物管理、创新和能源效率。作为能力建设活动的一部分，埃及国家清洁生产中心提供废旧轮胎管理和回收方面的培训。目前，该中心正在制定一项官方认可的能力建设计划，旨在为能源管理人员提供能源效率培训。另外两个供应商，区域可再生能源和效率中心（RCREEE）和工业现代化中心（IMC），也为能源专家和管理人员提供专业认证课程。

虽然以行业部门为单位的方法有很多好处，利益相关者的协调和具体技能需求的确定相对容易（Strietska-Ilina，2017），但它不足以确保全面的绿色转型技能发展（Cedefop，2015；Strietska-Ilina et al.，2011；OECD，2014）。从整个经济的角度来看，不只优先部门，所有部门都具备绿色化的潜力（ILO，2013）。这种观点使利益相关方能够确定在供应链上因直接和间接就业机会创造所产生的技能需求，进而为不同技能水平的各部门和岗位设计和实施培训方案。

第 5 章　绿色转型所需的技能

在实践中，在整个经济系统内实施的办法比行业部门性办法更具挑战性。跨部门协调往往被利益相关者视为"成本过高"，因为它通常会导致冲突和优先级重叠（Watson, Brickell and McFarland, 2013）。① 鉴于上述困难，目前良好实践的案例很少。因此，决策者和其他行动者尚未对成功的跨部门协调所需的条件形成透彻的理解。

尽管存在这些困难，一些国家（如丹麦和法国）提供了很好的实践案例（Cedefop，即将发表a）。这些国家有几个共同点：（1）公众对环境可持续性的接受度高；（2）在国家政策中纳入绿色转型技能发展的规定；（3）具备针对绿色转型技能的跨部门协调体制机制。公众对环境可持续性问题的高度接受可能有助于从整个经济系统的角度推动跨部门协调和建立共识。因此，提高对环境问题的认识是一种强有力的工具，不仅对于优先部门，对于整个经济绿色化的发展技能也是如此。提高环境意识的政策工具之一是将"核心技能"② 纳入各级教育系统当中（Strietska - Ilina et al., 2011）。核心技能是工作和社会中需要表现的非职业和非技术能力（Gregg, Strietska - Ilina and Budke, 2015），在绿色转型的背景下，核心技能也包括"环境意识和学习可持续发展相关内容的意愿"（Strietska - Ilina et al., 2011, p. 107）。核心技能可以促进消费者行为向环境可持续的商品和服务转变。它们还可以提高多个部门或职业的工作者的就业能力，因此，在向绿色经济转型期间，有助于在面对潜在失业和收入损失时增强工作者的恢复力。

超国家举措或区域倡议可以带来规模经济

制定区域技能认证政策和培训规定可能会增加投资者对区域技能基础的信心。此外，有关资格认证的区域协定有助于确保具备认证技能的流动工作者无论在本国还是在目的国都能为该区域的绿色经济做出贡献。自2010年以来，在超国家/区域层面，关于环境问题和技能发展的政策不断增多。例如，2016年通过的《东盟绿色酒店标准》确立了绿色酒店检查员的资格和经验要求。在非洲，西非国家经济共同体（ECOWAS）于2013年通过了区域能源效率政策和可再生能源政策，这两项政策重点强调了资格标准和技能认证的统一框架的制定。

政策一致性正在形成，但还需要做更多的工作

概括而言，本节指出，一些国家在监管和政策上已明确表现出技能发展与环境可持续性的一致性，但大多数所调查的国家仍处于努力实现这种一致性的初级阶段。在许多国家，自2010年以来推行的环境法改革，特别是在能源、建筑和施工以及废物管理领域的环境法改革，促进了职业资格标准的建立或修订。这反过来导致了认证系统的变化。公共和私营机构都通过开发培训课程和进行技能评估测试来应对这些政策变化。尽管要使监管工具适应不断变化的技能需求可能存在困难，但它仍是制定、拟订和执行技能政策的主要推动力。

有一些问题值得决策者注意。首先，如果绿色经济创造的就业机会并非出现在遭受大量失业的地区，那么空间挑战可能会出现。因此，教育和培训工作需要同经济发展战略和公正转型政策联系起来。在美国，煤炭行业（存在失业的可能性）和太阳能、风能行业的就业岗位大多分布在不同的州。中国作为全球最大的煤炭生产

---

① 另一方面，一些人认为，与单独的部门倡议的费用相比，跨部门协调将有助交易和执行成本的减少（出处同上）。

② 参见Gregg, Strietska - Ilina and Büdke（2015）了解定义，参见国际劳工组织（2011）文书了解绿色转型环境下的具体核心技能实例。

国，预计未来几年将裁减 180 万名煤炭和钢铁工人（占劳动力的 15%）。努力加强对受影响工作者的技能培训将纳入中央和地方政府为顺利转型而采取的措施当中（IUES，即将发表）。在这方面，对企业、社区和省级以下层面的技能和能力的细粒度评估可能为促进中国的公平结构转型提供了有用的工具（参见，如 Caldecott et al.，2017）。

其次，在较小的国家，有限的市场规模可能不足以发展传统的专门培训形式。例如，在黑山共和国，至少鉴于当前生态旅游市场的规模（Djuric，即将发表），以促进生态旅游为目的的绿色过渡技能发展（如山区导游）就难以组织起来。另一个障碍是技术劳工的移徙，圭亚那的情况即是如此。

最后，当环境可持续性不能深深植根于国家增长战略时，面对经济低迷和疲弱的劳动力市场表现时，政策辩论可能不再关注长期问题。国家增长战略中对环境可持续性优先级的降低已经在政策层面带来了实质影响，在某些情况下导致环境法中的限制条款或其执行放宽，或分配给气候变化政策的公共资金的大幅减少。即使国家政策支持环境可持续性和向绿色经济的转型，技能的重要性也往往被忽视，这表明利益相关方对技能在这方面的作用认识还不足。

第 2 节　有关经济绿色化的技能发展计划及措施

继第 1 节探讨了监管和政策的一致性之后，本节将就微观层面进行更详细的阐述，并对技能需求鉴定和培训规定领域的计划执行细节做出分析。在此过程中，本节突出了参与行动者、管理层面、各部门中计划执行的总体趋势和目标受众的类型。

确定技能需求是满足劳动力市场需求关键的第一步

技能需求的评估既可以是定量评估，也可以是定性评估。绿色转型伴随着不同职业工作者数量的变化（因此需要定量评估），以及就业人数不变时特定职业所需技能的变化（因此需要定性评估）（Gregg, Strietska–Ilina Budke. 2015）。本章针对 27 个国家的研究表明，其中技能变化更为普遍。出现这种情况的原因有很多，例如研究者认为技能需求（如绿化现有职业）的性质变化更加重要，或者无法获得定量数据。

自 2010 年以来，许多国家继续在国家、地方和部门各个层面确定了绿色转型所需的技能。这些努力往往包含在广泛的经济体系工作中，但近年来，各种特别倡议响应了日益增长的向绿色经济转型的具体需要（如哥斯达黎加、泰国和英国）。财政资源和专业知识有限的国家普遍采用特别倡议，旨在实行技能发展措施的结构性改革（例如，索特学院和塞缪尔·杰克曼·普雷斯科德理工学院于 2014 年在巴巴多斯进行的一项调查）。

一些国家已经在整个经济中建立了定期识别和预测技能需求的系统（OECD, 2016；Strietska–Ilina et al.，2011）。例如，南非定期出版的高需求职业的名录，其中包括与绿色部门有关的职业。在法国，国家绿色经济就业和技能观察站（Onemev）定期对绿色经济的就业趋势进行评估，并将评估结果发表在活动报告及其他出版物中（Cedefop，即将发表 b）。最后，泰国劳工部就业厅（DOE）定期发表的《职业趋势》报告也包含了对职业需求的确定，包括相关的绿色部门的职业需求。

技能鉴定工作也出现在地方/区域和部门层面，雇主发挥的作用日益重要

在泰国，气候变化技术需求评估旨在对一些优先部门（即农业、模型制造和水资源管理）的技能需求做出评估（Bhula - or，即将发表；STI and URC，2012）。此外，人力资源或商业战略部门往往负责确定私营企业的劳动力需求。雇主协会根据私营公司的需要，举办会议和拟订培训课程目录。然后，将确定的需求和培训课程目录提交政府机构，如技能发展部（DSD）。

在哥斯达黎加，工业部针对 800 名成员中的 100 名开展了一项研究，以确定他们在绿色转型进程中的技能需要（INCAE Business School，即将发表）。英国各雇主协会在行业技能委员会执行的技能需求评估中发挥着越来越重要的作用（Cedefop，即将发表 f）。在美国，尽管在联邦政府层面有所减弱，但在国家层面，多项环境规范和法规已经出台，部分州政府也积极开展绿色转型技能需求的鉴定。马萨诸塞州清洁能源中心（MassCEC）的《马萨诸塞州清洁能源行业年度报告》就是一个范例，该报告包含了清洁能源部门的技能需求信息。

许多国家仍处于将绿色转型技能纳入正式职业培训体系的初级阶段

在本报告所分析的大多数国家中，绿色转型技能尚未被列入技术和职业教育与培训课程。这往往是由于技术和职业教育与培训系统、环境政策和国家发展战略之间的脱节，以及技术和职业教育与培训机构和行业之间的脱节所造成的。在很多情况下，绿色转型的培训是由雇主提供的，主要原因是他们有机会直接接触不断变化的技能需求，还有部分原因是目前仍缺乏通过正式的技术和职业教育与培训系统来发展此类培训的能力。在填补这一空白的过程中，私营部门在提供学徒实习等在职学习机会、加强培训机构和企业之间的紧密联系方面发挥着关键作用。私营部门与正规技术和职业教育与培训系统之间的沟通对于帮助后者适应长期技能需求而言至关重要。

当绿色转型所需技能被纳入正规教育体系时，这些课程通常是在高等教育中提供的，包括社区学院的大专文凭和大学的学士、硕士、博士和研究生学位。

自 2009 年以来，韩国在职业教育和培训制度的绿色化方面取得了很大进展。在国家绿色增长战略（2009—2050 年）的财政支持下，与行业专家合作确定了环境能源、运输和机械行业的绿色转型技能国家能力标准（NCS）。绿色转型所需技能的最新国家技术资格、技术和职业教育以及培训机构和大学院系的许多课程和方案均已设立。在国家绿色增长战略框架下，政府对绿色技术的研发进行了投资。此外，职业学院（如理工学院）现已提供大专文凭课程和非学位职业培训课程，让处于职业生涯中期的专业人士在不必完成全部学位课程的情况下提高自身的技能。负责监督技术和职业教育与培训机构的劳动部（MOEL）为基于国家能力标准的课程和教材开发提供支持。技术和职业教育与培训机构（如理工学院）已经积极实施了双重在职学习计划，允许工作者在工作场所或区域培训中心接受与工作相关的培训，如环境和能源方面的培训。

泰国通过正规教育提供了技能发展方面的另一个良好实践的范例。2011 年，泰国职业资格协会（TPQI）成立，这是一家以发展技能和职业标准为目标的公共机构。这促进了技能标准的广泛覆盖，其中包括绿色转型技能。泰国职业资格协会的技能和职业标准的制定能体现私营部门的技能需求，符合以推动数字化部门（即泰国 4.0）和环境友好型经济为目标的国家战略。

隶属于部委的公共机构通常提供初级和持续的培训

政府机构经常根据部门具体的任务规定，提供初级和持续的培训。在韩国，环境部和国土交通部通过其培训机构直接为专业人员和劳动力市场的新进人员提供培训（Jin，即将发表）。

南非国家清洁生产中心（NCPC-SA）提供一项为期六个月的实习计划，通过为青年工程师提供各部门绿色生产的培训和经验，加强他们的就业能力，具体部门包括：服装、纺织、鞋类和皮革；化学品、塑料、化妆品、药品、汽车和农产品加工。2010—2013年，实习生的就业率为83%（OneWorld Sustainable Investments，即将发表），这表明培训、指导和工作经验相结合能够有效提升学员的就业能力。2010年，南非国家清洁生产中心启动了工业能效提升项目（IEE），提供能源管理系统和能源系统优化领域的培训课程。通过南非贸易和工业部、能源部、环境事务部、南非商业联合会（BUSA）的国内合作，以及联合国工业发展组织（UNIDO）和瑞士国家经济事务秘书处（SECO）的国际合作，工业能效提升项目得以实施。

私人培训机构也发挥着重要作用……

为了通过市场竞争提高培训质量，一些培训由私人培训机构提供。一部分这类机构由采用培训外包的政府资助，而另一部分则完全由私人投资。然而，一些国别研究提到，由公共资金资助的私营技术和职业教育与培训提供者提供的培训质量令人担忧。例如，在澳大利亚，公共资金资助的技术和职业教育与培训已外包给民办院校，技能质量管理局（Skills Quality Authority）发现，基于私营机构之间的竞争，在确保高质量培训的工作中仍存在一些薄弱环节。首先，这是由于培训数量、时间和质量相关的标准不够规范。其次，培训提供者和学生之间的信息不对称，学生往往不知道培训的实际质量如何。再次，市场力量可能会诱使私人培训机构投资于培训质量以外的因素，如通过广告来提升品牌形象。

……地方政府的举措亦是如此

如上所述，地方政府在设计和执行提供培训方面发挥了重要作用，主要原因是它们熟悉当地经济和劳动力市场。地方技能发展计划可以相当广泛，但如果没有国家层面的协调，这些计划可能会造成区域差异和效率低下。

在韩国，首尔地方政府与韩国劳动部下属的北方技术培训中心合作，提供可再生能源和绿色汽车维修方面的培训课程。该培训与就业安置和咨询服务一同免费提供。然而，首尔的举措非常特殊，因为该城市的经济活动、就业机会和人口至少占据韩国总量的一半，并且首尔的财政实力明显超越韩国的其他地方政府（Jin，即将发表）。

雇主主导的计划也能带来培训机会……

雇主还可以设计和提供培训，特别是短期培训课程。这类课程可以对劳动力市场的变化做出更及时的响应。以泰国为例，私营企业通过公私伙伴关系发挥重要作用，不仅表现在确定和预测技能需求方面，还表现在为绿色转型提供培训方面。雇主协会有时会举办以节能和环保意识等为主题的带薪培训研讨会，对会员及非会员开放。如果不容易在国内找到教师的话，就从国外聘请。

财政奖励可以扩大雇主提供的培训范围。自 2010 年以来，越来越多的员工接受了此类激励措施所支持的绿色转型技能培训。例如，在西班牙，可以降低提供培训的雇主的社保缴费，使之从中获益。2009—2016 年，依据该系统接受绿色转型培训的员工数量增长了一倍，从 30382 人增长到 61984 人（Cedefop，即将发表 g）。由于缺乏必要的知识、不能承担相关的管理责任以及缺乏对该系统的信任，中小型企业在进入该系统时往往面临更大的障碍。为降低这些壁垒，国家就业培训基金会（Fundae）和西班牙雇主组织联合会（CEOE）组织了指导讲习班，并向中小企业提供其他援助。

提供技术和职业教育与培训还可应对私营部门的直接需求，例如，当大量企业在绿色经济领域运营或已在某地区创建了"绿色集群"的情况下即可实现。在西班牙，在汽车产业集群所在的卡斯蒂利亚和雷昂地区（Castilla y León），2009 年电动汽车制造企业能够说服当地政府投资于高级汽车技师文凭（Cedefop，即将发表 g）。

政府机构和特定企业之间的协作也能够促进技术和职业教育与培训的提供。举例说明，泰国技能发展部（DSD）自 2017 年 8 月开始与一家私营公司 DAIKIN 和德国国际合作署（GIZ）合作，为专攻采用天然制冷剂的冰箱的空调技术人员制定技能标准和能力资格。这项合作将推动技能发展部培训中心提供课程、课程体系、评估工具和培训设备（Bhula – or，即将发表）。

孟加拉国一家废物管理公司利用来自达卡各市场的水果和蔬菜废物生产有机肥料。将达卡所有的有机垃圾制成堆肥可以为 1.6 万名社会经济背景较低的人口创造新的就业机会。该公司与市政府合作建立了一个区域回收培训中心（Mondal，即将发表）。

巴西甘蔗产业雇用工人的数量庞大，其中一半产量集中在圣保罗州。然而，因预燃会造成严重的大气污染，大多数工作岗位都对环境造成了破坏。机械化可避免预燃，并提供更好的工作条件，但所需工人数量将减少。根据圣保罗环境和农业秘书处和巴西甘蔗产业联盟（UNICA）签署的《制糖和能源部门的农业环境议定书》的规定，在停止甘蔗种植园的燃烧作业后，2007—2014 年糖能源行业的雇用劳动力数量下降了 41%（UNICA and FERAESP，2015）。

2009 年，巴西推出了一项面向失业的甘蔗切割工人的重要培训计划。该项目被称为 Projeto RenovAção（"改造项目"），是依据圣保罗国家产业培训服务中心（SENAI）和其他几家教育机构及合作伙伴之间的协议建立的。该项目为糖能源部门（sugar energy sector）内部从事新职业的工人提供培训，同时提供各种课程，以发展其他部门所需的技能。通过 RenovAção 项目，工人们可以全身心地投入课程中，同时仍可获得每月工资和其他福利（如社会缴款），与在职员工获得同等的待遇。这项培训的初期目标是实现 20% 的女性劳动参与率，并以社会对话为基础。通过为文盲和半文盲工人设立专门的教学模块（"Pre – RenovAção"），工人们可学习基础学科（阅读、写作、数学、常识、公民权）并取得相应资质，随后工人们可参加 Projeto RenovAção 初级培训班。大部分课程的培训时间超过 300 小时。2010—2015 年间共有 6650 名工人接受了培训（同上，Young et al.，即将发表）。

为了弥补特定的技能差距，企业与大学和培训中心合作开发课程。例如，巴巴多斯的光伏电池安装培训和太阳能热水器的安装和使用培训（University of the West Indies，即将发表）以及印尼水泥行业所需的技能（IBCSD，即将发表）。

最后，以企业网络和循环经济原则为基础的能力建设能够提高资源生产率和中小企业的环境绩效，毛里求斯的情况便是如此（Sultan，即将发表）。

……工人组织也越来越多地参与其中

工人组织也参与到绿色转型培训中来。例如，2012年菲律宾的绿色砌筑培训正是建筑和非正式工人协会以及全国建筑和建造工人工会及其他合作伙伴协力合作的成果（Fernandez – Mendoza and Lazo，即将发表）。同样，在英国，通过一个名为Unionlearn的组织，工会已经更多地参与到绿色转型技能发展中去。该组织与英国学院联盟（UCU）合作建立了"绿色就业联盟"，旨在加强地方和地区的工会活动，进而影响学校课程（Cedefop，即将发表 f）。

针对具体部门的培训计划

能源

在美国，能源部（DOE）在国家和地方政府两个层面为能源行业提供技能培训发挥了积极作用。近年来，能源部通过能源效率和可再生能源办公室（DOE EERE）提出了22个劳动力培训项目，目标受众广泛，包括专业人士、学生、企业家、行业利益相关者、求职者和公众。

在马里，能源和水利部促进可再生能源贷款，旨在帮助有太阳能设备安装意向的消费者获得信贷。为推进这一计划，马里可再生能源署（AER – Mali）和职业培训和学习支持基金（FAFPA）目前正在合作开发面向银行销售经理的培训模块。

为利用太阳能，埃及一家名为太阳能发展协会（SEDA）的非政府组织为专业人员提供了一些短期密集培训课程，主题包括光伏并网系统、太阳能抽水和综合光伏系统。

在发展中国家，生活能源消费中的能源效率具有很大的提升空间。全球约一半人口使用固体燃料（如木材和煤炭），以满足烹饪需求（UNDP and WHO，2009）。乌干达的情况（见专栏5.3）与之相同，提供高效炉具应用培训可提升能源效率并促进地方发展。

农业

农业部门的技能方案往往以粮食生产效率的提高为导向，未能促进环境可持续性生产系统的采用。要实现农业的绿色化发展，就必须克服协调不力、不能识别技能需求、社会伙伴参与缓慢，以及工作条件恶劣等关键挑战。

在毛里求斯，自2016年以来，3200多名农民从堆肥补贴计划和保护性农业计划中受益，停止使用化学肥料，改用有机肥料（Sultan，即将发表）。粮食和农业研究推广研究所（FAREI）为农民提供培训，特别是园艺、农业加工和农业综合企业方面的培训。参与者可获 MauriGAP 生物农业认证。此外，粮食和农业研究推广研究所农业培训学校还与毛里求斯技术发展研究所（MITD）合作，提供生物农业课程。毛里求斯技术发展研究所提供收集雨水的技术课程，以实现塑料容器的循环利用。将职业安全与健康部分纳入毛里求斯技术发展研究所提供的所有培训中（出处同上）。在马里，农业是社会经济发展的一个主要部门，特别是棉花和粮食生产。农业也是最易受到气候变化影响的部门，包括不稳定的天气和供水（Nyetaa，即将发表）。农产品出口企业需要具备特定的技能，如认证规则和国际贸易标准、有机农业、堆肥和食品标准方面的知识。尽管已经取得了一些进展，但专为国内市场生产的农民仍缺乏可持续农业方面的培训。例如，马里南部棉花种植区的一个五年期

> **专栏 5.3**
>
> **乌干达改良厨灶使用培训**
>
> 在乌干达，94%的农村家庭采用明火作为主要烹饪方式，而城市地区普遍使用炭炉（MEMD，2016）。使用低效的烹饪方法是造成贫困的一个因素，因为低收入家庭用于木炭和木材的消费高达收入的15%，每天寻找木材要花费6个小时，而这些时间可用来做有偿工作以赚取收入。然而，约有10%的人口使用改良后的木炭或木柴炉，这两种改良炉可分别减少36%和58%的平均燃料消耗（Kabasa et al.，即将发表）。
>
> 在农村地区，许多当地炉具工程聘请本地技工生产符合当地需要的炉具，并对他们进行专业陶瓷制作技能培训，以便提高炉具的功能性。
>
> 在改进炉具的生产方面，面向技工的培训通常由私营部门组织，并设置非正式课程，这些课程尚未获得工业培训理事会（DIT）的批准。培训费用从20万到50万乌干达先令（约合55—140美元）不等，培训为期四周。如果这项培训能获得工业培训理事会的批准，今后将可能发展成为职业培训体系中的主流。自2014年以来，"Energising Uganda" 培训了500多名农村技工，从事农村柴炉的生产和销售工作。同时，为技工们提供其他支持，以确保供应的持续增长。用户培训通常由销售炉具的企业免费提供，这也是成功采用高效烹饪方法的关键。
>
> 改进炉灶的生产是一项创收活动，也可能对就业产生间接影响。为了实现效益最大化，培训的认证和优质品生产的发展非常重要。例如，小型企业从大型生产商手中购买生产和分销特许经营权将有助于提升质量、声誉和消费者满意度。将改进炉具的成本保持在可承受范围内仍存在困难，但技能发展将有助于提高产品的竞争力。展销会和能源效益周期间提供的培训可以扩大规模，同时告知消费者改良型烹饪用具能够减少室内空气污染，给健康带来益处。
>
> 资料来源：基于Kabasa等，即将发表。

项目涵盖了对关键可持续性问题的认识提升和培训，该项目已经能够将化学杀虫剂的使用减少90%（IFC et al.，2015）。

乌干达采用有机管理的农场面积在全非洲是最大的，估计就业人数达到了20万—40万人。国家有机农业运动（NOGAMU）是一家非政府组织，该组织成员包括培训机构、国家和国际机构以及私营部门，目标是为国家有机农业的发展提供支持。国家有机农业运动确定了有机产品生产和加工方面的技能需求，以及关注为农民提供可持续病虫害管理、土壤肥力管理、除草和收获后处理的培训。国家有机农业运动与教育和培训机构（如，马凯雷雷大学兽医学院和乌干达烈士大学）合作，提供一系列培训服务。

在其他国家也有许多有机农业或小规模农业培训的例子。这些培训是依据项目执行的非正式课程和培训方案（如孟加拉国、埃及、马里）或正式培训（如巴巴多斯、哥斯达黎加、吉尔吉斯斯坦）。在水培生产领域，圭亚那提供并支持气候适应性农业技术培训。

林业

圭亚那红树林生态恢复项目（2010—2013年）旨在创造就业机会和支持技能发展，进而增加碳封存、加强沿海气候复原力和降低洪水风险（Small and Witz，2017）。该项目提供红树林的规划、采伐和维护，帮助人们认识红树林在保护环境和企业发展中的作用。数家从事农业加工和生态旅游的企业相继成立。该项目创造了1000个就业机会，采用了创新方法来实现红树林改良的可持续性。为获得企业发展服务，该项目要求参与方与地方和区域机构及农业部合作，积极监测红树林的恢复和使用情况。2014 年，该项目的立项单位并入农业部，而农业部应促进该项目在圭亚那所有红树林区的推广，同时推进该项目在林业等其他部门的应用。

生态旅游

菲律宾环境和自然资源部（DENR）认可在指定地区发展生态旅游，并为生态旅游规划及管理提供了指导方针。2013 年，菲律宾妇女委员会与环境和自然资源部合作开发了一套性别敏感型生态旅游规划和管理工具。这套工具包含下列各科培训课程：生态旅游规划、保护区官员适用的资源跟踪和监控、生态旅游指南、以生态旅游为目的的海洋资源监测（GREAT and PAWB，2013）。

废物管理

为了减少堆填区的数量和促进废物回收，许多发达国家和发展中国家也在努力提升废物管理工作人员的技能（见专栏 5.4）。

专栏 5.4

废物管理和回收领域的绿色转型技能：体面工作的潜力？

巴西废物管理和回收部门拥有 50 万多名员工（CEMPRE，2010；ILO，2011），南非同部门员工的人数为 62147 人（DEA，2012；OneWorld Sustainable Investments，即将发表），而孟加拉国约为 40 万—50 万人（Mondal，即将发表）。这些工人大多属于非正规经济，主要集中在城市地区，他们往往在提高回收水平、减少垃圾填埋量方面发挥着重要作用。然而，他们面临着严峻的体面工作不足的情况，如与工作有关的危险、低收入和长时间的工作；他们往往没有进行合法登记（因此被排除在劳工法和社会保障之外），受到社会歧视（ILO and WIEGO，2017；Schenck, Blaauw and Viljoen, 2012）。为了应对这些挑战，巴西、哥伦比亚、印度和南非等国家已建立合作社和其他社会和共同经济组织，以提高废物收集者的认同度和集体发言权（ILO，2014）。根据绿色基金（Green Fund，2016），扩大废物管理和回收的潜力以将低技能非正规工人并入正式经济，同时减少废物、促进经济发展是改善南非废物处理部门的工作条件及环境的关键。

但是，技能发展在确保非正式拾荒者转型到正式就业并改善工作条件方面的作用仍然是一个重要问题。循环经济的发展（回收产品，让旧物焕发新生命）涉及分类，这就需要具备足够的废物处理问题的相关知识，因此需要为非正规废物管理部门工人提供培训。

目前，已有部分解决这一技能差距的措施。法国回收企业专业联合会（FEDEREC）包含该行业中的 1300 家公司。该联合会受益于公共联合融资，制定了未来需求和技能的详细清单，从而创立和实施了五项新的职位要求：手工分拣操作员、机械化分拣操作员、工业小组组长、工业设备操作员和工业维护操作员（Cedefop，即将发表 b）。孟加拉国的一家私营公司 Waste Concern 已为社区固体废物管理和资源回收开发了两个培训模块（Mondal，即将发表）。同样，国际劳工组织和非正式就业的妇女：全球化和组织（WIEGO）发现，其近期研究[1]中涵盖的拾荒合作社可提供或促进废物管理相关的法律认可和技术技能方面的培训，而在职业安全与健康领域的培训在很大程度上被忽视了（ILO and WIEGO，2017）。

[1] 共调查了来自阿根廷、巴西、哥伦比亚、印度、南非和土耳其等国的 29 个合作社。关于研究设计的详细信息，请参见 ILO and WIEGO（2017）。

目标团体组织的课程

成年工作者

面对职业绿色化和失业工作者的重新培训而进行的成人培训可以采取短期课程的形式。例如，丹麦为财产管理员提供了为期 4 天的环境保护课程（Cedefop，即将发表 d）。另一方面，在许多发展中国家和新兴国家（如孟加拉国、印度和乌干达），成人培训则不太常见。这可能是因为在低收入国家，技能要求较低的职业占据就业的很大部分，人们认为即便不进行培训，所拥有的技能也易于在这些职业之间转移。例如，在乌干达，在摩托车出租车（bodaboda）被城市公共汽车服务取代期间未提供任何培训，许多失去工作的工作者改做票贩和售票员，招揽乘客乘坐公共汽车。

残疾人士

在发展绿色经济所需技能的过程中，集中培训残疾人可能有助于减少教育和就业机会方面的不平等。在印度尼西亚，近半数残疾人未能完成初等教育，因此在城市地区的就业份额很低（ILO，2017a）。来自其他国家的证据表明，这类课程能为农村地区或劳动力外迁水平高的国家的沿海地区带来积极的成果。例如，在孟加拉国，200 名残疾人士（主要为女性）与 8 个蘑菇合作社合作接受了有机蘑菇生产和销售方面的培训（Mondal，即将发表）。成功的关键因素是在目标行业的技能理事会和私营部门之间建立伙伴关系，承诺在技术和职业教育与培训机构中为残疾人士提供 5% 的入学配额。圭亚那于 2014 年启动了一个项目，为近 100 名失聪学生、12 名教师和部分家长提供了水培农业培训（Small and Witz，2017）。

原住民和部落民族

原住民虽易受气候变化的影响，但在可持续政策和计划中，他们仍然发挥了关键作用，是应对环境退化的变革推动者（ILO，2017b）。1989 年《原住民和部落民族公约》第 29 条（第 169 号）强调了技能发展的重要性，以确保原住民和部落民族充分参与到国民经济活动当中。针对原住民的技能培训可通过生态系统服务付费（PES）计划（见第 4 章）和生态旅游为减缓气候变化提供支持。更重要的是，原住民和部落民族在可持续自然资源管理方面（森林、渔业、野生动物、农业）的知识可被改进为技能发展方案，并扩大应用范围，以加强这些部门的可持续性。

在澳大利亚，沃德肯原住民保护区的 250 多名原住民于 2010—2011 年接受了认证培训课程。在完成培训后，他们可从事消防管理、野生动物管理、杂草控制和监测濒危物种领域的工作。该项目在碳减排方面已经实现减排 901075 吨二氧化碳当量，总价值 440 万美元（Fairbrother et al.，即将发表）。据报道，该课程还带来了其他积极影响，如增强了参与者的信心，改善了他们的健康与福祉（出处同上）。

原住民社区的参与和使用原住民技术维持生态平衡有利于当地的清洁发展，如喜马拉雅山脉和印度西高止山脉的生态旅游。认识到女性原住民所面临的多重挑战，圭亚那的发起了一项名为"Moco–Moco"计划的妇女创业倡议，旨在通过改进木薯和面粉生产，保障粮食安全，减轻自然灾害对第 9 区（上塔库图—上埃塞奎博）原住民社区的不利影响。这项计划提升了参与者的经济独立能力（Small and Witz，2017）。

减少性别不平等

性别平等是人类可持续发展的核心,也是高效经济绿色化的基本原则之一。然而,缺乏体面工作和平等的培训机会阻碍了女性对绿色经济的全面贡献(ILO,2015b)。将性别问题变成技能发展的主流可将女性从低技能和初级职位转移到高技能工作中,并将改善她们的生计,增强她们的独立能力。然而,如果缺乏这方面的意识,女性在绿色经济中的参与度将无法迅速提升到足以缩小现有性别差距的程度(von Hagen and Willems,2012)。

在实现两性平等方面,针对各国的研究提供了一些良好实践案例。例如,澳大利亚燃气照明公司(Australian Gas Light Company,AGL)根据职场性别平等机构的定义,晋升女性,并将一半以上的非传统岗位分配给女性。AGL承诺,到2019年将高级领导层中的女性人数增加到40%(Fairbrother et al.,即将发表)。圭亚那化妆品公司Ruppuni Essence雇用单亲妈妈种植香茅草,并通过合作社寻找商机(Small and Witz,2017)。菲律宾向农村女性提供有机农业方面的培训,旨在增强女性能力,改善收入(Mendoza and Lazo,即将发表)。

如第2章所述,可再生能源部门具有创造就业机会的巨大潜力。可再生能源部门的女性比例过低,因此在该部门实现性别平等至关重要;在一些发达经济体,女性在可再生能源就业岗位中的份额约占20%—25%(Baruah,2016)。虽然速度缓慢,但性别差距正在缩小。2016年,美国女性在国内太阳能行业的就业份额增长到28%,但其技能水平低于国内其他行业(Garrett-Peltier,即将发表)。在法国,从事能源与水资源的生产和销售的女性比例已从2008年的15%上升到2012年的21%(Cedefop,即将发表b)。在发展中国家和新兴经济体的太阳能工程领域,提供的非正式培训对促进女性的技能发展及行业参与率发挥了重要的作用。例如,印度活跃的非政府组织赤脚学院(the Barefoot College)率先在非电气化农村地区开展了太阳能电气化领域的女性技能培训,并成功地将培训模式复制到拉丁美洲和非洲(von Hagen and Willems,2012;Enel,2017)。

第3节 规划技能政策和计划的制度结构

第1节和第2节阐述了所调查国家当前在监管和政策协调以及执行技能发展计划方面所做的努力。本节集中讨论可能会促进或阻碍这些努力的体制机制,目的是提请注意共同的成功因素与瓶颈。本节分析特别强调了推动绿色转型技能发展的相关社会对话中所面临的挑战。

体制机制和社会对话是有效制定政策、确定技能需求和发展培训事宜的关键

一般而言,对于公共政策的有效设计和执行,公共议程之间的协调必不可少,但就环境可持续性而言,这种协调必不可少。事实上,当一个国家的经济活动和就业在很大程度上依赖于危害环境的产业时,环境可持续性、经济增长和就业等问题之间的利益冲突可能很难克服(van de Ree,2017)。利益协调不成功会影响绿色转型所需技能发展的推动。

鉴于这一挑战,一套运作良好的机构和决策机制(下文简称"体制机制")对于成功促进绿色转型的技能发展至关重要，此类机制能够整合经济增长、公共财政、社会包容、教育和就业等广泛的公共议程。其中，不仅包括传统上与技能发展问题有关的体制机制（如部门技能理事会、职业培训咨询委员会），还包括处理环境问题的体制机制（如环境与可持续发展圆桌会议）。此外，依据1975年《人力资源发展公约》（第142号）的规定和基于2004年《人力资源发展建议书》（第195号）的规定，各国政府、社会伙伴和其他有关机构必须积极参与技能发展措施的制定与执行。

27个所调查国家的经验表明，各国政府、地方政府和社会伙伴参与技能政策的设计，促进了致力于绿色转型发展技能或将绿色技能融入技术和职业教育与培训政策的全面发展政策的采用。事实表明，圆桌会议、咨询委员会和技能委员对三方参与是有效的。

政策的映射揭示了两类体制途径，其目的是制定绿色转型技能的发展措施，即设立致力于绿色转型技能的新机构或理事会，并实现环境可持续性在现有的一般技能发展机制中的主流化（见表5.3）。这些体制途径并非相互排斥；部分国家同时采用了这两种体制途径类型，如法国、南非和英国。在所调查的27个国家中，有4个国家已建立了详细的体制机制，用以处理绿色转型的技能发展，并将重点放在几个优先部门。较普遍的情况是，27个国家中有22个已经建立了一般技能发展问题的体制机制，19个国家已着手应对绿色转型所需的技能问题。这表明，绿色转型的技能并非总是通过现有机制得到解决。在一些发展中国家和新兴经济体，一般技能发展的体制机制尚未建立（例如，埃及和马里）或刚刚推出，并且只有当捐助资金项目覆盖特定行业时（例如，孟加拉国）方才发挥作用，因此，目前仍缺乏应对绿色转型技能发展的系统平台。在其他国家，绿色转型的技能问题只能通过与雇主相关的特别调查得以解决（例如，哥斯达黎加）。因此，发展中国家和新兴经济体在综合技能和环境可持续性方面的体制能力相对较弱。

除体制机制以外，雇主与工人组织的参与也是有效的技能需求鉴定和培训的关键决定因素。雇主可以通过判断企业所需能力的变化趋势，改善技能的需求和供应的匹配，包括流动工作者的技能需求和供应（ILO，2017c），并将技术创新与创造就业和技能发展机会联系起来，从而提高技能发展政策的效率。

另一方面，工人组织可以通过解决不同技能水平的工作者获得平等的培训机会、移民地位、性别和合同形式等问题，以及将技能发展转化为更高的薪酬并承认工作中习得的技能，确保将公平问题纳入考虑范围（TUAC，2016；ILO，2016）。

工会参与和培训的发展之间的积极联系[①]已在法国（Le Deist and Winterton，2012）和英国（Stuart and Robinson，2007）等发达经济体，以及阿根廷、中国香港和菲律宾等新兴经济体（Bridgford，2017；Smith，2014）的研究中得到确认。丹麦的情况也是如此，该国的利益相关者（包括雇主和工会）通过初始职业培训咨询委员会（REU）举行会议（Cedefop，即将发表d）。有鉴于此，委员会支持决策者和其他利益相关方考虑使工会更多地参与技能培训的不同方式，例如，在部门层面以技能为基础的集体协议的制定，以及在企业层面将培训安排纳入集体谈判（Bridgford，2017）。

针对27国的研究表明，技能发展政策，包括绿色转型所需的技能发展政策，是由各国政府根据其教育及就业前培训的主要责任而制定的。政府经常与雇主接触，旨在实现技能的供应与需求的高度匹配，而工会参与的可能性较小（例如，孟加拉

[①] 参见 Bridgford（2017），以了解文献综述。

表 5.3

预测技能需求和调整培训规定的体制机制（27 国）

政策问题	是否通过现有的机构机制来应对绿色转型技能，进而预测技能需求并调整培训规定	是否通过专门的机构或理事会来处理绿色转型的技能发展问题
澳大利亚	是	–
巴巴多斯	是	–
巴西	是	–
中国	是[1]	–
哥斯达黎加	是	–
丹麦	是	–
爱沙尼亚	是	–
德国	是	–
圭亚那	是	–
毛里求斯	是	–
印度尼西亚	是	–[5]
韩国	是	–
西班牙	是	–
泰国	是	–
美国[2]	是	–
菲律宾	是	–[3]
印度	–	是
法国	是	是
南非	是	是
英国	是	是[4]
孟加拉国	–	–
埃及	–	–
吉尔吉斯斯坦	–	–
马里	–	–
黑山共和国	–	–
塔吉克斯坦	–	–
乌干达	–	–
总计（数量）	19	4
总计（百分比）	70.4	14.8

[1] 体制机制存在于省、市层面，但不存在于国家层面。2015 年版的《职业词典》确定了 127 种绿色职业，但没有提供编目方法中所用标准的描述。该词典还承认，这 127 个职业只是社会接受度高的所有绿色职业中的一部分。[2] 在美国，管理教育系统的责任为分散管理，并下放到各州。美国的数据仅适用于加利福尼亚州。[3] 菲律宾《2016 年绿色就业法案》授权技术和技能发展局（TESDA）、绿色技术中心和专业监管委员会（PRC）制定与绿色工作有关的培训法规和资格框架。[4] 工会大会学习和技能组织 Unionlearn 建立了"绿色技能伙伴关系"，包括工会、雇主、地方委员会、环保组织、教育机构、社区团体和国家机构。[5] 印度尼西亚绿色建筑委员会（GBCI）协会在环境可持续建筑方面提供了若干类型的培训方案。

资料来源：国际劳工组织基于国别报告以及与国际劳工组织专家的磋商进行的汇编。

国、中国、哥斯达黎加、印度和韩国）。工会参与度有限可能导致无法充分考虑因残疾、性别、技能水平、迁移状况或年龄而处于弱势的工作者的需求。由于这些原因以及如国际劳工组织第 195 号建议书所规定的，政府应加强各个层面对与培训相关的社会对话〔第 5(h)(i)款〕和集体谈判〔第 9(c)款〕的支持，包括国家、部门和企业层面。此外,还应鼓励社会伙伴提高其在设计和执行绿色转型技能发展措施中的参与度。

公共资金安排有助于提供支持正规教育系统渠道的培训

资金安排是有效执行绿色经济转型政策的关键动力之一。国家层面的研究发现,公共财政支助为培训创造了新的渠道,包括大学和研究生院的各院系,以及技术和职业教育与培训机构的培训方案(例如,韩国)。重要的是,公共财政支持能够为弱势群体提供免费参加培训计划的机会。然而,公共资金的可持续性仍然令人关切,因此有必要同时采用基于市场的办法和雇主主导的倡议,使二者互相补充。

财政手段为雇主提供培训带来了高效激励措施

事实证明,以免税和社会保障退税为形式的财政改革是成功鼓励雇主提供绿色转型技能培训的奖励措施。在实施了这样的财政激励措施后,接受此类培训的员工数量有所上升(Cedefop,即将发表 g)。然而,一些国家(例如,西班牙)的经验表明,虽然接受培训的员工数量增加了,但培训的质量可能并不高,因此需要建立质量保证机制。

缺乏国家或部门层面的政策会破坏培训计划的可持续性

在发展中国家,培训计划往往在国际发展机构的支持下执行,并且往往在项目结束时立即停止。国家主导途径是一种有效的方法,可确保这些计划的可持续性并将其逐步应用于经济体中更多部门。除可持续性之外,培训师的培训也是一项挑战。新培训技术的发展,特别是信息技术的使用,可能会带来改进的机会。

国家层面对绿色工作的定义缺乏共识,阻碍了许多国家绿色转型的技能发展

27 国的研究表明,其中大多数国家尚未就绿色工作的定义达成共识。[①] 丹麦、法国、菲律宾、南非、英国和美国等国均提供了绿色工作的官方定义——然而,即便在这些国家,关于哪些工作应被定义为绿色工作的辩论仍在继续。对绿色工作的定义缺乏共识,阻碍了技能战略的系统设计和实施,技能需求识别和培训规定。2013 年,在第 19 届国际劳工统计大会上,在建立绿色工作的操作性定义方面取得了进展(ILO,2013)。然而,该定义的实施在很大程度上取决于具体国家的情况和能力,许多所调查国家面临着这方面的挑战。国际劳工组织为了支持其成员国,执行了生成绿色工作统计数据的试点项目,该项目基于 2013 年阿尔巴尼亚和蒙古的操作性定义,即通过性别、教育程度、职业及主要经济活动对绿色工作进行初步鉴定(Stoevska,Elezi and Muraku,2014;Oyunbileg and Stoevska,2017)。除了进行调查研究外,投入产出表等其他数据来源也可用于预测绿色转型对就业的影响。为此,绿色工作评估机构网络(GAIN)于 2017 年出版了"培训指南"(GAIN,2017)。

结束语

本章调查了在绿色转型技能发展领域,现有政策和计划的制定和执行情况,及

[①] 参见 van de Ree(2017),以了解绿色工作的不同定义。

其与更广泛的环境可持续性政策的一致性，并确定了取得成功的因素和面临的障碍。

有迹象表明，技能发展与环境可持续性政策之间逐渐表现出政策一致性。但是，这种政策一致性的范围和程度往往局限于具体的政策领域、目标群体、部门和区域。在众多成功要素中，发现监管工具（例如，能源法改革）在制定和执行技能政策的初期往往很有效。但是，鉴于管制工具的规范性本质，如能源法规所规定的职业资格和培训要求，培训是否能够适应技能需要的变化仍未得到证实。政策和法规必须在灵活调整市场所需技能、建立资质标准和将绿色转型技能纳入正式技术和职业教育与培训系统之间取得适当平衡。国家经验表明，决策者、社会伙伴和其他有关利益相关方面临着广泛的挑战。这些挑战包括对绿色工作的定义缺乏共识，国家层面缺乏收集、传播和分析有关数据的能力，以及绿色转型技能不断变化的本质。

鉴于目前的进展速度，国家自主贡献（NDC）和可持续发展目标中做出的部分承诺可能无法在目标年份实现。根据《向人人享有环境可持续经济和社会公正转型的指导方针》（ILO，2015a），许多领域仍需各方付出更多的努力。在确保体面工作和社会包容方面，对下列各方面的考虑尤为重要。

首先，需要在多项技能发展政策和计划中加强性别平等主流化。国际劳工组织（2017d）发现，大部分性别不平等以职业和部门隔离的形式存在。然而，27国的研究表明，性别平等并未实现在绿色转型技能发展领域的关键政策文件的主流化。如果没有明确认识到缩小部门/职业隔离和获得培训机会方面的性别差距并缩小这些差距的话，向绿色经济的转型就很可能只会使这种差距长期存在。例如，女性在科学、技术、工程和数学（STEM）相关领域的人数不多，而在回收和废物收集方面的人数却过多，后者的特点是工资低、工作条件差（Strietska–Ilina，2011）。因此，在科学、技术、工程和数学领域的职业培训计划以及旨在改善废物管理部门工作条件的计划中，需要更加努力以缩小男女入职率、留职率和晋升率方面的差距。

其次，需要在绿色转型所需的技能发展方面加强全球和区域伙伴关系。在这方面，人力资源开发领域的国际和技术合作应促进国家能力建设，以实现培训政策和方案的改革和发展。[①] 本章所述的研究证实，在政策和法规的制定和执行方面，低收入国家迫切需要良好实践的经验。跨国界的知识分享可以推动绿色转型发展技能的区域和国际性方法的发展，反过来又可以解决个别国家的竞争力问题。

最后，本章提及的大多数政策和计划都针对半熟练和熟练技术工作，后者尤其集中在能源部门和与环境保护密切相关的其他部门。在为低技能工人的转型提供支持方面，已经有一些短期或特别培训的案例，但在支持弱势群体发展适当技能方面，目前几乎不具备任何较系统性的、积极的劳动力市场政策。在发展中国家和新兴国家，除技能发展外，低技能工人还可能受益于促进就业正规化的社会保障措施和计划。应当认识到，环境危险管理和环境无害技术方面的培训对于工作者的健康和福祉能够做出重大贡献（见第4章）。

本章所述的多项挑战表明，目前我们迫切需要提升对机制的理解，通过这些机制，具体的国家政策组合才能对绿色转型的技能发展产生影响。国际劳工组织认识到这一需要，并将对本章所做的分析进行跟进，以便为每个国家拟订详细的政策建议书，并进而为我们所考察的国家提供技术援助。

---

① 第195号《建议书》第21款。

参考文献

ACIL Allen Consulting. 2015. *Commercial building disclosure: Program review* (Brisbane). Available at: http://www.acilallen.com.au/cms_files/ACILAllen_CommercialBuilding_2015.pdf [15 Dec. 2017].

Amin, G. Forthcoming. *Skills for green jobs in Egypt: An update* (Geneva, ILO).

Baruah, B. 2016. "Renewable inequity?: Women's employment in clean energy in industrialized, emerging and developing economies", in *Natural Resource Forum*, Vol. 41, No. 1, pp. 18–29.

Bhula-or, R. Forthcoming. *Skills for green jobs in Thailand: An update* (Geneva, ILO).

Bowen, A.; Duff, C.; Fankhauser, S. 2016. *'Green growth' and the new industrial revolution*, Policy Brief (London, Grantham Research Institute on Climate Change and the Environment).

—; Kuralbayeva, K. 2015. *Looking for green jobs: The impact of green growth on employment* (London, Grantham Research Institute on Climate Change and the Environment).

Bridgford, J. 2017. *Trade union involvement in skills development: An international review* (Geneva, ILO).

Caldecott, B.; Bouveret, G.; Dericks, G.; Kruitwagen, L.; Tulloch, D.; Liao, X. 2017. *Managing the political economy frictions of closing coal in China*, Sustainable Finance Programme Discussion Paper, Feb., Smith School of Enterprise and the Environment (Oxford, University of Oxford).

CEC (California Energy Commission). 2017. *Proposition 39: California clean energy jobs act: 2017 Programme implementation guidelines*, Nov. (Sacramento, CA). Available at: http://www.energy.ca.gov/2017publications/CEC-400-2017-014/CEC-400-2017-014-CMF.pdf [18 Mar. 2018].

Cedefop (European Centre for the Development of Vocational Training). 2015. *Green skills and innovation for inclusive growth*, Cedefop reference series 100 (Luxembourg, European Union).

—. Forthcoming a. *Skills for green jobs: An update, European synthesis report* (Thessaloniki).

—. Forthcoming b. *Skills for green jobs in France: An update* (Thessaloniki).

—. Forthcoming c. *Skills for green jobs in Estonia: An update* (Thessaloniki).

—. Forthcoming d. *Skills for green jobs in Denmark: An update* (Thessaloniki).

—. Forthcoming e. *Skills for green jobs in Germany: An update* (Thessaloniki).

—. Forthcoming f. *Skills for green jobs in the United Kingdom: An update* (Thessaloniki).

—. Forthcoming g. *Skills for green jobs in Spain: An update* (Thessaloniki).

CEEW (Council on Energy, Environment and Water); NRDC (Natural Resources Defence Council); SCGJ (Skill Council for Green Jobs). 2017. *Greening India's workforce: Gearing up for expansion of solar and wind power in India*, Issue Paper, June. Available at: https://www.nrdc.org/sites/default/files/greening-india-workforce.pdf [30 Jan. 2018].

CEMPRE (Compromisso Empresarial para Reciclagem). 2010. *National solid waste policy: Now it's the law: New challenges for public authorities, companies, waste pickers and the public in general* (Sao Paulo). Available at: http://www.cempre.org.uy/docs/banner_movil/cempre_brochure_nswp_english.pdf [30 Jan. 2018].

CICR (Cámara de Industrias de Costa Rica); BMU (Bundesministerium für Umwelt, Naturschutz und Reaktorsicherheit); GIZ (Deutsche Gesellschaft für Internationale Zusammenarbeit). 2013. *Habilidades y competencias para los empleos en una economía verde: Perspectivas de las empresas costarricenses* (San Pedro). Available at: https://www.tec.ac.cr/sites/default/files/media/doc/sinopsis_empleo_verde_habilidades_y_competencias_0.pdf [30 Jan. 2018].

DEA (Department of Environmental Affairs), Republic of South Africa. 2011. *National strategy for sustainable development and action plan (NSSD 1) 2011-2014* (Pretoria). Available at: https://www.environment.gov.za/sites/default/files/docs/sustainabledevelopment_actionplan_strategy.pdf [30 Jan. 2018].

—. 2012. *Report on determination of the extent and role of waste picking in South Africa* (Pretoria). Available at: http://sawic.environment.gov.za/documents/5413.pdf [30 Jan. 2018].

Djakupov, K.; Kalmyrzaeva, C.; Beishembaeva, A.; Djumaliev, M.; Ibraeva, E. Forthcoming. *Skills for green jobs in the Kyrgyz Republic* (Geneva, ILO).

Djuric, D. Forthcoming. *Skills for green jobs in Montenegro* (Geneva, ILO).

Enel. 2017. *The sun reaches inside homes in Bahia*, Feb. (Rome). Available at: https://www.enel.com/stories/a/2017/02/the-sun-reaches-inside-homes-in-bahia [20 Mar. 2018].

Fairbrother, P.; Grosser, K.; Rafferty, M.; Propokiv, V.; Toner, P.; Curtis, H.; Douglas, N. Forthcoming. *Skills for green jobs in Australia: An update* (Geneva, ILO).

Fernandez-Mendoza, M.A.; Lazo, L.S. Forthcoming. *Skills for green jobs in the Philippines: An update* (Geneva, ILO).

GAIN (Green Jobs Assessment Institutions Network). 2017. *GAIN training guidebook: How to measure and model social and employment outcomes of climate and sustainable development policies: Training guidebook* (Geneva, ILO).

Garrett-Peltier, H. Forthcoming. *Skills for green jobs in the United States: An update* (Geneva, ILO).

GREAT (Gender Responsive Economic Actions for the Transformation of Women); Protected Areas and Wildlife Bureau (PAWB), Department of Environment and Natural Resources. 2013. *Gender-responsive toolkit on ecotourism planning and management* (Quezon City, Philippine Commission on Women (PCW)). Available at: http://www.pcw.gov.ph/sites/default/files/documents/resources/gender_responsive_toolkit_ecotourism.pdf [30 Jan. 2018].

Green Fund. 2016. *Transitioning South Africa to a green economy: Opportunities for green jobs in the waste sector*, Policy Brief No. 8, June (Midrand, Development Bank of Southern Africa). Available at: http://www.sagreenfund.org.za/wordpress/wp-content/uploads/2016/11/Policy-Brief-No-8.pdf [30 Jan. 2018].

Gregg, C.; Strietska-Ilina, O.; Büdke, C. 2015. *Anticipating skill needs for green jobs: A practical guide* (Geneva, ILO).

IBCSD (Indonesia Business Council for Sustainable Development). Forthcoming. *Skills for green jobs in Indonesia: An update* (Geneva, ILO).

IFC (International Finance Corporation); Aidenvironment; NewForesight; IIED (International Institute for Environment and Development). 2015. *Case study report: Cotton in Mali* (Washington, DC, IFC). Available at: http://sectortransformation.com/wp-content/uploads/2015/03/cottonmali.pdf [15 Dec. 2017].

ILO (International Labour Office/Organization). 2010. *A skilled workforce for strong, sustainable and balanced growth: A G20 training strategy* (Geneva).

—. 2011. *Promoting decent work in a green economy*, ILO Background Note to *Towards a green economy: Pathways to sustainable development and poverty eradication*, UNEP, 2011 (Geneva).

—. 2012. *Working towards sustainable development: Opportunities for decent work and social inclusion in a green economy* (Geneva).

—. 2013. *Sustainable development, decent work and green jobs,* Report V, International Labour Conference, 102nd Session, Geneva, 2013 (Geneva).

—. 2014. *Tackling informality in e-waste management: The potential of cooperative enterprises* (Geneva).

—. 2015a. *Guidelines for a just transition towards environmentally sustainable economies and societies for all* (Geneva).

—. 2015b. *Gender equality and green jobs*, Policy Brief, Green Jobs Programme (Geneva).

—. 2016. *Non-standard employment around the world: Understanding challenges, shaping prospects* (Geneva).

—. 2017a. *Final report: Mapping persons with disabilities (PWD) in Indonesia labor market* (Jakarta).

—. 2017b. *Indigenous peoples and climate change: From victims to change agents through decent work* (Geneva).

—. 2017c. *Reports of the Committee for Labour Migration: Resolution and conclusions submitted for adoption by the Conference*, Provisional Record 12-1, International Labour Conference, 106th Session, Geneva, 2017 (Geneva).

—. 2017d. *World Employment and Social Outlook 2017: Trends for women* (Geneva).

—; WIEGO (Women in Informal Employment: Globalizing and Organizing). 2017. *Cooperation among workers in the informal economy: A focus on home-based workers and waste pickers* (Geneva).

INCAE Business School. Forthcoming. *Skills for green jobs in Costa Rica: An update* (Geneva, ILO).

IRENA (International Renewable Energy Agency). 2011. *Renewable energy jobs: Status, prospect and policies*, IRENA Working Paper. Available at: http://www.irena.org/DocumentDownloads/Publications/RenewableEnergyJobs.pdf [18 Apr. 2018].

IUES (Institute of Urban and Environmental Studies, Chinese Academy of Social Sciences). Forthcoming. *Skills for green jobs in the People's Republic of China: An update* (Geneva, ILO).

Jin, M. Forthcoming. *Skills for green jobs in the Republic of Korea: An update* (Geneva, ILO).

Kabasa, J.D.; Asuman, S.; Kisakye, H.; Jana, B. Forthcoming. *Skills for green jobs in Uganda: An update* (Geneva, ILO).

Le Deist, F.; Winterton, J. 2012. "Trade unions and workplace training in France: Social partners and VET" in R. Cooney and M. Stuart (eds): *Trade unions and training: Issues and international perspectives* (London, Routledge), pp. 77–100.

LSP (Lembaga Sertifikasi Profesi) Himpunan Ahli Konservasi Energi (HAKE). 2017. *Alumni: Alumni sertifikasi LSP HAKE* (Jawa Barat). Available at: http://lsphake.or.id/alumni.html#grafikalumni [15 Dec. 2017].

MEMD (Ministry of Energy and Mineral Development), Republic of Uganda. 2016. *National charcoal survey for Uganda 2015: Final report* (Kampala). Available at: http://energyandminerals.go.ug/downloads/NationalCharcoalSurvey_FINAL.pdf [14 Feb. 2018].

Mondal, A.H. Forthcoming. *Skills for green jobs in Bangladesh: An update* (Geneva, ILO).

NEDA (National Economic and Development Authority), Republic of the Philippines. 2017. *Philippine development plan 2017-2022* (Manila).

NISTADS (National Institute of Science, Technology and Development Studies). Forthcoming. *Skills for green jobs in India: An update* (Geneva, ILO).

Nyetaa, M.F. Forthcoming. *Skills for green jobs in Mali: An update* (Geneva, ILO).

OECD (Organisation for Economic Co-operation and Development). 2014. *Greener skills and jobs*, OECD Green Growth Studies (Paris).

—. 2016. *Getting skills right: Assessing and anticipating changing skill needs* (Paris).

—. Forthcoming. *Employment Outlook 2018* (Paris).

OneWorld Sustainable Investments. Forthcoming. *Skills for green jobs in South Africa: An update* (Geneva, ILO).

Oyunbileg, D.; Stoevska, V. 2017. *Employment in the environmental sector and green jobs in Mongolia* (Pilot study). Available at: http://www.ilo.org/wcmsp5/groups/public/---ed_emp/---gjp/documents/publication/wcms_612880.pdf [23 Feb. 2018].

Rabe, B.G. 2002. *Statehouse and greenhouse: The states are taking the lead on climate change* (Washington, DC, Brookings Institution). Available at: https://www.brookings.edu/articles/statehouse-and-greenhouse-the-states-are-taking-the-lead-on-climate-change/ [12 Dec. 2017].

Saha, D.; Muro, M. 2016. *Growth, carbon, and Trump: State progress and drift on economic growth and emissions 'decoupling'* (Washington, DC, Brookings Institution). Available at: https://www.brookings.edu/research/growth-carbon-and-trump-state-progress-and-drift-on-economic-growth-and-emissions-decoupling/ [14 Dec. 2017].

Saidmurodov, L.; Mahmud, T. Forthcoming. *Skills for green jobs in Tajikistan* (Geneva, ILO).

Sánchez Calvo, C.; Alfaro Trejos, R. 2014. *Estudio de prospección para el subsector gestión ambiental: Núcleo tecnología de materiales subsector gestión ambiental* (San José, Instituto Nacional de Aprendizaje (INA)). Available at: http://www.oitcinterfor.org/node/6815 [30 Jan. 2018].

Sault College and Samuel Jackman Prescod Polytechnic. 2014. *Labour market information study* (Bridgetown).

Schenck, C.; Blaauw, D.; Viljoen, K. 2012. *Unrecognized waste management experts: Challenges and opportunities for small business development and decent job creation in the waste sector in the Free State* (Geneva, ILO).

Small, R.A.; Witz, M. 2017. *Skills for green jobs study: Guyana* (Port of Spain, ILO). Available at: http://www.ilo.org/wcmsp5/groups/public/---americas/---ro-lima/---sro-port_of_spain/documents/publication/wcms_614127.pdf [30 Jan. 2018].

Smith, S. 2014. *Trade unions and skill development in India: Challenges and international experience* (New Delhi). Available at: http://www.ilo.org/wcmsp5/groups/public/---asia/---ro-bangkok/---sro-new_delhi/documents/publication/wcms_342335.pdf [14 Dec. 2017].

STI (National Science Technology and Innovation Policy Office); URC (United Nations Environment Programme Risø Centre on Energy, Climate and Sustainable Development). 2012. *Technology needs assessment report for climate change adaptation* (Lusaka, Ministry of Lands, Natural Resources and Environmental Protection). Available at: http://www.tech-action.org/-/media/Sites/TNA_project/TNA%20Reports%20Phase%201/Asia%20and%20CIS/Thailand/TechnologyNeedsAssessment-Adaptation_Thailand.ashx?la=da [20 Feb. 2018].

Stoevska, V.; Elezi, P.; Muraku, E. 2014. *Report on the pilot project towards developing statistical tools for measuring employment in the environmental sector and generating statistics on green jobs* (Geneva, ILO).

Strietska-Ilina, O. 2017. *Skills needs in changing and emerging green jobs: Sectoral approach*, presentation at ILO-Japan regional workshop on sectoral approach on skills for green jobs, Bangkok, 24-25 Jan. Available at: http://www.ilo.org/wcmsp5/groups/public/---asia/---ro-bangkok/documents/presentation/wcms_546074.pptx [13 Jan. 2017].

—; Hofmann, C.; Haro, D.; Jeon, S. 2011. *Skills for green jobs: A global view* (Geneva and Thessaloniki, ILO and European Centre for the Development of Vocational Training).

Stuart, M.; Robinson, A. 2007. *Training, union recognition and collective bargaining*, Centre for Employment Relations, Innovation and Change, Unionlearn Research Paper No. 4 (Leeds, Leeds University Business School).

Sultan, R. Forthcoming. *Skills for green jobs in Mauritius: An update* (Geneva, ILO).

TESDA (Technical Education and Skills Development Authority), Republic of the Philippines. 2011. *Training Regulations* (Manila). Available at: http://www.tesda.gov.ph/Download/Training_Regulations?Searchcat=Training%20Regulations [30 Jan. 2018].

TUAC (Trade Union Advisory Committee tothe Organisation for Economic Cooperation and Development). 2016. *Unions and Skills*, TUAC Discussion Paper on OECD strategies for skills, jobs and the digital economy, July (Paris). Available at: https://members.tuac.org/en/public/e-docs/00/00/12/72/document_doc.phtml [30 Jan. 2018].

UNDP (United Nations Development Programme); WHO (World Health Organization). 2009. *The energy access situation in developing countries: A review focusing on the least developed countries and sub-Saharan Africa* (New York, NY).

UNECE (United Nations Economic Commission for Europe). 2017. *Tajikistan: Environmental performance reviews, third review* (New York, NY and Geneva). Available at: https://www.unece.org/index.php?id=46564 [2 Feb. 2018].

UNICA (Uniao da Industria de Cana-de-Acucar); FERAESP. 2015. *Projeto RenovAção: Qualificação transformando vidas, Relatório 2010-2015*. Brazil. Available at: http://www.unica.com.br/projeto-renovacao/ [2 Feb. 2018].

University of the West Indies. Forthcoming. *Skills for green jobs in Barbados* (Geneva, ILO).

Usman, E.K. 2015. "TESDA now pushing 'green' vocational-technical training", in *Legitimate Philippines*, 25 Mar. Available at: http://legitipines.com/blog/tesda-now-pushing-green-vocational-technical-training/ [30 Jan. 2018].

van de Ree, K. 2017. *Mainstreaming green job issues into national employment policies and implementation plans: A review*, Employment Policy Department Working Paper No. 227 (Geneva, ILO).

von Hagen, M.; Willems, J. 2012. *Women's participation in green growth: A potential fully realised?* (Bonn and Eschborn, Deutsche Gesellschaft für Internationale Zusammenarbeit).

Watson, C.; Brickell, E.; McFarland, W. 2013. *Integrating REDD+ into a green economy transition: Opportunities and challenges* (London, Overseas Development Institute). Available at: https://www.odi.org/sites/odi.org.uk/files/odi-assets/publications-opinion-files/8424.pdf [14 Dec. 2017].

Young, C.E.F.; Correa, M.G.; Mendes, M.P.; da Costa, L.A.N. Forthcoming. *Skills for green jobs in Brazil: An update* (Geneva, ILO).

Zabin, C.; Scott, M.E. 2013. *Proposition 39: Jobs and training for California's workforce* (Berkeley, CA, Donald Vial Center on Employment in the Green Economy, University of California).

附录

附录 1

1. 经济增长与温室气体排放脱钩的国家

在绿色经济中,经济活动与温室气体(GHG)排放是脱钩的。在第一个层面上,这意味着经济活动与商品和服务生产中的温室气体排放脱钩。在第二个层面上,在开放经济中,这意味着经济活动与商品和服务消费中的温室气体排放脱钩。因此,将经济增长与生产排放增长进行比较,可确定生产脱钩的国家:

- 使用《世界发展指标》(World Bank,2017)的数据,得出 1995—2012 年的各国趋势,年人均 GDP 和年人均温室气体排放量的国家级统计数据。
- 使用 OLS 回归模型,估算人均 GDP 和人均温室气体排放量(以百分比计)的年均增长率。对于每个国家 c,我们估测:

$$logGDP_{c,y} = \beta_{0,c} + \beta_{1,c} year_y + e_{c,y}$$

与

$$logGHG_{c,y} = \gamma_{0,c} + \gamma_{1,c} year_y + e_{c,y}$$

其中,$\beta_{1,c}$ 和 $\gamma_{1,c}$ 分别表示每个国家的人均 GDP 和温室气体排放的年均百分比变化。

- 对于 $\beta_{1,c} > 0$ 且 $\gamma_{1,c} < 0$ 的国家,在 1995—2012 年,经济增长且人均排放量降低,实现了将经济增长与生产排放脱钩。

在经济增长与生产排放脱钩的国家中,同时实现与消费排放脱钩的国家确定如下:

- 使用 1960—2012 年国家足迹账户的历史数据,加上 2013 年的数据(Global Footprint Network,2016,2017),得出各国基于消费的碳排放年度趋势。
- 使用 OLS 回归,估算碳足迹的年均变化如下:

$$logCFoot_{c,y} = \mu_{0,c} + \mu_{1,c} year_y + e_{c,y}$$

- $\beta_{1,c} > 0$,$\gamma_{1,c} < 0$ 且 $\mu_{1,c} < 0$ 的国家实现了经济增长与生产排放和消费排放的脱钩。

2. GDP 增长与排放脱钩对就业表现的影响

图 1.5 分析了各国将温室气体排放与 GDP 脱钩的能力和其就业表现之间的关系，使用 1995—2014 年的可用数据，衡量了世界各国体面工作指标与温室气体排放之间的相关性。回归模型将 $logGHG_{y,c} = logEmp_{y,c} + c + y + e_{y,c}$ 估算为边际模型，其中，$logGHG_{y,c}$ 表示 c 国 y 年的人均温室气体排放量，c 和 y 分别为国家和年份固定效应。我们还将 $logGHG_{y,c} = logEmp_{y,c} + logGDP_{y,c} + logEInt_{y,c} + logPop_{y,c} + logUrban_{y,c} + c + y + e_{y,c}$ 估算为条件模型，给对数 GDP、对数能源密集度、对数人口和对数城市人口比例加入了控制条件。边际模型和条件模型都为每一项就业表现估算出了一个清晰的模型，包括工作性贫困（每天低于 3.10PPP 美元，生活在极度或中度工作性贫困中的工作者的百分比），劳动收入占比，女性劳动参与率，就业人口/总人口比率和评估部门就业分布的交互作用，以及自营职业（雇主、自营工作者、无报酬家庭帮工或生产合作社成员等工作者的百分比）。

当对高收入国家、上中等收入国家、下中等收入国家和低收入国家分别进行回归分析时，其结果是成立的。当对挂钩国家和脱钩国家分别进行回归分析时，结果也成立。为使每个国家类别的结果成立，去除了几个异常情况：赤道几内亚（温室气体排放的平均年度百分比变化为 54.8，人均 GDP 的平均年度百分比变化为 19.7），阿富汗（20.4，4.6），安哥拉（13.8，4.4），波黑（12.3，11.7），老挝（10.4，5.3），莫桑比克（9.5，5.5）和斯威士兰（9.4，2.0）（见表 A1.1）。

表 A1.1 展示了全部国家模型的回归结果：

表 A1.1

就业表现与温室气体排放的关系

a. 工作性贫困	边际	条件	b. 劳动收入占比	边际	条件
工作性贫困	−0.703 ***	−0.185 ***	劳动收入占比	−0.302 ***	−0.0362
	(0.0648)	(0.0546)		(0.113)	(0.0867)
GDP 增长		1.254 ***	GDP 增长		1.108 ***
		(0.0344)			(0.0285)
人口增长		0.831 ***	人口增长		0.508 ***
		(0.0604)			(0.0415)
能源密集度		0.789 ***	能源密集度		0.722 ***
		(0.0249)			(0.0250)
城市人口占比		0.0780	城市人口占比		0.810 ***
		(0.172)			(0.156)
恒定值	0.0732 **	−25.24 ***	恒定值	0.913 ***	−19.07 ***
	(0.0360)	(1.117)		(0.0650)	(0.762)
年份固定效应	是	是	年份固定效应	是	是
国家固定效应	是	是	国家固定效应	是	是
R^2	0.302	0.607	R^2	0.110	0.500
国家数量	121	121	国家数量	126	126
观测值数量	2233	2233	观测值数量	2402	2402

表 A1.1 （续）

c. 女性劳动参与率

	边际	条件
女性劳动参与率	−2.072***	−0.724***
	(0.317)	(0.234)
GDP 增长		1.198***
		(0.0254)
人口增长		0.552***
		(0.0387)
能源密集度		0.788***
		(0.0209)
城市人口占比		0.772***
		(0.138)
恒定值	1.202***	−20.34***
	(0.126)	(0.713)
年份固定效应	是	是
国家固定效应	是	是
R^2	0.150	0.555
国家数量	170	170
观测值数量	3170	3170

d. 就业人口/总人口比率

	边际	条件
就业人口/总人口比率	−1.798***	−0.174
	(0.178)	(0.136)
x 行业	4.383***	0.501***
	(0.232)	(0.188)
x 服务	1.891***	−0.783***
	(0.180)	(0.146)
GDP 增长		1.229***
		(0.0241)
人口增长		0.481***
		(0.0364)
能源密集度		0.769***
		(0.0203)
城市人口占比		0.751***
		(0.135)
恒定值	0.530***	−19.45***
	(0.0988)	(0.652)
年份固定效应	是	是
国家固定效应	是	是
R^2	0.230	0.587
国家数量	177	177
观测值数量	3473	3473

e. 自营职业

	边际	条件
自营职业	−1.601***	0.0935
	(0.139)	(0.114)
GDP 增长		1.305***
		(0.0345)
人口增长		0.858***
		(0.0609)
能源密集度		0.791***
		(0.0256)
城市人口占比		0.0987
		(0.174)
恒定值	0.618***	−26.23***
	(0.0780)	(1.144)
年份固定效应	是	是
国家固定效应	是	是
R^2	0.307	0.605
国家数量	121	121
观察值数量	2233	2233

注：括号中的数字为标准误差。对每个体面工作指标进行边际和条件时间序列（1995—2014 年）回归估算。所有回归模型均以年人均对数温室气体排放量为因变量，以体面劳动指标为自变量。所有模型都包含国家和年份固定效应。边际模型只涉及每个体面工作指标与人均对数温室气体排放量之间的关系。条件模型增加了对对数 GDP、对数人口、对数能源密集度和对数城市人口占比的控制。按部门划分的就业占比模型把农业作为参照类别。* $p < 0.05$，** $p < 0.01$，*** $p < 0.001$。

资料来源：国际劳工组织基于《世界发展指标》、佩恩表和 ILOSTAT 的计算。

3. 就业的碳和资源密集度

估算与每个就业人员相关的温室气体排放（碳）和每种资源（物质、淡水和土地）的总排放量（以千吨计）或总资源（以千吨、10 亿立方米或千公顷计），具体如下：

- 就业的碳强度：每个地区的温室气体排放总量（《世界发展指标》）除以以千为单位的就业总人数（国际劳工组织模型估计）（ILOStat）；
- 就业的物质密集度：每个地区的物质开采总量（物质流数据）除以以千为单位的就业总人数（国际劳工组织模型估计）（ILOStat）；
- 就业的淡水密集度：每个地区的淡水使用总量（《世界发展指标》）除以以千为单位的就业总人数（国际劳工组织模型估计）（ILOStat）；
- 就业的土地使用：每个地区的土地使用总量（FAOStat）除以以千为单位的就业总人数（国际劳工组织模型估计）（ILOStat）。

4. 人为灾害造成的工作寿命年损失

由于灾害造成的工作寿命年损失的估算把 Noy（2014）的方法论运用到了就业问题中。它考虑到这样一个事实，即人们不是一生都在工作，而且不是所有人都工作。Noy 估算出了一个基准指数，用来衡量因灾害而损失的寿命年：

$$Lifeyears = L(M, A^{death}, A^{exp}) + I(N) + DAM(Y, P)$$

- $L(M, A^{death}, A^{exp}) = M(A^{exp} - A^{med})$ 是由于事件造成的死亡而损失的年数，按照死亡年龄和预期寿命之间的差距进行计算。在全球数据集中，没有关于死亡年龄的信息，因此使用了人口的中位数年龄（A^{med}）。
- $I(N) = eTN$ 是与在灾害中受伤或受到其他影响的人相关的成本函数。它采用世界卫生组织（2013）计算伤残调整寿命年（DALY）的方法。系数 e 是遭受灾害后的"福利下降权重"。世界卫生组织对与"一般非复杂疾病：对诊断的焦虑"相关的伤残采用加权方法（$e = 0.054$）。T（=3 年）是受影响的人恢复正常或灾害影响消失的时间，N 是受影响的人数。
- $DAM(Y, P) = Y(1-c) \times pcGDP^{-1}$ 估算资本资产和基础设施受损引起的寿命年损失（用于重建被毁资产的人力资源（精力）的机会成本）。Y 是经济损失金额，通常在灾害影响信息中显示。P 是人类一整年的努力所获得的金钱。人均收入（$pcGDP$）用作衡量人类努力成本的指标，但扣除了 75%（c），以解释人们在与工作无关的活动上花费的大量时间。

为了更好地与就业相关联，对指数进行了适当调整，只考虑由人类干预环境（人为灾害）造成或加剧的灾害。在实践中，我们估测：

$$Worklifeyears = [L(M, A^{death}, A^{retirement}) + I(N) + DAM(Y, P)]e$$

Noy 的方法调整为测量 $A^{retirement}$，而不是 A^{exp}，因为人们在 65 岁以后通常不再继续工作。这样的调整适用于那些平均寿命超过 65 岁的国家，即 $A^{retirement} = 65$，否则就使用 $A^{retirement} = A^{exp}$。

此外，为考虑一个国家工作人口的比例，最后的结果由就业人口/总人口比率（e）加权。

最后，对于 EM-DAT 灾害数据库中的灾害和自然灾害，只有人为干预或环境退化造成或加剧的情况才被纳入考虑，包括气象（风暴、雾、极端温度），水文（洪水、滑坡、波浪作用），气候（干旱、冰湖溃决、森林大火），生物（虫害）和特定技术性（工业或其他事故）危害。估计值不涉及因地球物理（地震、大规模移动、火山活动），生物（病毒、细菌、寄生虫、真菌或朊病毒流行病、动物事故），地外因素（撞击、太空天气）或特定技术性危害（交通事故）而造成的人员伤亡、人员影响或损失。

5. 热应激对就业的影响

劳动影响分析的方法细节可参考 Kjellstrom 等人（2017）。分析预测气候变化对热应激的影响基于气候变量的网格单元数据（0.5×0.5 度或在赤道为 50×50 公里），结合四个年龄组的人口规模估计（0—4 岁、5—14 岁、15—64 岁和 65 岁及以上）和经济部门大类的就业分布。

气候数据使用的是 30 年的平均值，以它们的中间年份为标记：1995 年、2025 年、2055 年和 2085 年。例如，2085 年的数据是 2071—2099 年每个网格单元的平均预测温度。HadGEM2-ES（Martin et al., 2011）和 GFDL-ESM2M（Dunne et al., 2012 and 2013）模型提供了高低端气候数据和预测。这两个模型的范围涵盖了政府间气候变化专门委员会最近评估中使用的 25 个模型（IPCC, 2013）。本报告使用两者的平均值，避免了在所有可用的气候预测中计算热应激影响。[1] 大多数模型都是利用气象站长期的历史测量数据来修正温度偏差。本报告的偏差校正也校正了湿度，湿度是评估温度对人体健康风险的一个相关参数。

本报告对典型温室气体 RCP2.6 情境进行了未来模型估计，得出结果（出处同上）。RCP2.6 情境预计，到 21 世纪末，全球平均气温将上升 1.5°C。

参照 Kjellstrom 等人（2017）以及 Kjellstrom 和 McMichael（2014）的方法，对热应激指数〔以摄氏度（°C）计的湿球黑球温度指数（WBGT）〕的计算需要结合气候温度（°C）和湿度（露点，°C），假设空气以 1 m/s（工作时胳膊或腿处于移动中的速度）的速度在皮肤上流动，并且地点为树荫下或没有空调的室内。下午在太阳下工作的热应激指数是阴凉处的湿球黑球温度指数加上 2°C。月平均温度和湿球黑球温度指数，以及月平均日最高温度和湿球黑球温度指数都用于估计典型的小时热量水平分布。

人口数据参照联合国的人口估计和来自国际应用系统分析研究所的年龄分布评估（Lutz, Butz and Samir, 2014）。对于区域或国家边界上的网格单元，估计的人口分布与土地分布的比例相同。

国家和次区域各级农业、工业和服务方面的劳动力分配数据来自国际劳工组织《劳动力市场关键指标》（ILO, 2015）。

Kjellstrom 等（2017）的研究结果估算了工作强度在 200W（文员或轻体力工作）、300W（制造业中度体力工作）和 400W（农业或建筑业重度体力工作）下的热应激近似暴露—反应关系。如果工作人员为了避免临床健康影响而降低工作强度，则可将环境热量水平（以湿球黑球温度指数表示）转换为不可用工作能力的百分比。工作时数损失是根据每个网格单元每个月或一年的日照时数的暴露—反应方程

---

[1] HadGEM2-ES 和 gfdll-esm2m 模型均可在部门间影响模型相互比较项目（ISIMIP）获得，请见：www.isimip.org。

计算的。然后，把地理区域（例如，次区域）中的所有网格单元的不同工作类型的每人损失小时数相加。每一种职业类型的损失小时数也进行相加，并与每一白天12小时的总工作小时数进行比较。

不管在什么条件下，总是能做一些工作的，因为即使一个人不散发任何热量，人体的比热〔3470J/（公斤×℃）〕使得在一小时内至少要经过6分钟，核心温度才会达到无法忍受的温度，即39℃。此外，即使是在连续工作的情况下，也有必要"小憩"一下，伸个懒腰，上个厕所或者简单地放松一下。假定这样的放松需要花掉10%的工作时间，那么在影响评估中，临界值应设置为损失10%的时间（全部工作最多达到这个水平）和损失90%的时间（10%或6分钟的工作总是可能的）。

由于有几个地区人口众多，基于根据数学函数计算出的温度非常高的高温天数，这些天数或小时数会产生相对较多的工时损失。为了避免过高估计受高温影响的时间，将数学函数削减为1%，以进行保守估计，温带地区尤其如此。

附录 2

1. 利用多区域投入产出表来评估绿色经济中的就业效应

本附录介绍了估算工作岗位的创造和破坏数量时所采用的方法细节，以及在低碳和资源效率经济的某些情境下，与工资、排放和技能以及经济体的性别组成有关的变化。本附录首先描述数据集、一般方法途径和在每个情境中使用的特定假设。

数据

Exiobase 是多区域投入产出和供给使用表（MRIO），能反映最终消费、中间和最终产品的流动以及生产要素投入之间的相互联系。这些数据库的环境和社会经济扩展部分能帮助我们分析全球生产网络变化对全球价值链产生的相应影响。Exiobase 涵盖了 44 个国家和 5 个世界其他区域的 163 个行业（用于对称型投入产出表）和 200 个产品（用于供给使用表）。它报告了每个国家每个部门的总就业量、女性总就业量、按技能水平划分的总就业量、弱势就业和温室气体排放总量，温室气体排放与本报告尤其相关。[①]

Tukker 等人（2013）和 Wood 等人（2015）提供了关于 Exiobase 及其潜在用途的更多信息。Simas 等人（2014）在 MRIO 表格中对就业和弱势就业账户进行了描述。

如 Simas 等人（2014）所述，Exiobase 计算劳动力投入使用的数据来源是 ILOStat 数据库提供的国家劳动力调查，以及 OECD STAN 数据库提供的国民账户中的劳动力和行业调查。国际劳工组织的劳动力数据涉及 39 个经济部门，STAN 数据涉及 60 个行业，有助于 MRIO 更好地计算部门经济产出。根据模型中员工的薪酬，劳动力投入从经济部门大类分解到 MRIO 的各行业。这种分解的前提是假设一个经济部门大类或行业内所有工作者的平均工资和工作时数是类似的。

Exiobase 的弱势就业参照了国际劳工组织的定义，包括无报酬家庭帮工和自营工作者。国际劳工组织和经合组织提供了 Exiobase 数据库中所有国家的就业和带薪员工的部门一级的数据。该区域三个部门大类（农业、工业和服务业）的带薪员工占就业总人数的加权平均比率反映了 5 个世界其他区域中每个区域的弱势就业情况。MRIO 模型中的劳动投入分为三个技能水平（低、中、高）。职业的技能水平定为：低技能职业均为 ISCO 代码 9 的职业，中等技能职业均为 ISCO 代码 4、5、6、7、8 的职业，高技能职业均为 ISCO 代码 1、2、3 的职业。利用国际劳工组织关于 Exiobase 所有国家职业的部门性数据，计算每个部门中每个技能水平的工作者人数。对于世界其他区域，每个行业在农业、工业和服务业三个部门大类的总就业方面的技能水平进行加权平均分配。

Exiobase v3 绘制了 2011 年的世界经济地图，现已经更新到 2014 年（Stadler et al., 2018）。其中，2030 年的预测结合了国际货币基金组织（IMF）对 2022 年 GDP 的预测与国际能源机构（IEA）对 2030 年区域增长的预测。除了以下所述情境中模

[①] Exiobase 可在项目的网站 www.exiobase.eu 上获得。

拟的变化之外，世界经济的基本贸易和具体国家的部门结构仍然如国际货币基金组织预测所述那样（IEA，2016；IMF，2017）。

虽然分析是用分解表进行的，但本报告的结果是按行业（农业、建筑业、化石燃料和核能发电、制造业、采矿业、可再生能源发电、服务业、公用事业、废物管理和回收）汇总的，以便于报告。结果也按区域（非洲、美洲、亚洲、欧洲和中东）汇总。由于资料的限制，Exiobase 中的区域与国际劳工组织的区域分组略有不同。表 A2.1 给出了报告中使用的行业汇总。

表 A2.1

报告中使用的 Exiobase 行业汇总

行业	汇总行业
水稻种植	农业
小麦种植	农业
谷物种植（不另分类）	农业
蔬菜、水果、坚果种植	农业
油籽种植	农业
甘蔗、甜菜种植	农业
植物纤维种植	农业
农作物种植（不另分类）	农业
养牛业	农业
养猪业	农业
家禽养殖	农业
肉用家禽	农业
动物制品（不另分类）	农业
生牛奶	农业
羊毛、桑蚕茧	农业
农家肥处理（传统）、储存和施肥	农业
农家肥处理（沼气）、储存和施肥	农业
林业、伐木及相关服务活动	农业
捕鱼、经营鱼类孵化场和养鱼场；与渔业有关的服务活动	农业
煤和褐煤的开采；煤泥开采	采矿业
原油开采及与原油开采有关的服务，不包括勘探	采矿业
天然气开采及与天然气开采有关的服务，不包括勘探	采矿业
其他石油和气体材料的开采、液化和再气化	采矿业
铀矿和钍矿的开采	采矿业
铁矿石开采	采矿业
铜矿石及其精矿的开采	采矿业
镍矿石及其精矿的开采	采矿业
铝矿石和精矿的开采	采矿业
贵金属矿石和精矿的开采	采矿业
铅锌锡矿及精矿的开采	采矿业
其他有色金属矿产和精矿的开采	采矿业
采石业	采矿业
采砂和黏土	采矿业
化学和肥料矿物的开采，盐的生产，其他采矿和采石（不另分类）	采矿业
肉牛加工	制造业

表 A2.1 （续）

行业	汇总行业
肉猪加工	制造业
禽肉加工	制造业
肉类产品的生产（不另分类）	制造业
植物油和油脂加工	制造业
乳制品加工	制造业
大米加工	制造业
制糖	制造业
食品加工（不另分类）	制造业
饮料制造	制造业
鱼类产品制造	制造业
烟草制品的制造	制造业
纺织业	制造业
成衣制造；毛皮修整和染色	制造业
皮革的鞣制和涂饰；制造箱包、手袋、鞍具、安全带及鞋类	制造业
木材和木材产品及软木制品（家具除外）的制造；稻草和编织材料制品的制造	制造业
二次木材到新木材的再加工	废物管理和回收
纸浆	制造业
废纸回收到新纸浆的再加工	废物管理和回收
造纸业	制造业
出版、印刷和记录媒介复制业	制造业
焦炉产品制造	制造业
石油精炼	制造业
核燃料加工	制造业
塑料，基本	制造业
二次塑料再加工成新塑料	废物管理和回收
氮肥	制造业
磷肥和其他肥料	制造业
化学制品（不另分类）	制造业
橡胶和塑料制品的制造	制造业
玻璃及玻璃制品的制造	制造业
二次玻璃到新玻璃的再加工	废物管理和回收
陶瓷制品的制造	制造业
砖、瓦和建筑产品的制造，用黏土烧制	制造业
水泥、石灰和石膏的制造	制造业
灰渣到熟料的再加工	废物管理和回收
其他非金属矿物制品的制造（不另分类）	制造业
碱性钢铁和铁合金及其初级产品的制造	制造业
二次钢到新钢的再加工	废物管理和回收
贵金属制品	制造业
二次贵金属到新贵金属的再加工	废物管理和回收
铝制品	制造业
二次铝到新铝的再加工	废物管理和回收
铅、锌、锡制品	制造业
二次铅到新的铅、锌、锡的再加工	废物管理和回收
铜制品	制造业

表 A2.1 （续）

行业	汇总行业
二次铜到新铜的再加工	废物管理和回收
其他有色金属制品	制造业
二次其他有色金属到新的其他有色金属的再加工	废物管理和回收
金属铸造	制造业
结构性金属制品的制造，机械及设备除外	制造业
机械及设备制造（不另分类）	制造业
办公机械、电脑的制造	制造业
电机与电器的制造（不另分类）	制造业
无线电、电视、通信设备及仪器的制造	制造业
医疗、精密及光学仪器和钟表的制造	制造业
汽车、拖车及半挂车的制造	制造业
其他运输设备的制造	制造业
家具的制造；制造业不另分类	制造业
废物和废料的回收	废物管理和回收
直接再利用的瓶子回收	废物管理和回收
燃煤发电	化石燃料和核能
天然气发电	化石燃料和核能
核能发电	化石燃料和核能
水力发电	可再生能源
风力发电	可再生能源
通过石油和其他石油衍生物发电	化石燃料和核能
生物质能及垃圾发电	可再生能源
太阳能光伏发电	可再生能源
太阳能热发电	可再生能源
潮汐、海浪、海洋发电	可再生能源
地热发电	可再生能源
电力生产（不另分类）	可再生能源
电力输送	公用事业
电力的分配和贸易	公用事业
燃气制造；气体燃料通过管线配送	公用事业
蒸汽和热水供应	公用事业
水的收集、净化和分配	公用事业
建筑业	建筑业
二次建筑材料到骨料的再加工	废物管理和回收
销售、保养、修理机动车、机动车配件、摩托车、摩托车零件及配件	服务业
汽车燃料零售	服务业
除汽车和摩托车外的批发贸易和委托贸易	服务业
除汽车及摩托车外的零售贸易；个人和家庭用品的修理	服务业
酒店和餐饮	服务业
铁路运输	服务业
其他陆上运输	服务业
管道运输	服务业
海运和沿海水运	服务业
内河运输	服务业
空运	服务业

表 A2.1　（续）

行业	汇总行业
支持及辅助运输的活动；旅行社的活动	服务业
邮政和电信	服务业
除保险和养老基金外的金融中介	服务业
除强制性社会保障外的保险和养老基金	服务业
金融中介的辅助活动	服务业
房地产活动	服务业
不涉及操作者的机器及设备的租赁以及个人和家庭用品的租赁	服务业
电脑及相关活动	服务业
研究与开发	服务业
其他商业活动	服务业
公共行政和国防；强制性社会保障	服务业
教育	服务业
卫生和社会工作	服务业
垃圾焚烧：食物	废物管理和回收
垃圾焚烧：纸张	废物管理和回收
垃圾焚烧：塑料	废物管理和回收
垃圾焚烧：金属和惰性材料	废物管理和回收
垃圾焚烧：纺织物	废物管理和回收
垃圾焚烧：木制品	废物管理和回收
垃圾焚烧：石油/有害垃圾	废物管理和回收
食物垃圾的生物气化，包括土地利用	废物管理和回收
纸张的生物气化，包括土地利用	废物管理和回收
污水污泥的生物气化，包括土地利用	废物管理和回收
食物垃圾的堆肥，包括土地利用	废物管理和回收
纸张和木制品的堆肥，包括土地利用	废物管理和回收
废水处理，食物	废物管理和回收
废水处理，其他	废物管理和回收
垃圾填埋：食物	废物管理和回收
垃圾填埋：纸张	废物管理和回收
垃圾填埋：塑料	废物管理和回收
垃圾填埋：惰性/金属/有害	废物管理和回收
垃圾填埋：纺织物	废物管理和回收
垃圾填埋：木制品	废物管理和回收
会员机构的活动（不另分类）	服务业
娱乐、文化和体育活动	服务业
其他服务活动	服务业
家庭服务业	服务业
享有治外法权的组织机构	服务业

方法

MRIO 表记录了世界经济中的中间产品和服务的流动，因此能反映经济中的行业间联系。MRIO 能捕捉某一特定行业（如发电部门）变化造成的间接影响（如煤炭开采等其他行业的变化）。在评估特定行业的就业和工资、技能需求、行业性别构成和环境（例如，温室气体排放以及土地、水和资源使用）所受影响时，也可使用这种逻辑。

例如，假设汽车行业10%的投入是由钢铁行业提供的，钢铁行业产生1个单位的产出需要10名员工，那么，钢铁行业的1名员工（=10名员工的10%）是因为汽车行业1个单位的生产而（间接）被雇用的。

使用常用的投入产出符号，将行业 j 1个单位的生产产生的间接就业效应计算为：

$$e_j^{ind} = e'Li_j - e_j$$

$\underbrace{}_{\text{间接的}\ \text{总}\ \text{直接就业量}}$

其中，e 表示所有行业每单位产出产生的直接就业向量，L 是列昂捷夫逆系数，向量 i_j 除行业 j 对应的条目等于1外，所有条目等于0的，e_j 表示行业 j 每单位产出产生的直接就业。

就业记录在 MRIO 的增加值部分，这种逻辑可以推广到 MRIO 的其他记录，包括弱势就业、按性别和技能水平划分的就业或环境核算部分，就像温室气体排放一样。

Miller 和 Blair（2009）提供了关于投入产出表使用的更多细节。

在情境框架中应用投入—产出数据需要考虑许多因素。基本投入产出情境隐含着最终需求和生产结构可能会发生一系列直接的外生变化，即技术变革（Koning et al., 2016；Wiebe, 2016）。必须把这些结果理解为现状与在其他条件不变的情况下已经实现本情境的结果之间的比较。MRIO 情境的结果是第一级影响，没有关于替代弹性、效用和利润最大化、价格均衡等假设的影响。关键假设包括：

- 价格不是内生的，即产品与国家之间的相对价格没有变化。例如，由技术变革引起的相对价格的变化将通过替代或互补作用导致生产结构和生产地点的变化。
- 模型中所有的变化都是外生的，无法对系统回弹效应（即宏观经济价格效应或增长效应）进行建模。[1]
- 市场份额和双边贸易份额保持不变。

在 MRIO 中实现技术变革[2]

Wiebe（2018）指出，向绿色经济转型需要进行结构和技术变革。本报告中的几个情境在一定程度上涉及技术变革。例如，发电从化石燃料转向可再生能源；农业转变为保护性农业或有机农业，转变所需的投入，以及在循环经济中，金属投入从直接生产和采矿转变为回收利用。

在投入产出框架中，经济结构和技术都用中间投入系数表现。但是，仅仅通过改变投入系数来模拟经济中的技术变革是不够的。Wiebe（2018）解释了如何在前瞻性的多区域投入产出模型中持续模拟技术变革，并为此区分投入产出系统各部分的五种变化类型（如图 A2.1 所示）。

1. 固定资本形成总值；
2. 技术生产的投入系数；
3. 技术使用的投入系数；
4. 生产（或其他任何相关的环境或社会经济延伸）的排放强度；
5. 增加值占比，包括员工薪酬。

---

[1] Gillingham 等人（2013）认为，回弹效应一般较小。
[2] 本节追随 Wiebe（2018）已经提出的讨论。

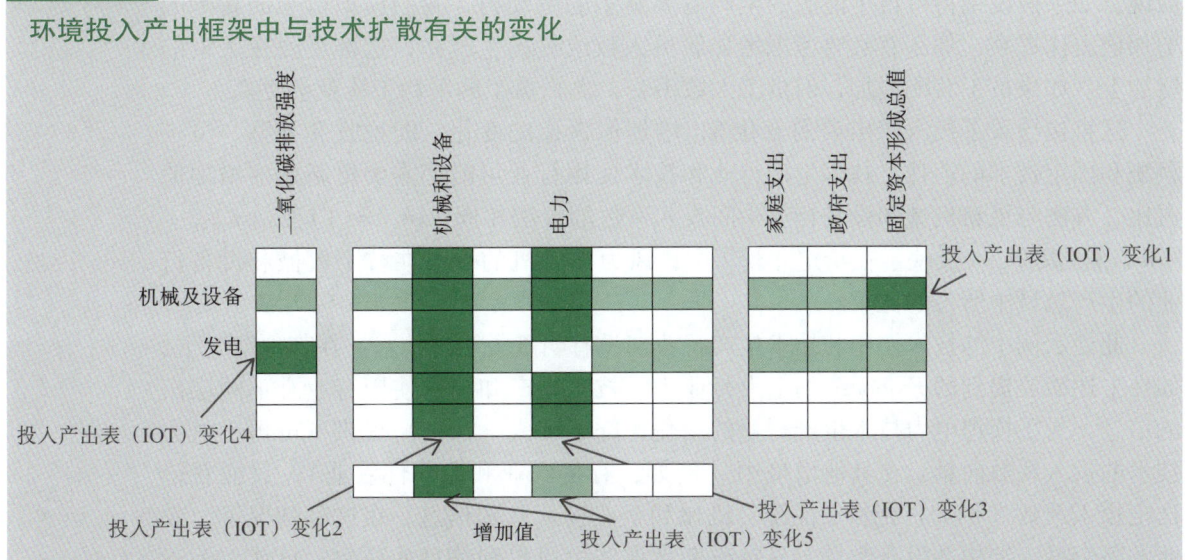

图 A2.1 环境投入产出框架中与技术扩散有关的变化

注：如 Wiebe（2018）所述，风力涡轮机由"机械及设备"（M&E）行业生产。因此，风力涡轮机的扩散增加反映在机械和设备行业的投资变化上（投入产出表变化1），由于风力涡轮机在机械和设备行业的总产量中的占比提高，中间投入系数发生变化（投入产出表变化2）。此外，随着越来越多的风力涡轮机用于发电（Elec），煤和天然气的需求量减少，电力行业的投入系数发生了变化（IOT 变化3），进而降低了电力行业的二氧化碳排放强度（CO_2int）。

资料来源：基于 Wiebe，2018。

Wiebe（2018）通过风力涡轮机增加发电量的例子来解释这些变化。其目的是相对于目前投入产出系统的现状，更多地使用风力发电。在这个过程中，第一步是投资更多的风力发电厂。这就是图 A2.1 所示的投入产出表（IOT）的变化1，固定资本形成总额（GFCF）的变化。为简单起见，图中的箭头只指向生产风力涡轮机的机械和设备行业。但重要的是，要记住风力涡轮机需要规划，这就需要"其他业务活动"的服务，还要通过电机与电器行业的产品连接到电网。投资新建风电场还涉及其他两个最重要的行业。

一旦投资到位，就需要生产这种技术（风力涡轮机）。随着风力涡轮机相对于机械和设备行业其他产品的产量增加，"机械和设备"行业中间投入结构发生变化（见图 A2.1 投入产出表变化2）。一旦获得技术并完成安装，就可以投入使用。也就是说，与其他能源载体相比，电力更多是由风能产生的。电力行业投入结构最明显的变化是化石能源载体的使用减少。电力生产投入组成的变化在图 A2.1 中标注为"投入产出表变化3"。如果像 Exiobase 一样，电力行业已经根据能源载体进行建模，那么模拟向更多风力发电转变，只需增加风力发电的中间和最终需求。

至于技术生产行业（投入产出表变化2）和技术使用行业（投入产出表变化3）投入结构的变化，需要对其相应的排放强度进行修正（图 A2.1 中投入产出表变化4）。也就是说，煤炭投入越少，该行业的生产排放强度越低。这是只有一个聚合电力行业的投入产出表的情况，如 MRIO 的全球资源核算模型（GRAM）（Wiebe et al.，2012）、经合组织国家间投入产出表（ICIO）（Wiebe and Yamano，2016）或世界投入产出数据库（WIOD）（Timmer et al.，2014）。如果风电行业是投入产出表中的单个行业，如 Exiobase（Stadler et al.，2018），则不需要改变风电行业的排放系数。总发电量的排放强度会根据发电量的组成而变化。

值得注意的是，Wiebe（2018）会议的重点是排放问题。但是，扩大的投入产出方法论也适用于任何其他类型的环境和社会经济领域。在评估其他环境或社会经济因素的影响时，也需要改变相应的压力源（例如，单位产出的员工数量）。换句话说，如果假设维持可再生能源的生产需要更多的劳动力，我们模拟员工的薪酬的增加值占比提高，那么有必要考虑增加雇员人数或提高生产率，这都反映在工资的增加上。如果员工薪酬增加，但员工人数不变，那么员工的平均工资就会更高。

这直接导致了投入产出表的变化 5，增加值占比的变化，即税收和补贴、员工薪酬和固定资本的消耗。技术生产行业和技术使用行业可能都需要更新这些增加值占比，方法与更新机械和设备行业中间投入系数的方法相同：$va_{j,t} = (1 - s_t va_{M\&E} + s_t va_{WIND})$。其中，$s_t$ 反映了在给定年份 t 中，风力涡轮机的生产在整个机械和设备行业的生产总量中所占的比重。

此处示例中的技术使用和技术生产行业都没有明确说明该技术。在其他情况下，如在上述简要提到的 Exiobase 的电力行业中，技术生产和技术使用行业有不同层次的信息。为了模拟电力技术生产行业的变化，Lehr 等人（2011）提供了可再生电力技术的投入系数向量。在其他情境中（例如，有机农业和保护性农业），只能获得选定投入系数（例如，肥料、能源、机械和就业投入）的信息。在这种情况下，农业的整个投入结构并没有改变，只是改变了那些可以得到信息的系数。自然，关于技术生产和使用的任何层次的信息都可以组合使用。因此，该描述提供了一些如何处理信息可用性级别的示例。

向绿色经济转型同时以不同方式影响着多个行业，包括个别中间投入系数、资本形成、中间和最终需求、增加值占比和排放/就业强度的变化。在实现这些单独的变化时，必须记住这些变化应该是一致的。如果某行业减少了作为中间投入的化石燃料的使用，相应的排放系数也要降低。如果使用一项新技术，就需要生产它（需要投入资本）。如果某行业的一个投入系数增加了，另一个投入系数或增加值占比就会减少，反之亦然，因为投入系数加增加值占比的总和总是等于 1。

特定情境的细节和假设

本节详细介绍具体的技术变革，以及与报告中评估的六个情境中的每个情境相关联的最终需求的变化。

能源部门的转型

本情境执行国际能源署《能源技术展望》（IEA，2017）提出的两个能源情境：2°C 情境和 6°C 情境。考虑到发电和供热、工业、运输和建筑等领域的变化，它在 MRIO 报告中执行了国际能源署为每个国家和行业制定的到 2030 年的设想。它考虑用可再生能源替代化石燃料能源，提高能源效率。国际能源署（2017）提供了这两种情境的更多细节。在 2°C 情境中，2030 年的行业能源需求将下降 20%，并且能源需求更多地依赖生物质和垃圾，而不是电力或其他化石燃料能源。

这种情境必然会带来进步，比如电动汽车的流行和更高的建筑能效。这些变化反映了绿色交通和绿色建筑的情境，从内燃机向电动汽车的转变带来就业的变化，提高现有建筑能效带来就业的需求，这些都有助于能源部门的转型。瑞银研究（2017）提供了电动汽车的销售预测，以及与内燃机车相比投入的变化，还提供了与提高建筑能效有关的就业和投入结构的详细情况。在这种情境下，国际能源机构 2°C 情境下所有节省的能源效率都用于投资建筑业，以改造建筑，实现更高的效率。

2°C 情境是通过改变发电部门，工业能源需求，运输和建筑来绿化能源部门的模型。在本情境和本报告讨论的其他情境中，6°C 情境是照目前趋势发展的情境的模型。

农业转型：有机农业与保护性农业

综合文献综述得出 264 个系数，比较了有机农业和传统农业的作物、牲畜和国家组别的产量。这些系数还包括对每一种生产方式的能源、就业、作物保护、机械和肥料的要求，这些生产方式适用于 Exiobase 的每一个农业子行业（水稻、小麦、谷物等的种植，油籽、甘蔗/甜菜、植物纤维及农作物等；养牛、养猪和家禽饲养；肉用动物等，动物制品等，生牛奶和羊毛/丝绸生产）。

其他系数的计算结合了《世界发展指标》（World Bank，2017）的人均 GDP 和农业劳动占比数据，以及 Lowder、Skoet 和 Raney（2016）的平均农场面积数据。第一轮对施肥、作物保护和产量进行了 50 次估算。对就业单独进行了 50 次估算，对能源也单独进行了 50 次估算。其次，对所有的 50 次估算值，剔除极值求平均值。对整张表再进行 50 次估算，将每个投入和产出作为估算中的一个分类变量。然后，再次对估算进行剔除极值，求平均值。表 A2.2 列出了每种投入和农业子行业的各国平均水平。完整的表格中载有对 Exiobase 中每个国家和区域的具体估计值。

由于文献中缺乏动物制品（不另分类）和羊毛子行业的相关系数，因此不能对其进行估算。动物制品（不另分类）子行业被估算为各牲畜子行业的平均值。羊毛子行业被估算为所有农业子行业的平均值。

合成肥料和除草剂被有机替代品所代替。在 Exiobase，这些是通过动物粪便、堆肥和生物技术服务（研究和开发）来模拟的。

表 A2.2

有机农业与传统农业投入和产量比的比较

	作物保护	就业	能源	肥料	机械	产量
水稻	0.90	1.50	0.35	0.96	0.92	0.84
小麦	0.86	1.99	0.78	0.90	0.85	0.74
谷物（不另分类）	0.59	1.04	0.60	0.59	0.67	0.79
蔬菜和水果	0.61	1.35	1.02	0.57	0.67	0.82
油籽	0.80	1.62	0.26	0.86	0.85	0.81
糖	0.78	0.37	0.78	0.82	0.85	0.86
植物纤维	0.62	1.24	0.78	0.59	0.61	0.64
农作物（不另分类）	0.51	1.40	0.79	0.51	0.59	0.69
养牛	0.67	1.74	0.81	0.67	0.77	0.89
养猪	0.95	1.33	0.74	0.95	0.95	0.95
家禽养殖	0.82	1.04	0.36	0.82	0.81	0.82
肉用动物（不另分类）	0.51	0.75	2.11	0.47	0.55	0.70
动物制品（不另分类）	0.73	1.22	1.00	0.72	0.77	0.83
牛奶	0.69	0.95	0.74	0.65	0.73	0.84
羊毛	0.72	1.51	0.78	0.72	0.76	0.81

注：每个值都是情境中使用的系数的国家平均值。例如，它表示在 Exiobase 的所有国家和区域中，有机农业使用的作物保护投入是传统农业的 0.90 倍。为了计算这些平均值，每个国家或区域都进行了同等的加权。

资料来源：国际劳工组织基于文献综述的 264 个系数的计算。

表 A2.3

保护性农业与传统农业投入和产量比的比较

	以作物为基础的农业	以动物为基础的农业
作物保护	1.20	1.00
就业	0.76	1.00
能源	0.60	1.00
肥料	1.01	1.00
产量	1.21	1.00

注：每个值都是情境中使用的系数。例如，它表示在 Exiobase 的所有国家和地区中，保护性农业使用的作物保护投入是传统农业的 1.20 倍。

资料来源：国际劳工组织基于文献综述的 77 个系数的计算。

此外，综合文献综述得出了 77 个系数，比较了保护性农业和传统农业的特定作物和国家的产量。这些系数还涉及对每一种生产方式的能源、就业、作物保护和肥料要求，这些生产方式适用于 Exiobase 的每一种农业作物子行业〔水稻、小麦、谷物等的种植（不另分类），油籽、甘蔗/甜菜、植物纤维及农作物（不另分类）；养牛、养猪、家禽养殖；肉用动物（不另分类，动物制品（不另分类），生牛奶和羊毛/丝绸制品〕。

由于文献中系数不足，利用多重插补完成系数表并不可靠，也无法通过农业子行业进行可靠的估算，因此所有国家和地区都使用农作物系数的平均值。这是一个可行的假设，因为在发展中国家、新兴国家和发达国家，保护性农业具有同等的成本效益（例如，从劳动力角度来看）。由于保护性农业只涉及以作物为基础的农业，牛、猪和家禽养殖、肉用动物（不另分类）、动物制品（不另分类）、生牛奶和羊毛/丝绸制品行业的系数设置等同于传统农业系数。表 A2.3 为各投入和农业子行业的系数。

本情境探讨了，如果到 2030 年发达（高收入）国家有机农业的产量达到农业总产量的 30%，并且发展中（中等收入和低收入）国家保护性农业的产量达到农业总产量的 30%，那么经济体的就业结构将呈现什么样的变化。有机农业研究所（FiBL）和国际有机农业运动联盟（IFOAM）提供了 2014 年每个国家有机农业部门规模的基准数据（Willer and Lernoud, 2017）。FAOStat 提供了 2014 年在"受保护的耕地面积和永久性农作物用地"指标下的各国保护性农业规模的基准数据（FAO, 2017）。假定每个农业子行业在各国有机和保护性农业中所占份额相同。该情境的比照对象是国际能源署 6°C 情境所定义的照常排放情境。

循环经济

各国塑料、玻璃、纸浆、金属和矿物的回收率以每年 5% 的速度持续增加，替代了这些产品所需的初级资源的直接开采。本情境探讨了此现象对就业的影响；模拟了服务经济的增长，通过租赁和维修服务，减少了商品的所有权和更换次数；考虑服务部门每年增长 1%，以替代相应的商品所有权和更换需求。其比照对象是国际能源署 6°C 情境所定义的照常排放情境。

2. 关于气候变化的经济辩论：排放、增长和就业

本节简要介绍了关于气候变化的经济辩论的三个主要特征。首先，审查了温室气体排放目标的建议范围，以及经济学家和气候学家产生意见分歧的原因。其次，批判性地评估了支持综合评估模型的核心假设，这些模型被广泛地运用于预测气候变化和减排政策的成本。最后，讨论了将排放交易计划作为实现温室气体减排目标的工具的建议。

减排目标

对气候变化做出适当的政策反应包括两个步骤：第一，确定维持气候稳定所需的大气中二氧化碳浓度目标；第二，确定有利于减少排放的法律文件（包括激励、税收和其他管理性规定）。

《斯特恩报告》（Stern，2007）强调了温室气体浓度目标与经济政策讨论的关联性，是体现上述第一个步骤的最著名的例子。斯特恩（Stern，2007）将目标设定在 550ppm 二氧化碳当量（即二氧化碳占大气的 0.055%）（见表 A2.4）。这一建议遭到了气候学家和经济学家的批评。许多气候学家认为，斯特恩的目标过于宽松，合适的目标应为 385ppm 二氧化碳当量。因此，他们呼吁立即从化石燃料中撤资，并对可再生资源进行投资（Hare，2009；Meinshausen et al.，2009；IPCC，2014）。另一方面，一些经济学家认为，斯特恩的目标过于激进，因为其短期影响将破坏全球经济的稳定。他们所赞成的目标值要高得多，至少是 650ppm 二氧化碳当量的水平（Nordhaus，2007；Dasgupta，2007）。此外，他们坚持认为这一标准应该逐步实现，就像爬一个"政策斜坡"一样。

尽管这些研究和气候变化预测随后进行过更新（IPCC，2013），但政策讨论的条款没有实质性的改变。事实上，虽然更好的数据肯定有助于提高我们对气候变化的理解，但并不总是越新的数据越有帮助。在气候过程研究中，高频数据实际上会混淆长期趋势（Ackerman，2017）。

专家立场之间的冲突凸显了明确关于可接受风险的主观判断的重要性。如表 A2.4 所示，各个目标超出 2°C 的临界值的风险是截然不同的。根据 Hare 和 Meinshausen（2004）以及 Meinshausen（2005）的研究，在主流经济学家所达成的共识目标下，气温升高超过 2°C 的临界值的风险高于 90%。在《斯特恩报告》的目标下，气温升高超过 2°C 这一临界值的概率仍远高于控制在临界值之内的概率。因此，表 A2.4 所列的两个最高建议目标可以理解为"不稳定目标"，因为这两个目标都可能造成气候变化，以及气候永久性不稳定。

执行国际组织（IPCC，2007；UNDP，2007；IEA，2008）和气候学家提出的更严格的目标，有更高的概率能使世界的气温保持在 2°C 的临界值以下，而不是超过它。然而，最严格的减排目标仍有 20% 的超标风险，远不能确保未来气候的稳定性。一个微小的气候风险将需要在更大程度上降低温室气体浓度。

表 A2.4

专家间温室气体排放目标差异

	温室气体排放目标 （ppm 二氧化碳当量）	气温升高超过 2℃的风险（%）	碳价（美元/吨 二氧化碳）	贴现率 （%，每年）
Nordhaus（2008）	650	> 90	217	1.5
Stern（2007），IEA（2008），Markandya（2009）	550	85	420	0.1
IPCC（2007），UNDP（2007）	450	50	623*	多倍
Hansen at al.（2008），Hare（2009），Meinhausen 等人（2009）	385	20	700	—

* 作者的线性外推法。
资料来源：Storm，2017。

气候变化的代价与阻止气候变化的代价

一些经济学家提出了最宽松的减排目标，因为他们主要关注的是短期内减排对经济的影响。在现有技术没有立即改变的情况下，有人认为减少排放可能需要减缓经济增长和放慢创造就业。经济增长放缓和劳动力市场活力减弱反过来又可能加剧分配冲突。然而，这些影响在很大程度上取决于有关清洁能源投资水平和促进绿色就业的假设。正如第2章所述，一种新型的、经济可行的清洁能源将打破这种联系，使经济增长与温室气体排放脱钩。然而，开发并扩大这种技术，使其可以在全球范围内使用，所需的投资和要承担的风险超出了企业的能力范围。有鉴于此，下文对支撑气候变化经济模型的假设进行了简要的评价。

常见的经济分析一般会考虑气候变化和减缓政策在国内生产总值和就业方面的成本。由于所考虑的成本是长期（100 年或更久）发生的，并以直接和间接的方式影响经济，因此，使用基于一系列假设的模型来总结这些成本，使其减少到可比较的数量。这些"综合评估模型"（IAM）是将经济增长总量与简化的气候动态联系起来的计算机经济模型，旨在了解和预测温室气体和减少温室气体对增长与就业的影响。综合评估模型类别的主要有 MERGE（Manne, Hendelsohn and Richels, 1995）、PAGE（Hope, 2011）、FUND（Anthoff and Toll, 2012）和 RICE/DICE（Nordhaus and Sztorc, 2013）。

最近的研究指出，综合评估模型通常包含有问题的假设，这些假设实际上低估了灾害性气候变化的可能性，以及相关的社会和经济损害的代价。关键的问题假设涉及气候损害函数和气候风险、经济增长的预期路径，以及经济调整机制，通常是假设在任何时候都保持充分就业（Ackerman, 2017; Ackerman and Finlayson, 2006; Mastrandrea, 2010; Weitzman, 2009 and 2013）。

例如，纳入大多数综合评估模型的气候损害函数依赖于两个有问题的主张：第一，在今天的决策中，未来的损害和福祉的重要性低于当前的损害；第二，造成损害的气候事件遵循一个有规律和可预测的时间表。

第一个假设意味着，在当今的决策过程中，后代人的重要性低于当代人。这在模拟到很遥远的未来才会发生的小成本时也许是合理的，但在模拟灾害性气候变化的可能性时就不合适了。一旦使用了贴现率，预计到很久远的未来才会发生的有限的成本和收入可能不会影响今天的决定。① 然而，这不适用于为未来无限大的价值建模，如灾害性气候变化将导致的情况，这种情况会破坏许多重要的经济（和人类）活动形式。这种极大损失的现期贴现值是无限大的。然而，综合评估模型只考虑了未来事件的平均成本和收入，因此忽略了自然灾害等罕见事件的高昂成本。在实践中，综合评估模型输入一个正的社会贴现率，这个参数可以降低未来收入和成本的现值。例如，以1.5%的年贴现率计算，30年前产生的1000美元的费用到今天还不足650美元。总的来说，《斯特恩报告》的结论与许多经济学家的结论之间的差异，在很大程度上是由于前者选择了较低的贴现率造成的。②

关于第二种假设，即与气候有关的事件遵循一个有规律的和预测的时间表，这意味着人们可以根据实际事件的观察概率，依靠平均成本和收入做出理性的决定。但行为经济学的新观点表明，这种应对风险的方法与实际行为不相符。最近的研究指出，做出更实际的风险规避的假设（即把稀有事件的成本、直接成本和未来风险之间的一个更好的平衡和短期波动的干扰纳入考虑的假设），使其接近预防原则的应用，能产生更实际的气候变化模型（Gerst, Howarth and Borsuk, 2010; Ackerman et al., 2013; Brekke and Johannson-Stenman, 2008）。换句话说，更清楚地解释什么才是关键以及危险有多真实，将使人们更加重视气候政策。

常用模型的这些局限性表明，一般的成本效益分析框架并不适合用于分析气候政策。首先，当人类生命处于巨大的危险中时，使用成本效益分析是不合适的，例如，当人们面临着因气候灾害而失去生命的危险时。政策制定最终必须兼顾经济和伦理道德。例如，1970年的《美国职业安全与健康法案》不允许使用成本效益分析，因为管理成本永远不应比挽救生命更重要。其次，当涉及的成本非常高时，这一方法并不合适。原则上，无论减排政策的成本有多高，承担它都是有意义的，因为一旦气候系统受到损害，它就无法恢复。成本效益分析中的一个隐含假设是，如果减少使用一种资源的成本过高，那么在向市场找到替代方案之前，应该首先耗尽这种资源。问题是，如果"气候资源"受到损害，市场上没有替代资源。再次，成本效益法是不恰当的，因为成本是由可能发生的灾害性事件决定的，而这些事件是无法准确预测的，并且"没有一个风险规避公式能全面评估政策选择"（Ackerman, 2017, p.138）。从最近的批判性分析中得到的总体教训是，常用的综合评估模型低估了灾难性气候事件的重要性，因此其结果和政策建议并不可靠。

碳市场和其他解决方案

应对气候变化的一个明显解决办法是，禁止或管制对气候变化负责的活动，如实施车辆和建筑供暖系统的排放标准，或逐步淘汰某些类型的化石燃料，全球越来越多的城市和国家都采取了这种办法。然而，国际共识在很大程度上是通过另一种经济框架达成的，这种经济框架寻求将气候变化的成本纳入竞争性市场职能，从而降低成本。该框架依赖于"负外部性"的概念，即可以将气候变化等现象视为某些人影响其他人的行为的副产品。因为那些排放二氧化碳的国家与世界其他国家共同承担成本（同时，通常会占有其活动的所有收益），因此它们实际上可以将其资源

---

① 正如政府间气候变化专门委员会（1996，第4章）所指出的，主要采用两种贴现方法：一种是指定性方法，规定应适用的贴现率；另一种是描述性方法，根据人们对储蓄和投资的选择所反映的贴现率。前者导致贴现率相对较低（实际为2%至3%），而后者导致贴现率相对偏高（至少6%，某些情况下还要高得多）。

② 除了经济计算的技术细节外，贴现还会引发伦理问题，因为当前的决策忽视了后代人的福祉，而他们是最不该对气候系统及受气候影响的未来经济负责任的人。不出所料，许多专家在气候政策讨论中主张完全放弃贴现（Arrow, 2007; Ackerman and Stanton, 2008; Weitzman, 2007 and 2009）。

成本的一部分视为其活动的外部成本。因此，建议的解决方案是：通过税收或交易许可，迫使那些对温室气体排放负有责任的人将其活动的全部成本"内部化"，确保他们支付碳排放的全部社会成本，而不是只支付其中一小部分或根本不支付。

在这两种使碳市场价格更接近其社会成本的方法中，税收通常是被忽视的。一方面是因为它们不受有影响力的选民的欢迎，另一方面是因为它们不能确定什么水平的碳排放是合法的。如果缴纳了碳税，原则上一家公司或一个行业可以排放任意数量的温室气体。相比之下，碳排放限额交易（cap-and-trade）系统，将排放限制在一个给定的水平，将相关许可证分配给市场参与者，最终在一个成熟的市场上交易，从而可以更准确地确定所产生的排放水平。此外，碳交易系统通常会为排放确定一个接近社会成本的市场价格，从而激励企业开发更清洁、成本更低的能源。

然而，在实践中，情况有所不同。正如《京都议定书》机制和欧盟排放交易体系的经验所表明的那样：实际的排放交易体系并不能实现预期的减排。以下五个原因削弱了碳市场实现预期结果的能力（Storm，2017）：

（1）碳市场的波动，在一定程度上是由投机行为引起的，导致化石燃料技术被束缚。事实上，对于那些投资替代能源的企业来说，他们应该期望碳排放长期处于高价。

（2）所需的测量和执行装置大于直接管制所需的装置。这对于《京都议定书》设想的碳补偿（旨在从大气中吸收温室气体，以抵消其他地方的排放的投资）而言尤其如此。

（3）固有的市场失灵。碳市场可能会遭遇信息不对称和合同无法执行的情况，这将消除投资替代能源的动机（Speth，2008；Stiglitz，2008）。

（4）只有确定一个适用于所有国家所有用途的碳的普遍价格，碳市场才会有效（Stiglitz，2008）。这在当前的贸易体系中是不会发生的，因为会产生其他外部成本，从而导致不平等。例如，生物燃料产量的增加与食品价格的上涨有关（Mitchell，2008），《京都议定书》的碳补偿与圈地有关（Lohmann，2009）。

（5）为了达到减排目标，碳的价格必须非常高，这可能对最穷困人群造成有害的后果（Stiglitz，2008）。这些问题可以用适当的机制加以补偿，但任何这样的解决方案都必须进行明确的预先设计。

上述困难体现在这样一个方面，即目前碳市场价格（2001—2017年，每吨二氧化碳的市场价格仍低于10美元）与碳排放达到各项拟议目标所需的价格之间存在差异（见表A2.4）。最宽松的目标价格为217美元，是市场价格的15倍以上。与气候学家更严格的目标相对应的价格将在700美元左右，几乎是市场价格的50倍（Storm，2017）。

由于所有这些原因，碳市场在实践中不太可能像在经济模型中那样发挥作用。鉴于碳市场的实际情况及其分配效应的复杂性，直接监管可能提供了一种更有效、在管理上更简单的选择。这一观点至少体现在两种不同的经济政策方针中：绿色新政和"增长限制"。

绿色新政或"大力推进零碳经济"的支持者指出，全球碳排放税可以更有效地消除气候变化的"负外部性"，在收税的同时，应该通过适当的监管确保减排目标得到重视，并通过政策加强社会保障系统以纠正减排的任何负面分配后果（Grubb，Hurcade and Neuhoff，2014，Herman，2015，Pollin et al.，2014）。他们还认为，根据创新经济学的最新研究（Mazuccato，2013；Mazuccato and Perez，2014），强制实施接近碳的真实社会成本的碳价格不足以调动开发替代能源所需的资源。由于与这些投资相关的风险太大，私人银行和企业的风险承受能力有限，不得不由政府介入（至少使用来自碳税的收入）并积极推动所需的研发项目（Storm，2017）。金融市场未参与其中以及综合评估模型关于筹资的讨论支持了这一观点。

"增长限制"是基于所有经济都面临生态和社会极限的观点。其支持者认为，发展不应超过生态系统（通过资源使用）或社会（不可持续造成不平等）的承载能力，必须根据市场和政府机构支持这一增长路径的能力对其进行评估。虽然这一方针在碳税和创新融资方面与绿色新政的所有提议都是一致的，但不同之处在于，它认为正式的再分配制度（如税收和社会保障制度）并不总是能够纠正市场不平等（Klein，2014；Vira，2015）。因此，应对各种机构进行评估，并尽可能地进行修正，以确保它们不会造成不可承受的不平等。

3. 雇主在转型中的角色

对转型期雇主角色的分析参照了碳排放信息披露项目和 FactSet 这两个公司层面的数据集。

碳排放信息披露项目（CDP）是一项自愿调查，在该调查中，企业披露其温室气体排放，并就政策、具体减排工作和目标发表意见和经验（例如，2016 年的碳排放信息披露项目提供了完整样本的描述性结果）。碳排放信息披露项目涵盖消费品、非必需消费品、能源、金融、医疗卫生、工业、IT、材料、电信和公用事业等行业。2015 年，共有 1997 家公司参与了问卷调查。2010 年共有 1799 家公司参与。

碳排放信息披露项目的问卷和数据可通过网站 www. cdp. net. 获取。

FactSet 提供企业层面的历史财务信息，包括 2010 年和 2015 年的销售和就业信息。更多信息可以通过网站 www. factset. com 获取。

Factset 拥有 760 家在 2010 年和 2015 年公开了碳排放信息披露项目信息的公司的就业和销售信息。

对转型期雇主角色的描述性分析集中于这 760 家公司，它们提供了关于就业、销售和温室气体排放的完整信息。表 A2.5 至表 A2.7 按规模、行业和区域列出了这些公司的特点。

表 A2.5

FactSet 中具有 2010 年和 2015 年碳排放信息披露项目数据的公司的规模（单位:%）

员工人数	2010 年	2015 年
0—1000 人	4.9	4.0
1000—10000 人	27.0	25.5
10000—50000 人	40.0	41.8
50000—1000000 人	14.2	14.2
100000 人以上	14.0	14.5
合计	100.0	100.0
N	760	760

注：仅考虑 FactSet 中具有 2010 年和 2015 年碳排放信息披露项目数据的公司。由于四舍五入，百分比加起来可能不等于 100。

表 A2.6

FactSet 中具有 2010 年和 2015 年碳排放信息披露项目数据的公司的行业分布（单位:%）

NACE 代码	部门	百分比
A	农业、林业和渔业	0.0
B	采掘业	8.4
C	制造业	40.1
D, E	公用事业（电、煤气、蒸汽和空调供应）	6.3
F	建筑业	4.5
G	批发和零售贸易，机动车辆和摩托车的修理	4.6
H, J	运输，储存，信息和通讯业	12.8
I	住宿和餐饮业	3.7
K	金融和保险业	16.6
L, M, N	房地产，商务和管理	2.2
Q	卫生和社会福利业	0.8
合计		100.0
N		760

注：仅考虑 FactSet 中具有 2010 年和 2015 年碳排放信息披露项目数据的公司。由于四舍五入，百分比加起来可能不等于 100。

表 A2.7

FactSet 中具有 2010 年和 2015 年碳排放信息披露项目数据的公司的区域分布（单位:%）

区域	百分比
非洲	4.6
美洲	33.2
阿拉伯国家	0.0
亚洲和太平洋地区	17.0
欧洲	45.2
合计	100.0
N	760

注：仅考虑 FactSet 中具有 2010 年和 2015 年碳排放信息披露项目数据的公司。由于四舍五入，百分比加起来可能不等于 100。

附录 3

多边环境协定（MEA）与国际劳工标准之间的联系

年份	协定	缔约国数量（个）	相关条约规定	相关国际劳工标准	国际劳工标准编号[1]
1982	联合国海洋法公约，1982年（UNCLOS）	168	• 有义务就船员的劳动条件和训练采取为保证海上安全所必要的措施，同时考虑适用的国际文件（第94条）	MLC, 2006；C133、C134、C146、C147、C163、C164、C165、C166、C178、C179、C180、C185、P147、R48、R49、R75、R78、R139、R140、R141、R142、R173、R174	24
1992	保护波罗的海地区海洋环境公约，1992年	9个国家及欧盟	• 船上工作条件（附件四）	MLC, 2006；C133、C134、C146、C147、C163、C164、C165、C166、C178、C179、C180、C185	13
1994	核安全公约，1994年	80	• 确保对工作人员的辐射照射量保持在合理可行范围内的最低水平，并且不超过本国规定的剂量限值（第15条）	C115、R114、C155、P155	4
1994	联合国关于在发生严重干旱和/或荒漠化的国家特别是在非洲防治荒漠化的公约，1994年	196	• 增加收入和就业机会，特别是为社区的最贫困者提供就业机会（附件一，第8条）	主要劳工标准：C87、C98、C29、C105、C138、C182、C100、C111、C122、C168、R169	11
1995	执行《海洋法公约》有关养护和管理跨界鱼类种群和高度洄游鱼类种群的规定的协定，1995年	86	• 应考虑弱势群体在提高收入和增加就业机会方面的特殊需要（自给、小规模个体渔民及女性渔民）（第24条）	C111、C122、C168、C169、R104。同时参考《工作中基本原则和权利宣言》	5
1996	国际海上运载有害有毒物质的损害责任和赔偿公约，1996*	1	• 本公约的适用条件是不影响各国有关工人赔偿或社会保障制度的适用法律的效应（第4条）	R181、R194	1
1997	核损害补充赔偿公约，1997年	19	• 广泛实施国家工伤补偿计划（职业病补偿）（如有）（附件，第8条）	R181、R194	2
1997	乏燃料管理安全与放射性废物管理安全联合公约，1997年	71	• 确保对工作人员的辐射照射量保持在合理可行范围内的最低水平（第24条）	C155、P155、C174、C148、C139、C115、R114、R156	8
1998	1979年远距离越境空气污染公约关于重金属的议定书，1998年	34	• 所有火法冶金生产的粉尘应在厂内或厂外回收，同时保护职业健康（附件二）	C155、P155、C148、C139、R156	5

年份	协定	缔约国数量（个）	相关条约规定	相关国际劳工标准	国际劳工标准编号
1998	关于在国际贸易中对某些危险化学品和农药采用事先知情同意程序的鹿特丹公约，1998 年	157	• 保护工人免受国际贸易中某些危险化学品和农药的潜在有害影响（前言） • 管制行动的通知包括有关化学品对工作者的危害和风险，以及管制行动预期产生的影响（附件一）	C155、P155、C148、C139、C170、C184、C184、R156、R177、R192	9
2001	关于持久性有机污染物的斯德哥尔摩公约（POP），2001 年	181	• 对工人进行关于持久性有机污染物的培训（第 10 条） • 《公约》规定的减少化学品的可用最佳技术应把确保工作场所的职业健康和安全纳入考虑（附件 C，第五（B）部分）	C155、P155、C142、R195	4
2003	《关于在环境问题上获得信息、公众参与决策和诉诸法律的公约》下的《关于污染物排放和转移登记制度的基辅议定书》，2003 年	36	• 工作中的举报人保护（第 3 条）	R094、R129、R130	3
2006	国际热带木材协定，2006 年	73	• 需要考虑国际劳工组织各项公约，改善森林部门的工作条件（前言） • 增加就业机会（第 1 条）	C122、C169、C184、R104、R169、R192	6
2009	香港国际安全与无害环境拆船公约，2009*	5	• 拆船工人职业安全和健康（前言） • 所建立的管理制度、程序和技术不得对有关工人构成健康风险（第 17 条） • 确保工人安全的政策（第 18 条） • 确定雇主和工人拆船时的职责（第 18 条） • 拟订方案，为工人提供适当的信息和培训（第 18 条） • 报告系统对废水废气的排放以及损害工人安全或可能损害工人安全的事件和事故进行报告（第 18 条） • 报告系统对职业病、事故、受伤和其他有损工人安全的因素进行报告（第 18 条）；干预系统阻止事故、职业病、受伤或其他有损工人安全和健康的因素进行预防（第 19 条） • 就如何安全环保地管理危险物品对工人进行适当的培训和装备（第 20 条） • 以不会对工人构成危险的方式处理废物（第 20 条） • 对所有的拆船工人提供应急准备和应急响应的信息和培训（第 21 条） • 工人安全（包括个人防护设备的使用）和包括承包商人员和雇员在内的所有工人的培训（第 22 条） • 报告系统对事件、事故、职业病和慢性影响进行报告（第 23 条）	C155、P155、C174、C148、C139、C115、C162、C170、C144、C142、R114	11

年份	协定	缔约国数量（个）	相关条约规定	相关国际劳工标准	国际劳工标准编号
2009	国际原子能机构规约，2009年	143	• 旨在促进可再生能源技术对刺激可持续经济增长和创造就业的积极影响（前言）	注释：一般激励原则、概括各方的一项意图	
2013	关于汞的水俣公约，2013年	43	• 针对职业接触汞和汞化合物的问题，推动教育和防范方案（第16条） • 与国际劳工组织进行合作和信息交流（第16条） • 在可行的情况下，减少在手工和小规模金矿开采中使用汞和汞化合物（第7条和附件C）	C155、P155、C148、C139、R156	4
2015	国际铁路运输危险货物条例	无	• 对工人进行辐射防护和预防措施的培训，以减少其职业辐射（第1.7章）	C155、P155、C148、C139、C115、R114、R156	7
2015	《联合国气候变化框架公约》下的《巴黎协定》，2015年	144	• 根据国家确定的发展优先事项，把劳动力的公正转型、创造体面的工作和高质量的工作纳入考虑（前言）	注释：国际劳工标准是《巴黎协定》的重要组成部分	多项国际劳工组织公约

注：* 尚未生效。C = 公约；R = 建议书；P = 议定书。
[1] 相关文件的数量或标准制定领域的数量。国际劳工组织的参考数是近似的，因为它们只反映非常直接的相关性。

附录3

附录 4

第 5 章简要介绍了 27 项关于绿色就业技能的国别研究所得出的当前的绿色就业趋势和技能发展情况。这些研究是由国际劳工组织与欧洲职业培训开发中心合作委托各国专家进行的。本附录提供了关于国家绿色就业技能研究的背景资料。所有研究都采用相同的方法，以确保研究结果的可比性。

选择国家技能研究所涵盖的国家

国际劳工组织和欧洲职业培训发展中心在《绿色就业技能：全球视野》（*Skills for green jobs: A global view*）报告中分析了 27 项国别研究中的 21 项（Strietska-Ilina et al., 2011）。此外，与国际劳工组织技术部门和各地办事处合作又选择了 6 个国家，以反映各种不同的环境和体面工作所面临的挑战。[①] 挑选了具备鉴定和发展技能方面专门知识以及对环境和气候变化问题有知识和见解的各国专家（机构或个人）进行每项研究。在可能的情况下，2011 年的研究选择了同样的专家。欧洲职业培训开发中心负责对 6 个欧洲国家进行国别研究。

国别研究中涉及的关键研究问题

- 在由关键变革驱动因素（绿色政策、计划和法规、绿色技术、气候变化和环境退化、市场力量和全球化等）引发的结构转型中，主要面临哪些挑战？
- 对就业和相关职业技能以及更广泛的技术和软技能需求有何影响？
- 技能发展政策和环境可持续性/气候变化政策是否一致？如何确保政策制订和执行的协调？政策规划是否涉及国际劳工组织的三方成员？
- 正在实施哪些政策、计划、法规和措施，以调整潜在和现有劳动力的能力，对工人进行再培训，提高在绿色经济中就业的技能（包括初步及持续技术和职业教育与培训、私营部门技能培训、工作场所学习、积极的劳工市场政策、非正规及非正式学习或培训的认证）？
- 环保政策、计划和法规如何将性别问题纳入新绿色技能的发展？
- 这些措施在缩小技能差距、促进向低碳绿色经济平稳公正转型方面取得了多大成效？有哪些成功的因素和良好的实践？面临主要的挑战是什么？
- （最近）实施的措施是临时性的，还是系统性的？

国别研究的方法

每个国家的研究都采用同样的方法，这也是 2011 年研究中使用的方法，以确保各研究之间的可比性，同时保留适应当地条件的灵活性。

该研究参照定量就业数据的二次分析和访谈，访谈的对象有工会和雇主协会代表、不同层级的决策者、人力资源发展和技术以及职业教育与培训的决策机构、行业组织、公私合作项目、可持续发展前沿公司代表、积极参与绿化政策议程实施的公司代表以及国家统计局。

[①] 这 21 个国家是：澳大利亚、孟加拉国、巴西、中国、哥斯达黎加、丹麦、埃及、爱沙尼亚、法国、德国、印度、印度尼西亚、韩国、马里、菲律宾、南非、西班牙、泰国、乌干达、英国、美国。6 个新国家是：巴巴多斯、圭亚那、吉尔吉斯斯坦、毛里求斯、黑山共和国、塔吉克斯坦。

国别研究质量检验

每一项国别研究都受益于国际劳工组织各地办事处技能和绿色就业专家网络给出的质量检查评价。

分析方法

第5章以 Morestin（2012）和国别研究委员会（2010）制定的公共政策分析框架为基础，采用以下指导原则，综合国别研究收集的信息，评价绿色就业技能发展政策和计划：

1. 政策的实施：
（1）认识和接受技能发展对在决策者和一般公众之间实现公正转型的作用；
（2）政策在成本和制度支持方面的可行性；
（3）政策对技能需求变化的适应性；
（4）政策的持久性和可持续性。

2. 政策影响：
（1）有效性；
（2）公平和体面的工作成果。

参考文献

Ackerman, F. 2017. *Worst-case economics: Extreme events in climate and finance* (London, Anthem Press).

—; Finlayson, I.J. 2006. *The economics of inaction on climate change: A sensitivity analysis*, Global Development and Environment Institute, Working Paper No. 06–07 (Tufts University, Medford, MA).

—; Hansen, J.; Kharecha, P.; Sato, M.; Masson-Delmotte, V.; et al. 2013. "Assessing 'dangerous climate change': Required reduction of carbon emissions to protect young people, future generations and nature", in *PLoS One*, Vol. 8, No. 12.

—; Stanton, E.A. 2008. *Climate change and the U.S. economy: The costs of inaction* (Medford, MA, Global Development and Environment Institute at Tufts University).

Anthoff, D.; Tol, R.S.J. 2012. *The climate framework for uncertainty, negotiation and distribution (FUND): Technical description, version 3.6* (Hamburg, Forschungsstelle für Nachhaltige Entwicklung, University of Hamburg).

Arrow, K. 2007. "Global climate change: A challenge to policy", in *Economists' Voice*, June, pp. 1–5.

Arsel, M.; Büscher, B. 2012. "Changes and continuities in neoliberal conservation and market-based environmental policy", in *Development and Change*, Vol. 43, No. 1, pp. 53–78.

Brekke, K.A.; Johansson-Stenman, O. 2008 "The behavioural economics of climate change", in *Oxford Review of Economic Policy*, Vol. 24, No. 2, pp. 280–297.

CDP (Carbon Disclosure Project). 2016. *Out of the starting blocks: Tracking progress on corporate climate action* (London).

Dasgupta, P.S. 2007. "Commentary: The Stern Review's economics of climate change", in *National Institute Economic Review*, Vol. 199, pp. 4–7.

Dunne, J.P.; John, J.G.; Adcroft, A.J.; Griffies, S.M.; Hallberg, R.W.; Shevliakova, E.; Stouffer, R.J.; et al. 2012. "GFDL's ESM2 global coupled climate-carbon earth system models. Part I: Physical formulation and baseline simulation characteristics", in *Journal of Climate*, Vol. 25, No. 19, pp. 6646–6665.

—; John, J.G.; Shevliakova, E.; Stouffer, R.J.; Krasting, J.P.; Malyshev, S.L.; Milly, P.C.D.; et al. 2013. "GFDL's ESM2 global coupled climate-carbon earth system models. Part II: Carbon system formulation and baseline simulation characteristics", in *Journal of Climate*, Vol. 26, No. 7, pp. 2247–2267.

FAO (Food and Agriculture Organization of the United Nations). 2017. *FAOStat: Food and agriculture data* (Rome).

Gerst, M.D.; Howarth, R.B.; Borsuk, M.E. 2010. "Accounting for the risk of extreme outcomes in an integrated assessment of climate change", in *Energy Policy*, Vol. 38, No. 8, pp. 4540–4548.

Gillingham, K.; Kotchen, M.J.; Rapson, D.S.; Wagner, G. 2013. "Energy policy: The rebound effect is overplayed", in *Nature*, Vol. 493, No. 7433, pp. 475–476.

Global Footprint Network. 2016. *National footprint accounts: 2016 edition* (Oakland, CA).

—. 2017. *National footprint accounts: 2017 edition* (Oakland, CA).

Green New Deal Group. 2008. *UK needs new Green Deal to tackle the triple crunch of credit, oil price and climate crises* (London, New Economics Foundation).

—. 2013. *A national plan for the UK. From austerity to the age of the Green New Deal* (London, New Economics Foundation).

Grubb, M.; Hourcade, J.C.; Neuhoff, K. 2014. *Planetary economics. Energy, climate and the three domains of sustainable development* (London, Routledge).

Hare, W.L. 2009. "A safe landing for the climate", in Worldwatch Institute (ed.): *State of the World 2009: Into a warming world* (New York, NY, W.W. Norton & Co), pp. 13–29.

—; Meinshausen, M. 2004. "How much warming are we committed to and how much can be avoided?", in *Climatic Change*, PIK Report No. 93 (Potsdam, Potsdam Institute for Climate Impact Research).

Herman, C. 2015. *Green New Deal and the question of environmental and social justice*, Global Labour University Working Paper, No. 31 (Geneva, ILO).

Hope, C. 2011. *The PAGE09 Integrated Assessment Model: A technical description*, Working Paper Series, No. 4/2011 (Cambridge, Cambridge Judge Business School).

IEA (International Energy Agency). 2008. *World Energy Outlook 2008* (Paris).

—. 2017. *Energy technology perspectives 2017: Catalysing energy technology transformations* (Paris).

IMF (International Monetary Fund). 2017. *World economic outlook, April 2017: Gaining momentum?* (Washington, DC).

ILO (International Labour Office). 2015. *Key Indicators of the Labour Market 2015*, Ninth edition (Geneva).

IPCC (Intergovernmental Panel on Climate Change). 2007. *Climate Change 2007: Summary for Policy Makers. Contribution of Working Group II to the Fourth Assessment Report of the Intergovernmental Panel on Climate Change* (New York, NY, Cambridge University Press).

—. 2013. *Climate Change 2013: The physical science basis* (New York, NY, Cambridge University Press).

—. 2014. *Climate Change 2014: Mitigation of climate change* (New York, NY, Cambridge University Press).

Kjellstrom, T.; Freyberg, C.; Lemke, B.; Otto, M.; Briggs, D. 2017. "Estimating population heat exposure and impacts on working people in conjunction with climate change", in *International Journal of Biometeorology,* Vol. 62, No. 3, pp. 291–306.

—; McMichael, A.J. 2014. "Climate change threats to population health and well-being: The imperative of protective solutions that will last", in *Global Health Action*, Vol. 11, No. 2. pp. 1-9.

Klein, N. 2014. *This changes everything: Capitalism vs the climate* (New York, NY, Simon & Schuster).

Koning, A. de; Huppes, G.; Deetman, S.; Tukker, A. 2016. "Scenarios for a 2 °C world: A trade-linked input-output model with high sector detail", in *Climate Policy*, Vol. 16, No. 3, pp. 301–317.

Lehr, U.; Lutz, C.; Edler, D.; O'Sullivan, M.; Nienhaus, K.; Nitsch, J.; et al. 2011. *Kurz- und langfristige Auswirkungen des Ausbaus der erneuerbaren Energien auf den deutschen Arbeitsmarkt* (Osnabrück, GWS).

Lohmann, L. 2009. "Climate as Investment", in *Development and Change*, Vol. 40, No. 6, pp. 1063–1083.

—. 2011. "Capital and climate change", in *Development and Change*, Vol. 42, No. 2, pp. 649–668.

Lowder, S.K.; Skoet, J.; Raney, T. 2016. "The number, size, and distribution of farms, smallholder farms, and family farms worldwide", in *World Development*, Vol. 87, pp. 16–29.

Lutz, W.; Butz, W.P.; Samir, K.C. 2014. *World population and human capital in the twenty-first century* (Oxford, New York, OUP).

Manne, A.; Mendelsohn, R.; Richels, R. 1995. "MERGE: A model for evaluating regional and global effects of GHG reduction policies", in *Energy Policy*, Vol. 23, pp. 17–34.

Markandya, A. 2009. "Can climate change be reversed under capitalism?", in *Development and Change*, Vol. 40, No. 6, pp. 1139–1152.

Martin, G.M.; Bellouin, N.; Collins, W.J.; Culverwell, I.D.; Halloran, P.R.; Hardiman, S.C.; Hinton, T.J.; et al. 2011. "The HadGEM2 family of Met Office Unified Model climate configurations", in *Geoscientific Model Development*, Vol. 4, No. 3, pp. 723–757.

Mastrandrea, M.D. 2010. "Representation of climate impacts in integrated assessment models", in J. Gulledge, L.J. Richardson, L. Adkins and S. Seidel (eds): *Assessing the benefits of avoided climate change: Cost-benefit analysis and beyond* (Arlington, VA, Pew Center on Global Climate Change), pp. 85–99.

Mazzucato, M. 2013. *The entrepreneurial state: Debunking public vs. private sector myths* (London, Anthem Press).

—; Perez, C. 2014. *Innovation as growth policy: the challenge for Europe.* Working Paper Series (Brighton, University of Sussex).

Meinshausen, M. 2005. *On the risk of overshooting 2°C*. Paper for the scientific symposium "Avoiding Dangerous Climate Change" (Exeter, UK MetOffice).

—; Meinshausen, N.; Hare, W.; Raper, S.C.B.; Frieler, K.; Knutti, R.; Frame, D.J.; Allen, M.R. 2009. "Greenhouse-gas emission targets for limiting global warming to 2°C", in *Nature*, Vol. 458, No. 7242, pp. 1158–1162.

Miller, R.; Blair, P. 2009. "Foundations of input-output analysis", in *Input-output analysis: Foundations and extensions* (Cambridge, Cambridge University Press).

Mitchell, D. 2008. *A note on rising food prices*, World Bank Policy Research Working Paper, No. 4682 (Washington, DC, World Bank).

Morestin, F. 2012. *A framework for analyzing public policies: Practical guide* (Montreal and Quebec, Centre de collaboration nationale sur les politiques publiques et la santé and Institut national de santé publique).

National Research Council (United States). 2010. *Limiting the magnitude of future climate change* (Washington, DC, National Academies Press).

Nordhaus, W.D. 2007. "A review of the stern review on the economics of climate change", in *Journal of Economic Literature*, Vol. 45, No. 3, pp. 686–702.

—. 2008. *A question of balance. Weighing the options on global warming policies* (New Haven, CT, Yale University Press).

—; Sztorc, P. 2013. *DICE 2013R: Introduction and User's Manual* (Durham, NC, Duke University).

Noy, I. 2014. *A non-monetary global measure of the direct impact of natural disasters* (Geneva, United Nations Office for Disaster Risk Reduction).

Pollin, R.; Garrett-Peltier, H.; Heintz, J.; Hendricks, B. 2014. *Green growth. A US program for controlling climate change and expanding job opportunities* (Washington, DC, Centre for American Progress).

Simas, M.; Golsteijn, L.; Huijbregts, M.; Wood, R.; Herwich, E. 2014. "The 'bad labor' footprint: Quantifying the social impacts of globalization", in *Sustainability*, Vol. 6, No. 11, pp. 7514–7540.

Speth, J.G. 2008. *The bridge at the edge of the world: Capitalism, the environment and crossing from crisis to sustainability* (New Haven, CT, Yale University Press).

Stadler, K.; Wood, R.; Simas, M.; Bulavskaya, T.; de Koning, A.; Kuenen, J.; Acosta-Fernández, J.; et al. 2018. "EXIOBASE 3: Developing a time series of detailed Environmentally Extended Multi-Regional Input-Output tables", in *Journal of Industrial Ecology*, doi:10.1111/jiec.12715.

Stern, N. 2007. *The economics of climate change* (Cambridge, Cambridge University Press).

Stiglitz, J.E. 2008. "Sharing the burden of saving the planet: Global social justice for sustainable development", Keynote speech at the Meeting of the International Economic Association, Istanbul, Turkey (June).

Storm, S. 2009. "Capitalism and climate change: Can the invisible hand adjust the natural thermostat?" in *Development and Change*, Vol. 40, No. 6, pp. 1011–1038.

—. 2017. "How the invisible hand is supposed to adjust the natural thermostat: A guide for the perplexed", in *Science and Engineering Ethics*, Vol. 23, No. 5, pp. 1307–1331.

Strietska-Ilina, O.; Hofmann, C.; Haro, D.; Shinyoung, J. 2011. *Skills for green jobs: A global view: Synthesis report based on 21 country studies* (Geneva and Thessaloniki, ILO and Cedefop).

Timmer, M.P.; Erumban, A.A.; Los, B.; Stehrer, R.; de Vries, G.J. 2014. "Slicing up global value chains", in *Journal of Economic Perspectives*, Vol. 28, No. 2, pp. 99–118.

Tukker, A.; de Koning, A.; Wood, R.; Hawkins, T.; Lutter, S.; Acosta, J.; Cantuche, J.M.R.; et al. 2013. "EXIOPOL: Development and illustrative analyses of a detailed global Mr EE SUT/IOT", in *Economic Systems Research*, Vol. 25, No. 1, pp. 50–70.

UBS Research. 2017. *UBS Evidence Lab electric car teardown: Disruption ahead?* (Zurich).

UNDP (United Nations Development Programme). 2007. *Human development report 2007/8 – Fighting climate change: Human solidarity in a divided world* (New York, NY).

Vira, B. 2015. "Taking natural limits seriously: Implications for development studies and the environment", in *Development and Change*, Vol. 46, No. 4, pp. 762–776.

Weitzman, M.L. 2007. "A review of the Stern Review on the Economics of Climate Change", in *Journal of Economic Literature*, Vol. 45, No. 3, pp. 703–724.

—. 2009. "On Modelling and Interpreting the Economics of Catastrophic Climate Change", in *Review of Economics and Statistics*, Vol. 91, No. 1, pp. 1–19.

—. 2013. "Tail-hedge discounting and the social cost of carbon", in *Journal of Economic Literature*, Vol. 51, No. 3, pp. 873–882.

Wiebe, K.S. 2016. "The impact of renewable energy diffusion on European consumption-based emissions", in *Economic Systems Research*, Vol. 28, No. 2, pp. 133–150.

—. 2018. "Global renewable energy diffusion in an input-output framework", in O. Dejuán, M. Lenzen and M.-Á. Cadarso (eds): *Environmental and economic impacts of decarbonization: Input-output studies on the consequences of the 2015 Paris Agreements* (London, Routledge).

—; Bruckner, M.; Giljum, S.; Lutz, C. 2012. "Calculating energy-related CO_2 emissions embodied in international trade using a global input-output model", in *Economic Systems Research*, Vol. 24, No. 2, pp. 113–139.

—; Yamano, N. 2016. *Estimating CO_2 emissions embodied in final demand and trade using the OECD ICIO 2015: Methodology and results,* OECD Science, Technology and Industry Working Papers 2016/05 (Paris, OECD).

WHO (World Health Organization). 2013. *WHO methods and data sources for global burden of disease estimates 2000-2011* (Geneva).

Willer, H.; Lernoud, J. (eds). 2017. *The world of organic agriculture: Statistics and emerging trends 2017* (Frick, Bonn, Research Institute of Organic Agriculture (FiBL) and IFOAM – Organics International).

Wood, R.; Stadler, K.; Bulavskaya, T.; Lutter, S.; Giljum, S.; de Koning, A.; Kuenen, J.; et al. 2015. "Global sustainability accounting: Developing EXIOBASE for multi-regional footprint analysis", in *Sustainability*, Vol. 7, No. 1, pp. 138–163.

World Bank. 2017. *World Development Indicators* (Washington, DC).

术语表

免责声明：本术语表仅供参考，以方便阅读和解释本报告。如果国际劳工组织通过了一个正式定义，则使用该正式定义。在所有其他情况下，所提供的定义并不构成正式定义或国际劳工组织对特定事项所采取的立场，或对任何特定政治立场的认可。

减少（Abatement）：见减缓（mitigation）。

绝对脱钩（Absolute decoupling）：不增加环境压力的经济增长（如温室气体排放和/或材料或资源使用），或在减少环境压力的同时实现经济增长。一个真正的绿色经济在全球层面上是绝对脱钩的。

适应（Adaptation）：在环境退化的情况下，为预测退化的负面影响以及防止或最大限度减少这些影响可能造成的损害而制定的政策和做出的努力。例如，气候变化背景下的适应性政策包括但不限于：建设灌溉基础设施和提供现金转移，以限制降雨模式变化对作物和家庭收入的影响。

总量管制与排放交易制度（Cap–and–trade system）：这是一种以市场为基础的机制，通过确定总量中允许的绝对排放量来限制污染物（如温室气体排放），允许污染者交易排放许可，并让市场决定适当的价格。在美国，该制度成功地限制了导致酸雨的二氧化硫的排放。温室气体排放的总量控制与交易制度的例子包括：欧盟排放交易计划、加州碳排放配额，以及澳大利亚和新西兰的计划。

碳足迹（Carbon footprint）：个人、团队或经济体消费的商品和服务中所包含的温室气体排放。它考虑到整个价值链，从而将其他国家与商品和服务生产相关的排放纳入其中。足迹可以扩展至材料和资源使用足迹，或更广义的环境足迹。

就业碳强度（Carbon intensity of employment）：一个经济体或部门的温室气体排放与就业的比率。该比率衡量在经济或部门中维持每一份工作所需的排放量，通常以二氧化碳当量来表示。就业强度可以延伸至材料和资源的使用。

碳强度（Carbon intensity）：温室气体排放与GDP的比率。该比率衡量排放量，通常以生产一单位GDP所需的二氧化碳当量表示。碳排放强度较低的经济体生产一单位GDP所需的排放量较少。强度可以延伸到材料和资源的使用。

碳税（Carbon tax）：见环境税。

现金转移支付计划（Cash transfer programme）：指向个人或家庭提供现金福利的非缴费型方案或计划，其资金来源通常是税收、其他政府收入或外部捐赠或贷款。向满足特定行为要求的家庭提供现金的现金转移计划被称为有条件现金转移支付计划（CCT）。例如，这可能意味着，受益人必须确保其子女正常上学，或确保其使用基本的预防性营养和医疗卫生服务。

循环经济（Circular economy）：该经济基于产品具有耐久性，并且可以维修、再利用和回收的基础之上。该经济模式通过将产品的零部件重新作为新产品的投入要素，力求在产品使用过程中以及在其生命周期之后实现产品价值的最大化。循环经济也倾向于通过服务（如租金）来使用产品，而不是通过获得所有权。这一概念可对照线性经济来理解。

二氧化碳当量（CO_2 equivalent，CO_2eq）：二氧化碳（CO_2）、甲烷、氮氧化物和氟气体（氢氟碳化物、全氟碳化物和六氟化硫）等几种气体因其特性被认为是温室气体。由于每种气体具有不同的全球变暖潜力，非二氧化碳的温室气体可根据其全球变暖潜力转换为二氧化碳当量。

保护性农业（Conservation agriculture）：依靠最低程度的土壤耕作或无土壤耕作、最低限度的作物轮作和土壤覆盖的农业实践，被认为是传统农业实践的可持续性替代选择。

基于消费的排放/资源使用（Consumption-based emissions/resource use）：参见碳足迹。

传统农业（Conventional agriculture）：依靠深耕、单一作物以及使用合成和矿物化学产品来提供植物养分、控制害虫和有害植物（杂草）的农业实践。这种农业被普遍认为是不可持续的，因为它会降低土壤质量，并有可能使潜在有害的化学品流入水体和周围环境。

核心技能（Core skills）：非职业技能、非技术技能或在工作和社会中发挥作用所需的能力。此类技能适用于一般性的工作，而不是针对特定职业或行业。核心就业能力技能包括与他人和团队合作的能力、解决问题和运用技术的能力、沟通技巧，以及学习技能。核心技术也被称为通用技能、关键能力、关键技能、可移植技能、软技能和可转移技能。

脱钩（Decoupling）：参见绝对脱钩和相对脱钩。

双重红利（Double dividend）：在以市场为基础的污染物减排机制下，将可实现污染减排的市场机制与将减排收入用于刺激就业的相关政策相结合所产生的双重收益。

生态系统服务（Ecosystem services）：人类从环境中获得的收益。目前，存在四类生态系统服务：供应服务（如食物、水、作为木料和燃料的木材）；调节服务（如水质净化、气候调节）；支持服务（如土壤形成和养分循环）；以及文化服务（如精神、文化以及美学用途）。

生态旅游（Ecotourism）：具有保护自然环境和维护当地人民生活双重责任的旅游活动。

排放交易制度（Emission trading scheme）：见总量管制与排放交易制度。

就业保障计划（Employment guarantee scheme）：这是一种公共就业计划，为贫困家庭每年提供保障工作天数，工资水平一般较低（在规定明确的情况下，通常为最低工资水平。）

环境足迹（Environmental footprint）：参见碳足迹。

环境产品和服务（Environmental goods and services）：有利于环境，或者可保护和恢复自然资源。可以是特定的环境服务（例如，废弃物以及废水的管理和处理，能源及节水活动，以及节约和保护活动），只具备环保或资源管理用途的环保物品（如催化转化器、化粪池、可再生能源生产技术装置），或经改良成为更清洁或更具备资源效率的产品（如生产排放量较低的巴士）。

环境危害（Environmental hazard）：发生在自然环境中的事件，有可能对周围的自然环境和/或人构成潜在威胁，包括突发性事件——如地震、火山爆发、极端天气事件（如旋风、暴风雪）和缓慢发生的事件——如气温上升、海平面上升和降雨模式改变。人类活动会导致一些自然灾害的增加（例如，由于人类活动引起的气候变化而导致极端天气事件的强度和频率增加）。也被称为自然灾害。

环境风险（Environmental risk）：一个事件通过空气、水、土壤或生物食物链传导至人类的可能性和后果。环境风险可能来自人类活动（例如，不合规的工业活动造成水污染）或者自然灾害（如火山爆发后的水污染）；人类活动也会增加自然灾害的发生（例如，由于人类引起的气候变化导致极端天气事件的强度和频率不断增加）或加剧其影响（例如，红树林的砍伐会加大风暴的影响）。

环境可持续性（Environmental sustainability）：指资源的使用和废弃物的产生等于或低于这些资源再生和废弃物被环境吸收的速度的状态。通常用于环境可持续（或不可持续）的经济活动的语境中。

环境税（Environmental tax）：与污染物排放相关的费用（如碳排放税中温室气体的排放）。这是一种有效方式，可将某些污染物的负外部性内化，并鼓励采用减少排放或彻底消除排放的替代方法。价格是统一制定的。

富营养化（Eutrophication）：水化学成分的变化，通常是由于有利于植物和藻类生长的营养物质的增加。一般而言，这是农业活动中氮和磷流失的结果，并对饮用水源、渔业和休闲水体造成巨大影响。

足迹（Footprint）：见碳足迹。

全球气候基金（Global Climate Fund，GCF）：根据《联合国气候变化框架公约》（UNFCCC）设立的一个国际基金，旨在通过性别敏感型项目，对脆弱国家的气候变化适应和减缓政策提供支持，增强生态系统的恢复能力，建设基础设施、管理资源短缺并提高能源效率。

全球框架协议（Global framework agreement）：参见《国际框架协议》。

绿色经济（Green economy）：在显著降低环境风险和生态匮乏的同时，能够改善人类福祉和提高社会公平的经济。

绿色工作（Green jobs）：从事环保产品和服务（如可再生能源）生产的体面工作，直接与提供此类产品和服务（如自然资源保护）相关，或者有助于减少企业生产过程的环境足迹。绿色工作可以推动向绿色经济的转型。第19届国际劳工统计大会于2013年通过了其正式定义以及衡量指南。

绿色转型（Green transition）：经济向绿色经济转型的过程，即经济在显著降低环境风险和生态匮乏的同时，可改善人类福祉并提高社会公平。这是经济减少对温室气体排放（低碳）的依赖并提高资源效率的过程。

温室气体（Greenhouse gases，GHG）：通过吸收红外辐射和在大气中吸收热量而产生温室效应的气体。目前，温室气体的浓度和排放速度超过了地球的吸收能力，因此温室气体会导致全球变暖和气候变化。温室气体包括二氧化碳、甲烷、氮氧化物和氟气体（氢氟碳化物、全氟碳化物和六氟化硫）。

热应激（Heat stress）：身体有过热危险的情况，可引起中暑、热衰竭、热痉挛或热疹，并导致可造成死亡的过高热。热应激是各种环境条件以及个人活动或工作综合作用的结果，前者通过湿球黑球温度进行衡量，而后者通过功率输出来进行衡量。

综合评估模型（Integrated assessment models，IAM）：通过考虑经济和环境之间的相互作用来分析预测情境的宏观经济和/或环境影响的模型。例如，在气候变化没有缓解的背景下，经济活动可能会加剧全球变暖，而全球变暖又会造成损害，进而对经济活动产生影响。综合评估模型可以将气候变化未缓解的基准情境与假定有效实施了缓解和/或适应性举措的政策情境进行比较。

国际框架协议（International framework agreements，IFA）：也称为全球框架协议，是跨国企业（MNE）和全球工会联盟（GUF）之间的协议。国际框架协议是自愿性工具，在某些情况下，通过借鉴跨国企业内部及其整个全球供应链中的国际劳工标准，可促进跨境社会对话并提高最低劳工标准。

国际劳工标准（International labour standards，ILS）：由国际劳工组织所涉及的各方（政府、雇主和工作者）拟定的法律文书，提出工作的基本原则和权利。国际劳工标准以公约、建议书或议定书的形式存在。公约是具有法律约束力的国际条约，可以由成员国批准。建议书是非约束性指导原则。公约规定了由批准国执行的基本原则；相关的建议书则作为公约的补充，为如何实施公约提供更为详细的指导原则。建议书也可以是独立的，不与任何公约挂钩。议定书为现有公约新增加的规定。所有成员国均必须定期提交关于国际劳工标准执行情况的报告，包括他们尚未批准的部分。

灌溉（Irrigation）：在农业实践中，灌溉指的是以控制水量的方式用水，要求具备储水和配送基础设施。与雨养农业形成对照。

公正转型（Just transition）：经济体向绿色经济迈进并加强为所有人实现体面工作的四大支柱的过程（即社会对话、社会保障、工作权利和就业）。国际劳工组织理事会业已通过了《向人人享有环境可持续经济和社会公正转型的指导方针》。

劳动收入占比（Labour share of income）：经济体中的收入分配指标，即工资在 GDP 中所占百分比。

线性经济（Linear economy）：一种经济形式，在其生产模式下，商品在生产、购买、使用和废弃过程中很少或者没有机会出租、维修、翻新或回收。可与循环经济对照理解。

低碳经济（Low-carbon economy）：指所产生的温室气体排放等于或低于可被环境吸收的数量的经济。与资源效率和社会包容性相结合，低碳经济也是绿色经济的一个重要组成部分。

减缓（Mitigation）：针对环境退化的原因，对环境退化予以限制的政策和措施。例如，气候变化背景下的减缓政策包括但不限于：用可再生能源替代化石燃料作为发电的能源来源。也称为减排政策或举措。

多边环境协定（Multilateral environmental agreements，MEA）：有三个或三个以上国家在处理环境事项时签订的具有约束力的协定。例如，《巴黎协定》（2015 年）、《水俣汞公约》（2013 年）和《关于持久性有机污染物的斯德哥尔摩公约》（2001 年）。

多区域投入产出表（Multiregional input-output table，MRIO）：一个汇集世界各地不同产业之间经济交易的数据库。该数据库为世界经济结构建模。由于多区域投入产出表将贸易考虑在内，它们通常用于探讨生产和基于消费的排放/资源使用之间的差异。它们往往还被用于探讨投资或技术变革对整个经济的影响。Exiobase 是一个由欧洲大学联合开发的多区域投入产出表，这些大学包括挪威科技大学（NTNU）、荷兰应用科学研究组织（TNO）、可持续教育研究所（SERI）、莱顿大学、维也纳经济与商业大学（WU），以及 2.0 LCA 咨询公司。

自然灾害（Natural hazard）：见环境灾害。

有机农业（Organic agriculture）：依靠生态过程、生物多样性和适应当地条件的周期的农业系统。该农业系统限制人造产品、合成杀虫剂和矿物肥料的使用。被认为是传统农业的可持续替代品。

生态系统服务付费（Payments for ecosystem services，PES）：生态系统服务的

用户与提供服务的个人或团体之间的自愿交易。交易的条件是，针对为产生上述服务的自然资源管理制定一致通过的规则。

基于生产的排放/资源使用（Production-based emissions/resource use）：与经济体中商品和服务生产相关的排放或材料/资源使用。可能不同于基于消费的排放/资源使用或贸易造成的足迹。也称为本土排放。

公共就业计划（Public employment programmes，PEP）：直接创造就业而不扩大常规公务员队伍的政府计划，其中包括公共工程项目和就业保障计划。

公共工程计划（Public works programmes，PWP）：一种通常属于临时性的公共就业计划，是为应对特定的冲击或危机而实施的计划。

雨养农业（Rain-fed agriculture）：单纯依靠降雨供水的农业生产方式。可对照灌溉加以理解。

相对脱钩（Relative decoupling）：增速快于环境压力（如温室气体排放和/或资源使用），但不减少环境压力的经济增长。可对照绝对脱钩加以理解。

资源节约型经济（Resource-efficient economy）：考虑到自然资源稀缺性以及自然资源再生局限性的经济。该经济形式与低碳排放和社会包容性一起，组成绿色经济的关键部分。循环经济是一种不断提高资源效率的经济。

绿色转型技能（Skills for green transition）：指在一个经济体向绿色经济转型的过程中，执行某一特定工作的任务和职责所需的能力。此类技能包括核心技能和技术技能，在劳动力市场上可能是新技能，也可能不是新技能。此外，所有行业的工作可能都需要这些技能，而不仅仅是农业、建筑业、可再生能源、能源效率等优先行业。

技能短缺（Skills shortages）：相对于需求而言，在数量上和质量上均缺乏技能。从数量上看，本术语指的是劳动力市场上可用工作者数量的短缺，而从质量上看，是指所提供的和所需要的技能种类之间的不平衡。在向绿色经济转型的情况下，产生了一些职业，针对这些职业的技能短缺可能不仅是由于工作者缺乏技能，培训人员也缺乏相关技能。

小农场和家庭农场（Smallholder and family farms）：小农场主要依靠家庭劳动力，生产自给作物和一些经济作物。

社会包容性经济（Socially inclusive economy）：将所有社会成员和群体纳入经济活动之中并在他们之间分配财富的经济。这种经济模式与低碳排放和资源效率相结合，是绿色经济的重要组成部分。

区域排放/资源使用（Territorial emissions/resource use）：见以生产为基础的排放。

失业保障计划（Unemployment protection schemes）：为确保收入保障和提高失业者和/或寻找更加体面的生产性工作的人的就业能力所采取的措施。

湿球黑球温度（Wet Bulb Globe Temperature，WBGT）：根据温度、湿度、风速、太阳角和云量的综合情况衡量热应力的方法。

工作寿命年损失（Working-life years lost）：衡量灾害造成的总工作时间损失的一种方法，将伤亡、基础设施和资本损失考虑在内。